砂川闘争50年
それぞれの思い

五日市街道沿いの見張り所。決意の固さを示す「心に杭は打れない」の立て看板〔1〕
青木市五郎反対同盟第一行動隊長（右から２人目）を先頭に、五日市街道をデモ行進〔2〕

砂川闘争で大きな力を発揮した地元の女性たち。その眼差しは真剣だ〔3〕

抗議集会に集まった地元の人たち〔4〕

1955年8月20日、阿豆佐味天神社で開かれた総決起大会で挨拶する宮伝（宮崎伝左衛門）町長。
左は重盛寿治東京地評議長〔5〕

「不服従」「決死」と大書された反対同盟のムシロ旗〔6〕

自宅の敷地内に「団結小屋」を建て、一貫して基地拡張に反対し続け
「団結じいさん」の愛称で知られた馬場源八さん〔7〕

畑、鉄条網のフェンス、そして頭上を飛ぶ軍用機——これが砂川の日常の光景だった〔8〕

スクラム固く座り込む〔9〕

「立入禁止」の看板の前で抗議の座り込みをする
地元の女性たち〔11〕

先祖伝来の農地を、
もうこれ以上とられたくない——
集会で語り合う
地元の人たち〔10〕

強行測量の後も志気高く、駆け足のデモ行進。
青木市五郎反対同盟第一行動隊長・右端、左から３人目（眼鏡）は砂川昌平反対同盟調査部長〔12〕

日本山妙法寺のお坊さんと馬場源八さん。
団結小屋にて〔13〕

団扇太鼓を打ち鳴らして
デモ行進する
日本山妙法寺のお坊さん〔14〕

15

幼女と対比すると
軍用機の異様な
圧迫感が際立つ〔15〕

五日市街道をデモ行進する
支援の労組員〔16〕

16

1955年9月13日、
強行測量第１日目の攻防。
この日、五日市街道は
地元反対同盟、
支援労組員、警官隊など
5000人の人波で埋まった〔17〕

17

警官隊と対峙する支援の学生たち〔18〕

集会をする学生たち。「原水爆基地反対」のスローガンが目をひく〔19〕

旗竿を高く掲げる全学連の隊列〔20〕

砂川中学校の講堂に泊まり込んだ学生たち。ムシロや俵が布団がわりだった〔21〕

「砂川町基地反対支援労組協議会」（支労協）の労組員たち〔22〕

1956年10月13日、流血の激突。警棒でめった打ちにされる学生〔23〕

警棒で首を締め上げられる学生〔24〕

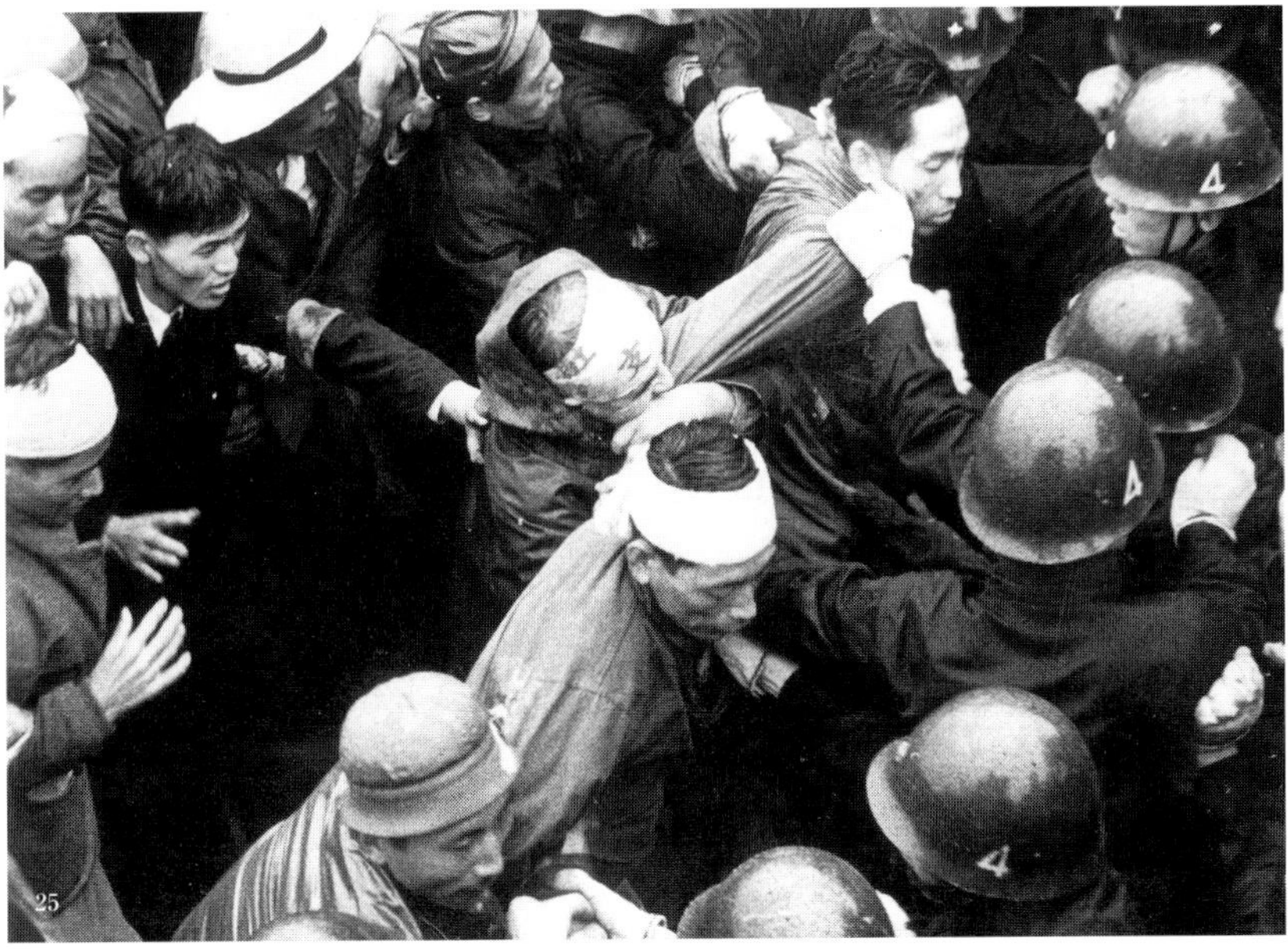

激しさを増す警官隊の暴力〔25〕

26

検挙される労組員。その悲痛な顔と警官たちの無表情が好対照。
むき出しの暴力と人間の誇りとの闘い〔26〕

警官隊の前に座り込む日本山妙法寺のお坊さんたち。
一瞬、警官隊もとまどったが、すぐに排除されてしまった〔27〕

警官隊の「トンネル作戦」。２列に並んで細長い通路を作り、
ごぼう抜きにした学生、労働者を次々に後方に排除する〔28〕

27

28

29

1956年10月14日、
政府「測量中止」を発表。
翌15日、五日市街道は人々の
喜びのデモで沸き返った〔29〕

10月15日、阿豆佐味天神社で開かれた勝利の報告集会。参加者4000人〔30〕

自らの手で勝ち取った勝利に、笑顔がはじける〔31〕

はじめに

【I】砂川基地闘争とは

二〇〇五年、ことしは砂川闘争が始まってちょうど五十年目の年になります。「防衛白書」の年表には一九五五年の欄に「五月八日砂川基地闘争始まる」と記されていますが、当時、国中の耳目を集め、今なお政府刊行物にも記述されている「砂川基地闘争」とは一体、何だったのでしょうか。

砂川闘争とはアメリカ軍立川飛行場の拡張をめぐって十五年間にわたり続いた大きな住民運動のことをさしています。

アメリカ軍立川飛行場の前身は大日本帝国陸軍の飛行場でした。一九二二年、当時の立川村と砂川村にまたがって作られた小さな飛行場はやがて拡大強化されて、太平洋戦争のときには軍都立川といわれ、一九四五年敗戦によりアメリカ軍に占領されてからは、朝鮮戦争、ベトナム戦争の出撃拠点となりました。

一九五五年、大型機の離着陸のために、さらに滑走路を延長することがアメリカ軍から要求されたのですが、砂川の農民たちはこれに反対し、強制収用のための土地測量にあらゆる方法で抵抗し、裁判所や東京都収用委員会でも論陣を張って一歩も譲りませんでした。

ついに、一九六八年、アメリカ軍は拡張をあきらめ、翌年、国も収用認定を取り消し十五年間の闘いに終止符が打たれました。やがてアメリカ軍は横田基地に移り、一九七七年、五八〇万平方メートルの基地は日本へ全面返還されたのです。

【II】砂川基地闘争の持つ意味

今振り返ってみると、この闘争は憲法とのかかわりで大変重要な意味を持っていたと言えます。

その第一は地方自治を守る運動であったということです。

一九五五年五月四日、東京調達局（現東京防衛施設局）が砂川町の宮崎伝左衛門町長に基地拡張の通告を行ったのですが、それは一二六戸の農家と一七万平方メートルの農地を奪い、町の中心を通る都道五日市街道を分断するものでした。町長はすぐにこの通告を地元住民に説明したところ絶対反対の意志が表明され、五月八日、地元住民は砂川町基地拡張反対同盟を結成しました。

十二日には臨時の町議会が開催され、満場一致で反対を決議し、町議会議長を委員長とする反対闘争委員会が作られました。宮崎町長は、「たとえブルドーザの下敷きになっても一坪の土地も渡さない」と悲壮な決意を語り、砂川町は町ぐるみで、国が決めたアメリカ軍基地の拡張に反対したのです。

また宮崎町長は、調達局が土地収用のために行う立ち入り調査に反対して公告を拒否し、東京都知事の職務執行命令にも従わず、基地拡張のための一切の法的手続きに抵抗して、砂川町を守りました。


その第二は、自由と権利を自らの努力で保持するという憲法第十二条の実践であったことです。

国が農民の抵抗を警察官の暴力で排除して測量を強行していったとき、「土地に杭は打たれても心に杭は打たれない」という青木市五郎行動隊長（後の立川市議会議員）の言葉を合言葉にして農民たちは団結を崩さず闘い続けました。警察官の警棒に打擲され一〇〇〇人を超える負傷者が出ましたが、自らも重傷を負った日本山妙法寺の西本敦上人は「流すべき血は流さなければならない、失うべき命は失わなければならない。その後に平和な独立日本が訪れる」と説きました。万余の労働者、学生、知識階級の人々が砂川にかけつけ、誰もが身を挺して自由と権利を守ろうとしたのです。

そして、その第三は、戦争のための軍事基地か豊かな生活のための農地かの選択であり、安保条約か憲法かの選択であったということです。

砂川の農民たちは戦前戦中は旧日本軍に、戦後はアメリカ占領軍に多くの土地を取り上げられてきましたが、もうこれ以上、戦争のために土地を提供することを拒否したのです。この闘いの中で、東京地方裁判所の伊達秋雄裁判長は、「駐留アメリカ軍は憲法第九条に違反しており、憲法上その存在は許すべからざるものである」と言って、反対運動の人々の基地立ち入りに無罪の判決を言い渡しました。

そればかりではありません。砂川闘争は、大衆的な実力闘争と法廷闘争の結合、あらゆる階層の人々の共同行動という面でも特筆すべきものでした。

地元の農民、労働者、学生が無法な測量とそれを擁護する警察権力の暴行に徹底して非暴力で抵抗したのと併せて、法廷でも総評弁護団を中心とした数々の抵抗がくり広げられました。測量のために農地に立ち入ってはならないという仮処分申請、東京都がなした土地収用のための公告の取消し請求、内閣総理大臣がなした収用認定取消し請求、飛行場内土地の明渡し請求、東京都収用委員会の審理裁決権限不存在確認請求の裁判などなどです。また、六四年四月から始まった収用委員会の審理には、毎回多数の農民と労働者が三多摩労協の借り上げたバスで東京都庁まで傍聴にかけつけ、六六年暮までの十三回を闘い抜きました。

この間も防衛施設庁による反対同盟への執拗な切り崩しは続き、六六年の墜落炎上事故をきっかけとした多くの立ち退きと買収国有地への立ち入り・耕作禁止、柵設置の通告を契機に、現地は十年ぶりの緊張につつまれました。このとき、ベトナム戦争反対闘争に取り組んできた三多摩反戦青年委員会は、反対同盟役員と共に全国に砂川の危機を訴えて歩いて現地での集会を盛り上げ、一方、美濃部東京都知事の出現により収用委員会の審理が中止になったこと、ベトナム戦争によるアメリカ財政の破綻などとあいまって、ついに六八年の拡張中止になったのです。

【Ⅲ】何故、今、記念誌か

数々の問題を提起した立川基地も一九七七年に全面返還され、跡地利用が進められています。

立川市長の青木久さんは機会あるたびに、「あの砂川闘争があったから今の立川の街の繁栄がある」と言われます。青木さんは、砂川町の収入役として宮伝町長を支えて闘争にかかわってこられた方だけに大変重い意味を持った言葉だといえます。もし滑走路が延長されていたら大型機が離着陸し住民は騒音と墜落の危険にさらされ続けたでしょうし、アメリカ軍が移っていくこともなかったでしょう。

軍事基地に反対して農地を守り、地方自治を確立しようとした砂川の闘いは、全国の同じような立場におかれた人々にどれほど大きな励ましになったことでしょう。

私たち砂川を記録する会は、地元の立川市で起きた砂川闘争を昔の出来事として忘れ去ることなく、また後の世の方々に史実を伝えていきたいと考え、一九九六年に写真集『砂川闘争の記録』（けやき出版）を発刊し、二〇〇二年には、ビデオ『砂川の熱い日』（一二六分）を制作しました。

そして、五十年目の今回は、二つの作品を作る際に得た記録や、その後多くの方々から寄せられた文章、そして今回初めて公開される反対同盟草創期の日誌などをまとめてこの書を出版することにいたしました。発見されたガリ版刷りの日誌の表紙には「第二輯」と書かれていますが、第一輯がいかなるものか、第三輯が果たしてあるのかも、執筆者が故人のためわかりません。

また、基地拡張は一九五五年五月に調達局が砂川町に通告したことにより始まったといわれてきましたが、実はその二年以上前に、アメリカ軍には拡張計画があったことがわかりました。

極東空軍司令部が一九五三年三月三十一日付で作成した「立川フィンカム（極東空軍資材司令部）空軍基地複合体拡張計画」図面には、砂川の農地や一二〇戸の農家を接収し、五日市街道まで滑走路を延長する計画が明示されているのです。

この図面は一九七〇年頃、米軍関係者から入手したものですが、これも初めて公開されるものです。（「資料」二二八ページ参照）

五十年目の今も、新しい課題を提供している砂川基地闘争をもう一度みんなで考えようと、ここに記念誌を発刊することにいたしました。

戦後六十年、平和憲法の危機が叫ばれている今日、この書が、憲法と政治のあり方を考える一助となれば幸いです。

二〇〇五年十月

砂川を記録する会 代表・星 紀市

【目次】……砂川闘争50年　それぞれの思い

はじめに／星　紀市〔砂川を記録する会 代表〕…1

それぞれの思い……9

戦後民主主義の中での土地を守る象徴的な抵抗／宮崎　章さん〔砂川町町長故宮崎伝左衛門さん二男・現都議会議員〕…10
「金は一時、土地は末代」反対の一点張りで政府に抵抗／石野　昇さん〔砂川町基地拡張反対同盟・町議会議員・全電通労働組合〕…13
労働組合は出しゃばらず、地元の意向を尊重／関口　和さん〔国鉄労働組合・三多摩地区労働組合協議会事務局長・鉄道退職者の会 全国連合会会長〕…18
あんな米軍基地は必要ない　立川診療所の組合運動で参加／新井文一さん〔医師〕…22
人間として限界まで追い込まれ、もう闘うしかない／鈴木武夫さん〔全駐留軍労働組合立川支部書記長・元三労事務局長〕…24
「赤とんぼ」の合唱　最後の場面は生涯忘れない／岩垂寿喜男さん〔総評書記・元環境庁長官〕…28
基地の問題は教育の問題　砂川中学で文集発行／柳沢　学さん〔砂川中学校教諭〕…32
なぜ日本人同士、米軍基地のために争わねばならないのか／小峰和丸さん〔日本通運〕…36
戦争や砂川闘争の体験を若い世代にきちんと伝えたい／中　丈之助さん〔全国金属労働組合〕…41
土地がないと百姓はできない　戦争があると生きていけない／宮岡キヌ子さん〔反対同盟副行動隊長故宮岡政雄さんの妻〕…44
仮釈放の町議の演説で条件闘争案否決される／久保田昭夫さん〔弁護士〕…48
全学連を指揮――最前線は「引き受けます」／森田　実さん〔全学連中央執行委員・東京大学学生・現政治評論家〕…53

政府の決定を民衆の力で覆した闘争の歴史的意味／江尻健二さん〔早稲田大学学生・日中学院顧問〕…57
衝突で怪我、総決起大会で入院患者として登壇／樋浦道夫さん〔東京教育大学学生・農林省〕…60
「無抵抗」で地元の信頼を得、国民の幅広い支持も得た／小島 弘さん〔全学連中央執行委員・明治大学学生・世界平和研究所〕…62
二番目の列で機動隊と衝突、怪我の傷跡は今も残る／宮倉 博さん〔國學院大學学生・教員〕…68
自発的に手弁当で砂川に駆けつけた元祖ボランティア／浅井 治さん〔法政大学学生〕…72
戦後民主主義教育を受け、戦争は嫌だと強く思っていた／浅井芳江さん〔旧姓・小野〕〔法政大学学生〕…77
故郷を住民が守るのは、義務であり、権利である／尾河直太郎さん〔中学校教諭・東京都歴史教育者協議会常任理事〕…81
伝統的に情報に敏感な砂川で起きた戦後初の農民一揆／鈴木茂夫さん〔ラジオ東京（ＴＢＳ）記者・ディレクター・作家〕…85
砂川闘争の状況と農民の顔を描くという壮大な父の目標／新海 尭さん〔画家故新海覚雄さん長男〕…89
息子は毎日鉢巻していた、いつも家族みんなでだった／加藤兼雄・加藤千代子さん〔夫妻・反対同盟〕…92
高校生のとき砂川に来たことが人生を決めた／島田清作さん〔東京学芸大学学生・元立川市議会議員〕…96
砂川闘争に参加したおかげで、労働組合が変わっていった／坂田 茂さん〔日本鋼管川崎製鉄所・伊達裁判被告団長・元川崎市議会議員〕…102
「破ったら血の出るような判決文を書け」／松本一郎さん〔伊達裁判陪席裁判官・獨協大学法学部名誉教授・弁護士〕…110
接収された土地が、滑走路を壊し、更地で返ってきた／青木直之さん〔反対同盟行動隊長故青木市五郎さん長男〕…115
青木市五郎は、沖縄の反戦地主の中に生きている／榎本信行さん〔弁護士〕…119
立川の今日の発展は砂川闘争のおかげ／青木 久さん〔反対同盟企画部・現立川市市長〕…124

それぞれの思い

闘いの頭上には、いつもアメリカの軍用機が飛んでいた

戦後民主主義の中での土地を守る象徴的な抵抗

宮崎 章さん
砂川町町長故宮崎伝左衛門さん二男・
現都議会議員

砂川闘争のとき、私はまだ中学生でした。一九五五年四月に父親が砂川町町長選挙に立候補し、当選しましたが、非常に激戦な選挙でありました。当選後、五月四日でしたか、我が家に黒塗りの車が入ってきまして、はじめ選挙当選のお祝いだったのかと思いました。黒塗りの車で来るということは珍しく、当時としては全くなかったという感じです。その後、立川基地を拡張していきたいということがあったと聞いて、そのための車だったかと思いました。車が来た日の夕方、地域の皆さんに内容を報告し、改めてどうするか相談しました。それから地域の中で、基地拡張について話し合いがあり、砂川闘争が始まりました。

私から見て父伝左衛門は大変怖い存在でした。ワンマンで、私たち子供や母親から見ると、あまり良い存在ではなかったような。帰ってくると、必ず家族や連れ合いにその日の出来事、会った人の話をしていました。しかし子供には全くそういった話はしませんでした。勉強をしろとも言わない。家族としてどこかへ子供を連れていってくれた、お土産を買ってきてくれたというようなこともありませんでした。町のことだけは一生懸命やったと思いますが、子供の目からするとあまり良い父親ではなかったというか、何かあると大きな声で怒鳴りまくっていたという印象です。ただ、何かするときに相談すると、自分の判断でして良いと、間違ったことがあればその都度注意するから、自分のやりたいことは自分で判断してやりなさいと言われました。怖い存在ながら、自由にさせてくれたのかなあという感じを持っています。

私のところでは、基地の中に、牧場・田を含めて三ヘクタールありました。水は砂川用水からのものを利用していました。土地は戦争が始まる前一九三六年に取られ、その裏に牧場を作りました。しかし戦争が激しくなると牛が逃げたり怪我をしたりするということで、牛を全て売って、牧場をやめていました。牧場は牛も飼い、牛乳も売っていました。蔵の中には一合瓶の蓋がたくさんありました。代々「宮伝牛乳」として生産・販売していたときのものです。

中学から高校にかけて砂川闘争が始まりました。中学のとき、登下校には先生がついてくれていました。最初の闘争のときは土地が取られるという感慨しか、地域ではありませんでした。何回も土地を取られてきている上、米軍の土地収用であり、五日市街道をはさんで取られるということがあって、地域の中では反対が強く、砂川町議会で反対声明が出され、反対闘争が続けられました。

それから警察が入ってきて、強制的に測量という形で始め、それには町民だけでは抵抗しきれないということで、労働組合、学生たちにお願いして支援していただいたようです。その中で、何回か流血ということを現実のものとして見ました。学生、労働組合員の方が実際に血を流して倒れていたんです。砂川闘争が、土地を守るという一つの基本があったにせよ、大勢の支えがあったからこそ、勝利できたと思っています。

現在においてもまだ散在国有地という形で、決着がついていません。境界線確定ということに対して抵抗してきました。裁判では伊達判決の中で勝利を祝いましたが、それでもなおかつ、境界線確定、拡張への強い意志が調達庁に見られ、住民はそれに抵抗してきたわけです。現在もこの問題はそのまま残っています。基地内については、米軍撤退後、平和利用へと向かっておりますが、拡張予定地には未だに傷跡が残っているのです。

今現在住んでいる人たちは、杭を打たせないという形で闘ってきているので、境界線確定はなかなかできない状況です。防衛庁自身も対応に困っています。防衛庁から大蔵省へと所管が変わったので、平和利用を視野に入れながら住民の人に協力していただいてやっていく日は遠くはないと思います。

砂川闘争は私にとって青春の一ページで、大変心に残っていますし、私の仕事の中で、どう市民のために役立てていけるかの課題となっています。私の中で、あの流血なり、あれほどの抵抗をして土地を守るということについて、強い印象があります。

この砂川というところは、お米が採れないところで、野菜や麦、サツマイモ・サトイモ・トマト・ナス・キュウリはたくさん採れましたが、荒れ地の開墾で、戦争という大きな事件があり、戦争が終わって、食べるものも大変でしたが、私の父親などは「土地さえあれば大豆などでも食べていける」と言っていました。そして、「土地は先祖からあるものを受け継いでいるものだし、また畑さえあれば穀物の種を蒔いて採れるところで、食べるものに困ることはない、土地は手放すな」ということが父親の信念であったと思います。

それに、立川飛行場で強制的に土地を取られてはおりましたが、戦後民主主義の中での土地を守る象徴的な抵抗になったと思っています。

米軍立川基地跡地はもちろん国のものなので、昭和記念公園というように、公園という形で誘致しました。その後、防災ということで自衛隊移駐もありました。そこで「滑走路を含む」ということもありましたが、私たちは滑走路のない自衛隊移駐ということに努力してきたつもりです。その後、防災施設ということでC1ジェット機の飛行を可能にする発着施設という指定が国からあったので、そのための滑走路となりました。それにも抵抗しましたが、新しい滑走路を引くと一番密集した地域に飛行機が上下することになります。それでは反対であるということで議会で抵抗してきましたが、従来の滑走路であれば私の家の上を飛ぶので、それならば仕方がないということで決着をつけました。

また幅六〇メートルの道路は、韓国などで言われるように、滑走路に使用される可能性があるということで、そういうことのないよう懸念をしつつ、道路を施工しました。また防災施設ということならば、もっと、この地域の消防本庁が狭い、医療施設が小さいということから始め、地域医療・地域安全の立場から考えてきました。このことも砂川闘争の成果だと高く評価しています。

（一九九六年十月二十七日インタビュー／一九四〇年七月二十六日生まれ）

「金は一時《いっとき》、土地は末代」反対の一点張りで政府に抵抗

石野 昇さん
砂川町基地拡張反対同盟・町議会議員・全電通労働組合

砂川闘争が始まったのは、私が初めて町議会議員選挙に当選したときです。定員二十名中九番目でした。私が当選して二週間くらい後、今度は町長選で、対抗する砂川三三《さんぞう》候補を破って宮伝さんが町長に当選し、その後、基地拡張について相談を受けました。これ以上基地拡張に賛成するというわけにはいかないだろうということで、私の意志としては絶対反対ということをお話しした。

議会は十二日に開かれましたが、その前に地元の意向が大切なので、急遽お集まりいただいて、いろいろ議論しました。掻摘《かいつま》んで言えば、「相手は政府であり、その背後にはアメリカがついている、砂川町のような小さな町が一つになって闘ったとしても果たして勝算ありや」ということで議論に議論を重ねましたが、結果的には、これ以上農地を取り上げられるということは、農民にとって生命を奪われることになる、これ以上の土地提供は許せないということで、満場一致で決まったんです。そして砂川町基地拡張反対同盟を作るということも決まりました。「全ての事柄については反対同盟に委任する」という地元の意向を受けて、選挙後初の議会が始まり、私は拡張予定地内に住む議員として基地拡張反対を提案し、二十名中一人の反対もなく満場一致で基地拡張反対を決議したんです。これは全町民の意志として受け止め、町全体で反対闘争をしていこう、町議会議員全員が反対闘争委員会の一員となって、地元と一体となって、取り組みを行っていくというような経緯でした。

基地拡張反対闘争委員会の役務構成としては、小林皆吉さんという方が町議会議長であったので闘争委員長となり、副闘争委員長には副議長の田中君典さん、今立川市議会議長の鳴島さんのお父さんの鳴島勇さん。事務局長には地元の吉沢義秋議員。事務局書記としては、議員ではなく当時砂川郵便局長の志茂威《たけし》さん、一番(地名)

の篠田治助さん、町役場の方、鷹林さん。企画部長には荒井久義さん。企画部員には議員の須崎志摩さん、萩原一治さん、町役場の隣の天城仁朗さん。宣伝部にはよくしゃべるからと、私が宣伝部長を引き受け、佐藤清太郎さん、安藤慶次郎さん、平井武兵衛さん、馬場幸蔵さん、小沢毅平さん。調査部が設けられ、調査部長に砂川昌平さん、青木直助さん、清水度三郎さん、石川祐常さん、網代孝さん。と、企画部・宣伝部・調査部という部が設置され、地元を中心に第一行動隊が編成され、行動隊長に青木市五郎さん、副行動隊長に宮岡政雄さん。こうした人たちはすでに他界されました。全町行動隊が設置され、行動隊長に内野茂雄さん。私の記憶では、闘争資金として町から十万円ほど、額としてはきわめて少額ではあったが、拠出されたように思います。

早速、行動に移り、宮伝町長を先頭に代表団を編成し、政府なりそれぞれの機関に反対の申し入れを行うという行動を取りました。特に行動に参加する中で、反対の一点張りで政府に抵抗しましたが、条件が何もないなら、話し合いには応じられないとふてぶてしく言った当時の官房長官もありました。

初めて米軍基地拡張を聞いたときの感想は、「大変なことになってしまったな」というものでした。地元の皆さんが集まった中での話として出されましたが、言うなれば相手は政府であり、そのバックにはアメリカという国がついている。この闘いの勝算ということは自信を持って闘えるという心境ではないことは確かにありました。ただ、相手は政府であり、アメリカ合衆国が背後についていたとしても、やはりこの砂川という町の住民の人権というものがあり、「人権を脅かすものに対する抵抗を阻止することは、いやしくも民主主義という戦後保証されたものを覆すということは国もできないだろう、我々が生きる権利として闘っていけば、勝算必ずしも無きにあらず」というような感じを持ちました。

しかしながら闘争というのはやはり砂川町の町民として支援も協力も得なければならない。しかし砂川町は何分保守的な町であったので、外部からの支援・協力を受けるというときにも、意識的に、共産主義の思うつぼになってしまうのではないかという感想を持つ人も住民の中にはいました。よって、「誰に協力を求めるのか、誰と共闘するのか」ということは慎重にやっていかなければばならない。ということで、私も労働組合の役員をやっていましたが、三多摩地区労働組合協議会の事務局長の関口和さんと面識があったので、任されて、地元の出方を見ながら、無理をしないで息の長い闘いとなることを承知して、組織を壊さないようにやっていこうとしたんです。

しかし、政府は徐々に強硬手段に出、バックに警察も出てくる。そこで労働組合とも共闘していかなければいけないということで、反対同盟として決定しました。労働組合の側から共闘の申し出があったことは一度もなく、反対同盟からの要請に基づいて、労働組合が支援に出るということになったんです。労農提携ということで、初めて共闘が確立しました。

労働組合では、ほとんど全ての労組が支援協定して、闘争に参加したようです。毎日の闘争であったので、延べにするとかなりの参加があったと思います。砂川には宿泊場所がなかったので、地元の皆さん宅に分散して寝泊まりし、学生は砂川中学校の講堂に寝泊まりしていました。全駐労では、基地がなくなると自分たちの勤め先がなくなるということで、当初、闘争参加に躊躇《ちゅうちょ》していた面がありましたが、やはり日本の民主主義を守る、また、きな臭い軍事基地の拡張に関しては反対だという意志決定を最終的に行い、全駐労も砂川闘争に参加するという経緯がありました。我々も全駐労の立場を尊重し、無理のないように、徐々に参加を促したのです。

一九五五年九月十四日、町会議員も逮捕されるという激しい激突がありました。逮捕されたのは内野議員と田中議員、あと地元の人も逮捕されました。その衝撃は大変大きかったと思います。経験したことのないことだったので、「これはえらいことだ」という雰囲気でした。その前から、反対同盟を結成したが、このまま続けていったらどうなるか、それよりも条件闘争に切り替えていった方が、この町のためになるのではないかという動きはありまして、その動きがこれを契機に全面的に出てきました。町内で同盟派と非同盟派の冷たい対立があり、これをめぐって臨時町議会も開かれました。このまま続けていっても得策ではない、条件を決めて、条件をめぐってというのが良いのではないかという主張が出てきたんです。

条件を決めて闘争をするということになると、政府に頭を下げるということになるし、政府のやる施策の方向で我々が関与せざるを得ないということになります。基地拡張を許すということになると、農民の生活を奪われるということもあるし、そういう意味では「あくまでも反対を貫くべきではないか」と、条件か反対かで議論は真っ向から対立しました。最終的にはいろいろ議論して、午前三時頃までかかりました。とにかく喧喧囂囂《けんけんごうごう》で、最終的には「これ以上議論してもつきない」と採決することになりました。結果的には採決になってしまいましたが、反対闘争に賛成したのが九名、条件闘争に切り替えるが八名、議長は反対闘争委員長でしたが、保留とした議員が二名。保留とした議員は、従来の砂川町の選挙の構図である地主対小作の地主側に近い立場でしたが、それぞれの葛藤の中で良心が勝ったのではないかと思います。「態度が鮮明にできない」というところで保留にしたのではないかと。もしこのとき反対決議ができなかったら、闘争の構図は変わっていたでしょう。

警察の介入があったとき、砂川三三《さんぞう》町長であったら、町長自ら条件闘争へ切り替えていたと思います。その意味で四月に七票差で、大方の予測を覆して宮伝町長が選出されていたということの意味は大きい。また労働組合とのパイプを持つ町議が選出されていたことも大きいと思います。砂川の選挙は従来、地主対小作の構造でしたが、終戦後、砂川勤労者組合ができ、そこに結集した人々は小作派を支持してきたんです。

一九五六年十月十三日に歴史的な流血の闘いがあって、政府から土地測量作業中止の情報が入り、翌日、阿豆佐味天《あずさみてん》神社での勝利集会がありました。当日私は東京都知事に抗議に行った帰り道で、五日市街道は勝利にわき上がる人たちでいっぱいでした。「闘争の一区切り」として、反対派の気勢はあがり、感慨無量であったが、政府は態勢を立て直してくるだろうと思い、全国へ協力を要請しました。

闘争はその後いろいろな経緯がありましたが、土地取り上げ反対闘争からなぜ原水爆基地反対闘争へと発展したかというと、当然のこととして労働組合と共闘する中、毎年メーデーにも参加するようになり、砂川の皆さんの意識としても、ただ土地取り上げ反対と云うだけでなく、日本の平和を守るということ、原水爆の基地にしてはならないと云うことが必然的に位置づけられていったからです。特にその原水爆基地反対の運動に頑張った方で、砂川ちよさんという砂川町教育長がいらっしゃって、原水爆反対運動（※注1）にも参加するというようになりました。どこかから意識付けを行ったというわけではなくて、いろいろな集会に反対同盟のメンバーが出て行き、その出会いの中で、「自ら意識付けしてきた」というのが素直な受け止め方ではないかと思います。

今振り返って砂川闘争の勝利の要因を挙げてみると、基地闘争で重要なことは条件闘争にする派が出ないことだと思いますが、往々にしてどの基地闘争でも闘争の過程の中で条件で解決しようとする派が出てくる。条件派を作るために、国としても相当の多額な費用を投入していると思いますね。土地を協力した者に対しては謝礼を上積みしたり、いずれの基地闘争もそうです。しかし、いつも、「金は一時《いっとき》、土地は末代」ということです。基地闘争では条件派が出てくると隊列が乱れる。終始一貫して反対派が反対を貫くことが大切です。原発の問題もそう。条件で解決しようというものが出てくるから作られてしまう。裏では相当な梃《てこ》入れがあると思います。とにかく条件で問題を収拾するのではなく、平和を守り、民主主義を守り、民衆の人権を守るという原則を貫き通していけば、必ず砂川闘争のように展望が開けてくるはずです。

（一九九八年八月十九日インタビュー／

一九二六年九月十六日生まれ、二〇〇二年三月十三日没）

※注1

一九五四年三月一日、アメリカは南太平洋マーシャル諸島ビキニ環礁で水爆実験を強行しました。付近を航行中だった日本のマグロ漁船「第五福竜丸」が、水爆実験による「死の灰」を浴び、乗組員二十三人全員が被曝しました。その半年後の一九五四年九月二十三日、「第五福竜丸」の無線長だった久保山愛吉さんが四十歳の若さで亡くなります。その死を契機に原水爆禁止運動が日本全国に広がりました。

労働組合は出しゃばらず、地元の意向を尊重

関口 和《かのぶ》さん

国鉄労働組合・三多摩地区労働組合協議会事務局長
・鉄道退職者の会 全国連合会会長

私は、一九五三年から国鉄労働組合の八王子支部専従として組合運動をしていましたが、そのころ、地域の運動も日本の労働組合運動では重要で、三多摩地区労働組合協議会の事務局長もしていました。

一九五五年五月一日、砂川では、宮伝町長成立、石野昇、萩原一治二名の社会党町議選出がありますが、五月四日に降って湧いたように、五日市街道を跨《また》いで米軍基地拡張の申し出が、砂川だけでなく、「立川・横田・新潟・小牧・木更津」とありました。おそらく朝鮮戦争の影響があったと思いますが、立川は特に補給基地という特徴があるので、「首都圏としては珍しいが拡張したい」という申し入れでした。当時米軍も、こうした問題を担当していた調達庁も「拡張はそう難しくないと思った」と思います。それまで砂川は何回も拡張を経験していたし、問題はないと……。

話があってすぐに石野君から相談がありました。当時は新聞も取り上げなかった。石野君や萩原さんと相談し、「このまま見逃すという手はないだろう、運動に立ち上がりたいという希望を砂川町長は持っているだろう」という話があったんで、労働組合は何があるかわからないが、また米軍基地反対闘争というのは初めてであったので、どういうかかわり方をしたらよいのか、とにかく当時はあんなに大きくなるとは考えていなかったので、「一緒にやろう、支援をしよう」という決意だけ、五月中の幹事会で私が提案し、満場一致で決議しました。

そのうちに砂川の中でもいろいろな機運が盛り上がり、六月十八日阿豆佐味天《あずさみてん》神社で町民総決起大会をするということを聞いた。それで決議しっぱなしじゃしょうがないから、我々にも参加させてくれと話しました。すると向こうでは返事ができなかった。それは歴史がないからです。全国でいろいろありましたが、労働組合と地元の

人たちの運動の融和点というのが必ずしも一致しない。だから勝手に動いてしまってもしょうがないから、砂川の土地を持っている住民の人たちが何を考えているのか、どう思っているのか、静かに参加して見極めてみようと、決議しました。そして六月十八日の総決起大会に参加するということになりましたが、参加させる、させないで地元は相当もめたらしいです。

初めて集まるわけだから目印として組合が組合旗を立てる、それは困るというのが砂川の地元から出てきた。石野君と直接会って、我々に何を望むか、何をすればいいのか、参加するに当たって目印として組合旗の一本だけを端《はし》っこに持ち込むということを認めて欲しいと話をしました。なかなか「うん」と言ってもらえなかった。結果として組合旗を持ち込む、一本と集約した。「これはしょうがない」ということで集会に参加しました。参加してみると、砂川のあらゆる層の人、農民だけでなく、いろいろな人、代議士、自治体の長も来ているんです。一七〇〇名くらい集まったのではないでしょうか。国労も一〇〇名くらい行ったと思います。

砂川の人たちが反対の意志決定をしました。しかし、その後、「決めただけではどうにもならない。東京都知事、内閣に申し入れをする。そのとき、五月、六月なので農作業がお留守になる。私たちが、そのお手伝いをしよう」と。後で名前をつけるのですが、援農動員です。大体コンスタントに一日五十人ほど、農作業の経験のある人を集めました。かなり喜ばれました。そして信頼関係を作り、困っていることを、まず手伝いました。こうしたことが夏をはさんで二ヶ月くらい続いたんです。砂川でスイカを食べながらね。動きはあまりなかったように思います。でも駆け引きはありました。

運動を広げようということで、この問題を総評、東京地評に持ち込みました。労働運動全体でもいろいろ地域の運動をやっていこうと決議があったときで、国鉄機関士の先輩たちのところを回ったんです。とりあえず、砂川に来てもらうという体制を作る、決議をする。あわせて労働組合だけではしょうがないと、文化人、当時清水幾太郎さん、中野好夫さん、壺井栄さんという人たちに、とにかく砂川を見てくれと、何が起きているのか、政府は何をしているのか、と言って回りました。これがその後、生きたんですね。当時テレビができたばかりで、この問題を機会があるごとにその人たちがしゃべる、マスコミも放っておく訳にはいかないとそういう風に、準備期間をはさんで、文化人も、マスコミも動員するということを、僕たちは役割として援農の傍らでやっていました。支援は山形や愛知やいろいろなところでできるが、やはり東京で盛り上がらなければならない、全東京の闘いだ、という機運を作っていったんです。

一九五五年九月頃の最初の激突のとき、当時警察は無線を持っていませんでした。無線を持っていたのはマスコミだけで、基地内も取材していたんです。マスコミと信頼関係を作り、そこから出方を見極めました。海軍経験者は手旗で合図することができるので、宣伝カーの上で合図を送ったり、代議士を動員して政府の動きを止め、効率の良い運動をしようとしました。集中配置をして、場合によってはわれわれが警察側を追いやることがありました。その翌日が大変で、警察が警視庁予備隊（現在の機動隊）を導入し、かなりの犠牲が出ました。測量側は機動隊に守られて、杭を打つ、しかし翌日には倒れている、それでも既成事実として、打ったと誇張して話す。青木さんは、「**土地に杭は打たれても、心に杭は打たれない**」ということを口ずさんだ。それが標語になりました。闘いの中から良い文句が生まれるものだなと思います。

そういうことが繰り返しあって、逮捕者も出た。労働組合の中からも出た。二日くらい我々が勝ったとき、九月頃、砂川の町会議員の人たちを含めて逮捕者が出ました。その逮捕者は武蔵野署に入れられました。三鷹駅のすぐ近くなので、立川から引き上げるとき、武蔵野署にも押しかけて五〇〇～六〇〇名で騒いで、木の塀を倒したこともあります。一時保釈後、砂川町議会は再度反対決議を行い、かえって運動の結束を固めることになったと思います。結果的にはその後、不起訴となりましたが。

労働運動は組織的には泊まり込み態勢は行いませんでした。学生たちは五六年に支援のため学校に泊まり込むようになりました。結局、学生も労組も共産党も赤旗も嫌いだというのがあるんじゃあないでしょうか。砂川だけではないです。平和運動でも広島に入ると、赤旗は嫌だと言われます。労働組合は伝統的に赤旗を使ってきたのだから仕方がない。砂川でも最初の阿豆佐味天神社総決起大会では赤旗を入れるなと言われましたが、旗は徐々に増えてきましたし、道路をはさんで集会をしたこともあります。道路交通法もあり、時間制限がありますが、自然発生的なものについては仕方がない、としてやってきました。歌を歌うことに関しても、インターナショナルとかはなかなか歌わず、童謡を歌いました。共通の歌は童謡だったんです。妙法寺の西本上人は最初から来ていて、とてもお酒の好きな人でした。焼酎を好んだようですが、闘争のときはもちろんお酒抜きで非常に熱心にやっていました。労働組合だけでなく、あらゆる人、文化人やマスコミや砂川を支援する人を一つにする運動を作っていったんです。砂川では、組合は動員費用を出しませんでした。安保へつながる平和運動・労働運動の流れを作ったと思います。

そのうち、社会党の左右の対立もあり、各部に怪我人が出るのではないかという心配もありまして、冷却期間を置こうということになりました。どこからともなく、自然発生的であったと思います。警察関係と、総評・三多摩などの各事務局が会うことになりました。砂川闘争前年に警察庁内で労働組合専門のセクション、公安課ができます。それまでのデモ対応の警備課と公安課は仲が悪い。しかしこちらとしては両方一緒に出てきてもらわないと意味がない。両方そろったときに、しばらく砂川をそっとしておく、町民に静かに考えてもらう、ということになりました。五五年秋のことです。左右社会党が統一する前。そして三日くらい休みがありました。警察庁長官から冗談として、動員費を払うから砂川に行くな、と言われたこともあります。砂川だけでなく、全国に波及することを恐れたのでしょう。砂川に対して、警察からの脅しとして破防法の適用も出されたり、警察官で農家出身の自殺者が出たこともありました。

労働組合の中でも官公労、特に国労は主力部隊となりました。全逓、民間では鉄鋼関係、電機労連、全国金属などが熱心だったようです。国労からは夜勤明けで来ていました。代議士は少ないときで十名、多いときで三十名ほどがいざというときのために宿泊していました。吉田法晴さん、西村力弥さん、中村高一さん、山花秀雄さんなどが来ていた。弁護士資格のある代議士も来てもらっていました。黒田寿男さん、淡谷悠蔵さん。電話が不便で連絡が取りにくかったのを覚えています。

最初は社会党が熱心でしたが、一九五六年から共産党もかかわるようになりました。支援の人数は多ければ多い方が良い、しかし社会党と共産党と一緒にやった集会は成功しなかった。総評・社会党は一緒にやりたくないという気はありました。しかし学生がいたから。学生の中は、自治会が中心でした。一緒にやりたくなくても地元の意向に従ってやりました。全国の基地反対運動でも、原発でも社共一緒にやったことはないんです。それを一緒にできたということは成功でしょう。学生も後に勢力になっていきました。

宮伝さんは砂川闘争の前から社会党委員長の浅沼さんと知り合いでした。それで宮伝さんの葬儀のときは社会党からほとんどの人が参列していましたね。現立川市長青木久さんも当時、砂川町役場企画部にいました。

労働組合は出しゃばらず、地元の意向を尊重して、運動を成功させたことが良かったのではないか。そして砂川の成功が、現在の三多摩の労働運動にも根付いているのではないかと思います。

（一九九八年五月十七日インタビュー／
一九二八年三月十九日生まれ）

あんな米軍基地は必要ない 立川診療所の組合運動で参加

新井文一さん

医師

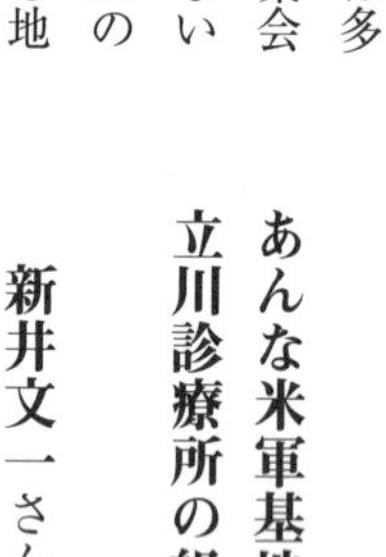

一九五五年、砂川闘争当時、私は立川相互病院の前身、立川診療所に勤務していました。内科・婦人科しかなかったんですが、婦人科医として勤務していました。一九五一年に診療所ができて、五二年に勤務を始めました。

当時の立川の町は、基地の町、飛行場の町。米軍の兵站基地、補給基地で、朝鮮戦争、ベトナム戦争へと続く時代でした。直接の出撃基地は横田などだったと思いますが、立川は後方の補給基地として重要な基地でした。町には基地に勤める人が多かったようです。立川だけでなく、所沢、横田にも勤めていました。戦前から中小企業・自営業者は軍需産業に戦時動員されていました。現在のような高層建築はなく、大きい建物は立川高校くらいだったのではないでしょうか。

私は、砂川に来る前は都内日赤の病院に勤務していましたが、労働者の健康状態は非常に悪く、結核が蔓延《はびこ》っていたし、妊娠しても貧しさゆえ、人工中絶を行うことが多かったんです。立川にちゃんとした婦人科を作りたいと思って、日赤をやめてきました。

立川には米軍近辺の慰安施設に勤める女性も多く、また戦前からいわゆる赤線地帯もあって、それが戦後米軍の施設となって、兵隊の慰安所的な施設でありましたが、婦人科の必要性は大きいと思いました。当時の米軍は、日本を守るというよりも、朝鮮戦争を支える役割をしていました。そこで働く労働者は、低賃金で家族を含めて健康管理がなされていなかったんです。

基地闘争にもはじめから関心がありました。その前に奄美大島に診療所を作るために派遣されたことがあり、一九五五年頃、基地のことは奄美の新聞でも大きく取り上げられていました。それで帰ってから五五年秋以降、闘争に参加しました。

当時診療所にも組合はあり、十四、五名の労働組合で、私が委員長をやっていたように思います。地区労にも入っていました。個人的な基地反対への関心と、診療所の組合運動としてやっていました。診療所からは四、五名の参加があったと思います。確か、一九五五年十月頃から参加しました。

当時の五日市街道はもっと幅が狭く、道路から下がったところに用水路が流れていましたが、そこで機動隊を通さないように大勢集まっていた。宮崎町長は消防団長も兼任していましたが、闘争の中での怪我人を一時的に消防署に収容したり、診療所にも大勢収容したりしました。

私の従兄弟は海軍で、親戚にはフィリピンで戦死した者がいたり、小学校の同級生は三分の一くらいが戦死しています。医学生は軍医不足のため、私も徴兵検査は受けたんですが、卒業まで入隊延期されていました。

砂川闘争の当時、三多摩労協、全駐労、学生、地元の農民たち、多くの人が参加していたので、自分も参加したのだと思います。やはりあんな米軍基地は必要ないと思いました。

あの頃は冷戦、朝鮮戦争があって、日本のアメリカ軍がそこで主役を演じていることへの反発が強く、社会党・共産党・総評・全学連などを中心に反対運動を行っていたし、参加する人が多かったんです。
実際は現在も沖縄など米軍基地がなくなっているわけではないし、日本の自衛隊の問題やそのグローバルな派遣も拡大しているようですが、当時は立川で連日米軍機が飛んでいたり、周辺で墜落事故があったりしたので緊迫感がありました。それも直接の動機となったと思います。

（一九九八年六月二十一日インタビュー／一九二三年十月十七日生まれ）

人間として限界まで追い込まれ、もう闘うしかない

鈴木武夫さん

全駐留軍労働組合立川支部書記長・元三労事務局長

一九五五年、砂川闘争当時、私は全駐労立川支部書記長をしていました。立川基地は二つに分かれていて、極東空軍資材司令部と第五空軍司令部がありました。
私は一九四九年から昭島の昭和基地に勤め始めました。昭和飛行機という三井の唯一の軍需工場が、米軍に接収され、自動車関係の基地となったんです。私はそこに勤め、一九五二年に立川へ移り、五四年に組合専従となりました。それまでは倉庫で管理をしていました。
朝鮮戦争当時は大変な騒ぎでした。資材関係の建物は砂川側にありました。砂川闘争の一年前に書記長となったんです。全駐労の中では立川支部が合併して最多となりました。立川には一万人以上の基地労働者がいました

ね。政府雇用や個人雇用のメイドさんなど、建設業者もいたし、最高では一万二〇〇〇人くらいいたんじゃないかな。当時、三多摩のまさに運動の中心だったんです。三多摩の基地労働者を集めると五万人はいましたね。立川の他に横田・府中・調布・大和・多摩・昭島など。組合員も二万人はいただろう。

運動で伝えたいことは、基地に頼らない生活を創造しよう、日本に基地はいらない、ということが基本路線でした。これは理屈ではわかっていても、悩みは深い。横須賀の反対運動に行きながら、軍の爆弾を送る作業。その悩みを私のところに相談に来る。日本中が矛盾の中にあると話した。役場で自衛隊募集がある。銀行が軍需産業に関係する仕事にも投資する。我々だけではないと。でも一度帰ってまた来る。それで良いのだろうかと。岸・アイゼンハワー共同声明（一九五七年六月、在日米軍早期引き揚げに関する声明）のとき、各自治体市町村に全駐労対応の離職対策協議会を作らせました。駐留軍の後、炭鉱労働者が同じ境遇となった。そして、沖縄は今これに直面しています。

私は、そもそもは千葉県の成田出身で、佐倉で仕事をしていて、昭和基地の関係者から勧誘され昭和基地へ、その後立川へと移りました。戦時中は近衛騎兵です。

学生時代に島木健作とか、徳永直とかが好きになり、小地主の家に生まれながら、影響されたらしい。昭和基地に入って副委員長に吉野良一さんという東京交通労組出身者がいた。彼は人間的に温かく、専門のこと、朝鮮のことなどいろいろ学んだ。やはり抑圧されている人を見せつけられると……。ヒューマニズム、それは運動の原点です。

組合は占領軍が作ったんですよ。しかしレッドパージで政策が変わった。一九五三年の四十八時間ストライキ、闘争目標は占領時代の労務契約の改訂でした。当時、アメリカ軍相手のストライキは命がけでした。また保安解雇というのがあって、破壊活動を口実に、主に共産党の人がやられましたが、これは人権問題ですよ。

立川の地区労から基地拡張の話が入りましたが、組合内は大変な状況でした。闘争に参加すると首になるのではないか、と。一番最初は私一人で参加したんですよ。私は専従で首にならないから。でも、密かに全駐労から参加者が何人もいたようです。砂川の住民で全駐労の人も多かったんですね。一九五六年十月の激突の時期は全駐労から五〇〇人以上が参加しました。動員の指令ではなく、それぞれが自主的にやった。全駐労・市川誠委員長（後の総評議長）も参加している。全駐労の中でも、仲間が血を流して闘っている、そういうところが一番響いたのではないか。砂川基地反対同盟も土地を守るところから始まっている。一番はじめはそうした素朴なところではないかと思います。

実際には砂川闘争参加による解雇はなかったと思う。一斉解雇ということはその後起きましたが。一人の保安解雇に対して七八〇〇人がストライキを行って、それ以降の保安解雇を阻止したことがあります。砂川闘争の最中で、宮伝町長も心配して激励に来てくれました。

砂川闘争当時、日本政府から私へのいろいろな働きかけがありました。運動をどこが指導しているのか、調べて崩そうとする。でも青木さんのような自分の土地が取られるということで絶対反対の立場の人は、崩しようがない。

一九五六年十月の激突のときも、現場にいた、役場の前の道路に。一つ向こうの道路から入ってきて、役場の前で今にも始まるか、というところで、栗原さん宅に突進した。それまでは牧歌的というか、小ぜりあい程度で、そんな激突は初めてだった。みんなスクラムを組んで、押していって、警官隊も押し返すものだから、女の子なんか青あざになってしまって……。投石とかそういうことは、反対同盟はやらせなかったね。石投げ戦争なんてことは一度もなかった。地元では、労働組合の助っ人も最初は嫌だと言っていた。でも最終的には、農民にとって、助っ人してくれるのは誰でも良い。だから最初に受け容れたのは青木市五郎さんだったんですよ。

最初、全駐労からたった一人、旗を持っていった。全駐労でも、人間として、ぎりぎりのところに追い込まれたときに、自分自身を見つめて頑張るしかないです。そうでなければ、全駐労の人間は基地反対闘争に行かれないですよね。横須賀の原潜寄港反対に行かれない。そうした意味で、人間としてぎりぎりの段階まで砂川の闘争というのは行ったんじゃないかな。

今の人たちのことは見えにくいけれども、当時私の書いた運動方針は、階級的視点でした。我々は搾取されている、資本に。権力によって国民は虐げられていた。今もそうです。今はもっと巧妙にやられているんです。だから私はやっぱり、もう一度、激しい労働運動が生まれてくるというように思っているんです。

私は今も中小零細企業の労働運動とつながりがありますが、本当にどんな生活をしているか。例えば、過労死の問題がありますね。昔はあんな問題はなかったです。今職場においてどんな労働を強いられているのか、過労死ということでしょう。今は高度な技術が要求されていて、人間の能力の限界を超えているような感じです。時間内に求められる労働量は、膨大だと思います。週の後半になったら、精神的に参ってしまう。こういう状態に労働者がどこまで我慢できるか。私はできないと思います。労働運動の質が問われてくるんです。今の労働運動は、こうしたことを考えて組織し直せば、今でも闘えると思いますよ。

沖縄だって、基地を返せと言っても、そのあと食うに困る人間はたくさんいるんですよ。でも、基地を返せと、新たに基地を作るのは反対だと、言い続けている。虐げられてきた、食うに困る、でなく人間そこまで追い込まれて、もう闘うしかない、と。それが今の沖縄であり、砂川闘争だったんじゃないかな。

労働者は職場でぎりぎりの賃上げ闘争をしている、砂川では農民が基地拡張を押しつけられて抵抗すると棍棒で殴られている、そこに共感があって、あの時期、砂川に結集したんじゃないかな。やっぱり、労働者のそういうところを一番信頼しているね。

（一九九七年三月二十一日インタビュー／一九二一年十一月二十日生まれ・二〇〇四年十二月十三日没）

「赤とんぼ」の合唱
最後の場面は生涯忘れない

岩垂寿喜男さん
総評（全日本労働組合総評議会）書記・
元環境庁長官

私は一九五三年、総評に入りました。学生運動をしていたので、声をかけられ、総評に入ったんです。最初は争議対策部、途中から政治部でした。共闘関係を組んでいる総評の代表の一人として参加したんです。本来、砂川闘争は若い私たちにとって重要な意味を持っていました。仕事と自分の政治信条とが重なって、張り切ってかかわりを持ちました。

初めて砂川を訪れたのは、闘争が始まった途中からです。測量が話題になっていましたが、まだ具体的ではありませんでした。最初は三労（三多摩地区労働組合協議会）が取り組み始め、総評に持ち込まれました。原点は三労です。最初は、総評の参加も地元から理解を得られず、シンボリックに言えば、例えば赤旗を持ち込まないという話もあったと聞いています。阿豆佐味天神社での集会、宮崎町長さんの素晴らしい演説など覚えています。

最初、労働組合が頑張って、学生が参加したのは五六年九月頃から、というのは、反対運動の中に学生は最初受け入れられなかったからでしょう。それには総評の事情もありました。当時の全学連は共産党の人が多く、共産党とは共闘しないという立場も総評の中にあったんです。地元の反対運動にそれが反映されたかもしれません。労働組合でさえ、赤旗を持ち込むなということでしたから、推して知るべしでしょう。地元の当事者である農民は赤旗を嫌った。農民の支援というスタンスは、絶対にはみ出してはならない。総評は主役ではない。主役はあくまでも地元の農民であり、それに対して労働組合は支援するという立場に徹しようということでした。

三労の人たちは、地元であり、農民と日常の接触があり、その中で人間関係を作っていったと思います。それで労働組合、総評がかかわりやすくなりました。

最大で、総評が動員したのは何千の単位だと思います。

四方面に分かれて支援しました。私は伝令隊長を務めていました。特に指揮していたのは東京地評（東京地方労働組合評議会）、支援協（砂川町基地反対支援労組協議会）で、そこから指令が出され、私は各方面の人に伝えたんです。その役割上、全体の動きを把握していました。

基地反対運動に関しては、砂川以前にも内灘（石川県・一九五二年、試射場接収反対闘争）など地元を中心として全国的な支援の取り組みがありました。砂川闘争の後に、全国軍事基地反対連絡会議（基地連）という全体的な結束もあります。砂川闘争がきっかけとなって組織されたように思っています。ジラード事件（群馬県相馬ヶ原・一九五六年）もありましたね。

一九五六年十月の激突のときにも参加しました。現場ではいろいろな交流がありました。学生たちは現場の学校に寝泊まりし、そこを拠点として参加していました。激突のときは学生が大変張り切って参加してくれ、正面で警官隊ともぶつかり、怪我人も多く出たんです。我々は学生と一緒に主要な駅ターミナルに立って訴えよう、という話になり、駅に立って訴え、カンパを求めたこともあります。大変な金額が集まりましたね。テレビも報道しました。こうした中で、労働組合と学生、地元反対同盟という三位一体ができ上がり、ものすごい運動の盛り上がりを作っていったんです。総評弁護団もあり、弁護団も支援しました。

学生が加わるようになった経緯《いきさつ》は詳しくはわかりませんが、一九五五年末あたりから、個人的に学生も砂川に来ていたように思います。五六年の激突のときは、もう学生は組織的に来ていました。

五五年には労働組合が頑張っていたが、基地内測量の裁判、伊達判決あたりから、労働組合の参加が少なくなってきたのでは、という指摘は、そうかもしれません。山を越えたという感じでした。労働組合は動員をかけないと集まらないし、殺されるかと思ったという当時の感想は、そのとおりだと思います。私も伝令隊長として、現場と司令部を行き来しましたが、警官隊の間を抜けなければならなくて、かなり怖い思いをしましたよ。妙法寺の僧侶が座って、太鼓を叩き、お経を唱えていたときに、棍棒が頭から叩き付けられ、あたりに血しぶきが上がったことを今でも鮮明に覚えています。

こちらは無抵抗で武器を持っていない。畑の隅っこに野壺があって、糞尿が腐らせて貯めてあります。汚い話ですが、そこに麦わらを突っ込んで警官隊の前で振り回したら、何のことはない自分にかかってしまった。臭いが取れない、というようなこともありました。当時国鉄の作業服をお借りしていましたが、いつまでたっても臭いが消えなかったんです。

一番最後の場面というのは、役場のこちらに入ったところで、残っていた組合員や学生を結集して最後の抵抗をしました。そのときは本当に殺されるかと思いました。こちらには数千人、スクラムを組んだ。二列目以降はベルトにつかまった。そして対峙しました。向こうは棍棒を持っている。殴られるだろうなと思いましたが、逃げ出すわけにはいかないし。先頭は一メートルほどしか離れていないとき、どこからかわからないが、おそらく学生からだったでしょうか、「夕焼けこやけの赤とんぼ」の歌が始まって、合唱になりました。スクラムを組んで歌いながら、童謡が続きました。すると、警官隊の方も、泣いているのが見えた。こっちも泣いている、向こうも泣いていた。そのときは相当殴られると覚悟していたんです。しかし戦線はおしまい、ということで休戦みたいな形になりました。一番最後の場面は生涯忘れないでしょう。誰が音頭を取った訳でもないのに、「夕焼けこやけの赤とんぼ」が始まって、お巡りさんの方も、ポロポロポロポロ涙を流した。あちらも田舎から出ていたり、いろいろあったんでしょうか。そのとき私は二十代。その後ずっと覚えています。

最初総評に入って、労働運動をやっていこうと思ったら、先輩が議員を辞めることになって、やってくれないかと言うんです。向かないと思いましたね。組合運動の方が良いと思った。いろいろあったんですが、やることになって、一年もないのに選挙に出ることになって、一九七二年から八期二四年、衆議院議員を務めました。橋本内閣のとき、初入閣で環境庁長官、村山内閣のときは防衛関係も担当しました。当選以来ずっと環境委員会に所属していたので。

どうして砂川闘争が勝利したのかというと、まず、世論です。学生が駅前に立って訴えたり、いろいろな人が職場や地域で訴えた。こういうことの意味は大きかったでしょう。もう一つ、婦人部隊、女性部隊。当時の総理石橋湛山（一九五六年十二月十三日～一九五七年二月二

青木市五郎行動隊長から説明を受ける国会議員団と岩垂寿喜男さん・左端（千葉 豊氏撮影）

十五日在任）の鎌倉別邸へ、お母さん方二十人くらいを引き連れて陳情に行ったことがあります。【砂川ちよさんの手記には、鳩山首相（一九五四年十二月十日〜一九五六年十二月二十三日在任）の軽井沢別邸に行ったとの説明も】つまり、おとうちゃんはおとうちゃん、女性は女性で、それぞれのやることをやったんですよ。学生は学生、労組は労組、政党では社共でしょうか、それぞれやることをやって、先ほど言った世論を盛り上げたということが大きかったと思います。

今闘争が起こっても盛り上がらないだろうということについては、メディアがきちんと取り上げるかどうか、です。私は六〇年安保のときも同様の運動の盛り上がりを作ることができました。最近、私は愛知万博の海上の森を守る運動に関わってきましたが、その中で、道路建設などいくつかの環境に悪影響を与えそうな計画を阻止することができたんです。やはり世論は大きいと思いますね。満遍なくできるだけ広めていく。どこかの地下水的なパワーが核となることは大切だと思うけれど、同時に世論を広めていくことが大切だと思います。総評がなくなって連合となりましたが、一人の首きりもさせないということで、組織をあげて頑張って欲しいです。総評の頃、ストライキ対策部にいました。指名解雇を不当だとして、総力をあげて闘ってきました。そのことを思うと、現在の状況は申し訳ない。誰かを責めるというよりも、こうした現状となってしまったことへの力不足を思うし、大衆に対して申し開きができないと思います。

（二〇〇〇年四月十八日インタビュー／
一九二九年四月二十五日生まれ・二〇〇一年三月七日没）

鉢巻を締めた幼児（向井潔氏撮影）

基地の問題は教育の問題
砂川中学で文集発行

柳沢 学さん
砂川中学校教諭

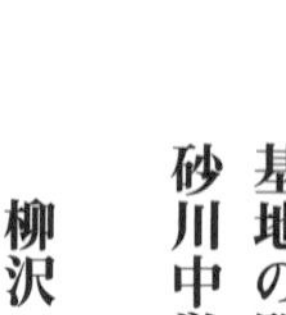

昭和二十三年から砂川中学教員をしていました。当時は四十代前半です。社会科と国語を教えていました。砂川闘争が始まることを聞いたのは、新聞やテレビからです。自宅から学校まで自転車で通っていました。

思い出されることは、米軍基地拡張問題が起きて、町の農民の人たちを中心に激しい反対運動が起きたわけだけれども、政治問題であって、教育とは直接関係ないようにはじめ思っていたことです。しかし、生徒たちが書いた作文などを読んでいると、基地の問題が出てくることに気付き、教育の問題でもあることを感じ出しました。

一方、砂川中学には三十人ほどの教員がいましたが、そのうちの十人ほどが話し合って、〝基地と教育〟研究サークルを作り、私や長塚さんや中山さんや、なぜか昔の陸軍士官学校を出た人たちが中心になって活動を始めました。生徒たちが書いたものを昭和三十一、三十二、三十三年と三回に分けて、『文集スナガワ』としてまとめて出したんです。各一〇〇〇部出しました。砂川に関する記録は少なかったので、非常に珍重され、国外にも送ったりしました。

教員組合に入っていたので、そちらでも基地拡張反対運動を始め、教師として基地と教育の問題を訴えました。両方を並行してやっていました。

砂川中学の子供は、農家と非農家の子がいて、非農家の子供の多くの親は米軍立川基地に勤めていました。また警察寮があったので、各クラスに一人、二人は警察官の子供もいました。基地拡張反対運動がだんだん拡大し激しくなると、反対同盟と条件派が出てきて、町もまっ二つに割れて、近所でつきあっていた同士が分かれて、口もきかなくなる、子供たちも、同じクラスに反対派も条件派も警察官の子供もいて、激しくやり合う中で、警察官の子供たちの立場が微妙になってきて、政治問題である基地拡張問題が教育の問題として大きく出てきていることが、子供たちの書いたものや毎日の生活を見ていて感じました。

砂川という町は江戸時代中期に武蔵野台地の新田開発でできあがった町で、五日市街道を挟んでいます。五日市街道を挟む中心部に滑走路拡張の計画が持ち上がり、そうなると五日市街道が中断され、町が分断されることになる。そのことも、町にとっては大変な問題でした。

砂川は、若松さんを中心とする旧地主層と、宮崎さんを中心とする旧小作層、労働者の勤労者組合がありました。それまで若松さんがやっていた町長を宮崎さんが初めて破り、宮崎派には労働者出身の議員もいたので、宮崎町長は反対の立場をはっきりとする。その後は条件派の若松さんと反対派にはっきりと分かれていきました。

教員は五月の反対同盟結成にすでに参加しています。東京都の教職員組合も参加していたので、その下に集まると同時に、町として独自に、砂川の二つの小学校（現八小、現九小）の教員と一緒に組織を作ろうとしたんですが、結局それはできず、中学校教員が中心になって反対運動をしました。

砂川中学には文芸部があって、以前から詩を書いたりしていました。文集の編集責任は私でした。文芸部の顧問でもありました。授業で詩や文章を書かせたとき、基地や闘争に関わるものを特に取り出して、文集にまとめたんです。

闘争が続いていく中、授業と集会参加などはどのようになっていたのかというと、お互いにやりくりして交代しあって動員に出るようにしていました。東京都教職員組合からかなりの参加があったように思います。

三十一年から全学連の学生が中学校の体育館に寝泊まりすることに関しては、町長をはじめ町をあげて基地拡張に反対で、教育委員会も教育長が砂川ちよさんで、反対を貫いていましたから。学生は五十名ほど来ていたでしょうか。農家から炊き出しなどが届いていました。

強制測量が始まると、反対同盟の子供たちも学校を休んで、畑に出て親と一緒になって応援をしていました。その姿を教室の窓から見て、その向こうに基地が見えて、何もできない教師であることを恥ずかしく思い、涙が出ました。

当時の日本の持っていた政治、経済、社会の矛盾が砂川闘争に最も表れたのではないか、子供たちはそれを見聞き経験することによって、大きな生きた勉強をすることになったのではないか、と思いました。

私たちが文集を作ったのは、子供たちの願いである静かな町で平和に暮らしたいということが、できるだけ多くの人、多くの親に届くと良い、と思ったからです。最初はガリ版でしたが、二号からは友人に頼んで印刷してもらいました。最初、費用は町の教育委員会が負担してくれました。一冊三十円で売って二号以降の資金にしました。サークルは田沢という女性の先生が中心となってやっていました。一番年長は、陸士を出た旧軍人でシベリア抑留後帰還して、考え方が変わり、教員になった人です。

日本の他の地域の基地拡張運動がしぼんでいったのに対して、砂川は勝利したというのは、背景に理由があったと思います。当時、砂川は開拓後三五〇年の歴史があり、農業をやることによって、平均以上の生活ができることがはっきりしていたのに対し、土地を奪われるということは逆に生活できなくなるということを意味していました。

また町の政治は、労働組合出身の議員も入って、保守的な町政から革新的な町政に変わっていった時期でもありました。労働組合とのパイプ役になる議員もいたんです。当時三十年代は戦後の困窮から経済活動が始まり、労働運動の向上期でした。全逓などの労働組合で活動した人たちも参謀として加わっていました。

私自身は、昭和十九年に結婚後一年で召集されて中国奥地に行かされ、留守中、東京大空襲で世田谷の家はなくなり、帰ってから教員免状を取って初めて赴任したのが砂川中学校でした。当時は教員組合活動も盛んで、大変民主的な学校になっていました。町をあげて基地拡張反対運動が始まり、教員も参加しやすかった。それで、〝基地と教育〟研究サークルを作り、文集を発行して、砂川の状況を日本中に知らせようと思ったんです。

（二〇〇〇年八月十五日インタビュー／一九一三年一月一日生まれ）

【参考】

基地拡張

砂川中学三年　松村洋志

（「文集スナガワ」第三号／昭和三十二年一月二十五日発行より）

各方面から騒がれていた砂川町の基地拡張騒ぎも、十月十四日の政府の発表により、一しゅんのうちになりをしずめてしまった。

去年に引き続いて十月上旬から測量隊が来たが、みな全学連、労組などの小ぜり合いに終り、ついに十月十二日から警官隊大挙動員しての強制測量となってしまった。そして十月十三日、砂川町は、今までにない嵐のような町になってしまった。

新聞では「流血の砂川」などと見出しをつけ大きく報道した。

その日スクラムを組む無抵抗の抵抗を続ける全学連や労組の人々に対し、警官はコン棒の雨をふらせ、鉄カブトを相手の顔にブチあて、なぐり、けとばし、こずきまわし一人一人スクラムから引きぬいていった。そして弱っている人を引きぬいたあと、すぐに警官のトンネルに放り込み、後方に送った。その時またけとばし、つきとばし、引っくり返したりしながら、道路へつきだすなど、あらゆる乱暴を行った。そのうえ写真班、救護班にまで手を出した。このような闘いが拡張予定地において何時間も続けられ、ついに八百人近くの負傷者を出し政府は予定の大半を測量してしまったのだ。

この結果警官の得たものはなにか。それは国民の警官に対するにくしみである。反対に地元反対同盟、全学連、労組の人々は〝団結〟というものの力を確信したのである。とはいうものの、同じ国の人間でありながら同じ自分の国の人々とにらみ合わなければならぬということを非常に残念に思う。しかしこの問題のもとはどこにあるか。それはアメリカと結んだ条約にあるのではなかろうか。安全保障条約、サンフランシスコ条約などだろう。

現在の日本の状態をみて、その条約にしたがって物ごとを行い考えていったら、われわれは果して平和で明るい生活ができるだろうか。決してそういう生活はできないと思う。あるものは土地を失い、あるものは職を失い、あるものは漁場をとられている。

国民の生活のうえでためにならない条約などは、どうしても改正するか、それをやぶり、自分たち日本国民の正しいと思う方向へ進むのがだいじだと思う。

なぜ日本人同士、米軍基地のために争わねばならないのか

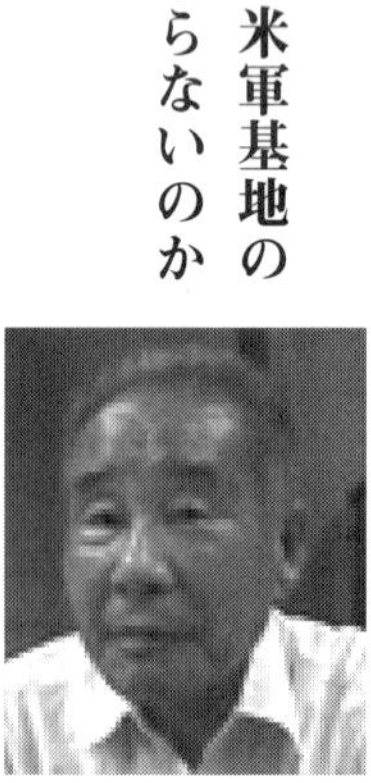

小峰和丸さん
日本通運

日本通運株式会社関東立川支店公用課（米軍の輸送など）にいました。横田基地・立川基地などの引越しもしましたよ。青年部副部長でしたが、米軍と砂川の農民が争っているということで、労働組合から行ってこい、と割り当てがあったんです。そして初めて砂川に行きました。

阿豆佐味天神社に集まって状況を聞いて、五日市街道でスクラムを組みました。日通立川支店からは部長・副部長だけでした。他の支店・支部、八王子・新宿などからも来ていましたね。日通全体では、十二、三名くらいだったのではないかな。長谷緑也（三労議長）さんは日通立川分会の執行委員だったんですが、彼は社会党員で、

状況を掌握していたと思いますね。蒸し暑い時期でした。一九五五年九月十三日頃ではないかと思います。

阿豆佐味天神社には九時頃集まりました。いろんな労働組合が集まっていましたね。総勢一〇〇人以上いたし、地元の人もいた。これから五日市街道でスクラムを組んで、測量隊と機動隊を阻止するから、ということで、私と青年部長はスクラムを組んで待機しました。

そのうち、機動隊の前面で実力行使に入るということで、自分は実力行使とはどういうものかわからなかったんですよ。若干、怖いな、という気持ちもありました。みんなスクラムを組んでいて、私もスクラムを組んだ。よし、闘おうという気持ちになりましたね。

それから、少したって、機動隊が襲いかかってきた。私もスクラムを組んで用意したのですが、結局、足を蹴ったり何かされて、片腕をゆるめてしまった。そうなると、片方の手は機動隊の方にあって、もう片方の方は、労働組合の方にあるし、もうどうしようもなくなって、どんどんスクラムも流されていくし。もう無我夢中で出てきました。はっと気がついたら上着もなくなってしまっていました。幸い怪我はありませんでした。足が少し痛いなという感じでした。

戦列から離れて、農家の裏側に行ったら、やはり機動隊の隊長みたいな人が、顔面を血だらけにしているのを見ましたね。殴り合ったりするような、小競り合いもあったようです。スクラムを組んだ前方ではなかったけど、後ろの方ではあったのではないでしょうか。

警官隊は警棒は持っていなかったけれど、座り込んでいるのをどんどんごぼう抜きしていました。ごぼう抜きした後で、警官隊の間を抜けるときに両方から蹴飛ばされたりしました。頭を打つとか、そういうひどい危害はなかったようですが。そのときは労働組合からも怪我をしたという人は出なかったようです。機動隊の隊長が顔面を怪我していて、農家のほおかぶりをした女の人たちが、機動隊はもう帰れ、とか泣きながら言っていました。そういう姿を見て、なんでこういう争いをするのか、という気持ちがつくづくしましたね。

砂川に来てみて、こう第四機動隊が前面にいる。その後ろに第八機動隊がいる。機動隊の乗ってきたトラックがずらっとおいてある。まさかこんなに大げさになるとは思っていなかったんです。私も初めて参加して、確かに機動隊は強いと聞いてはいたけれど、こういう状態だとは思っていなかった。何だか、その農家の女の人が機動隊を罵倒しているのを見て、怪我している人になんでそんなに罵倒するのか、警官の方にも、気持ちのわかる人がいるかもしれないし、でもそうなると命令に従って、何もわからなくなるし。こっちも闘っているし。そういうのを目の当たりに見て、砂川はすごいことになっているな、と。

実力行使のときは、最初怖いとは思わなかったけれど、いざ向かってきたときには、さすがに怖いな、と。人数的には支援の人よりも機動隊の方が多かった気がします。私の参加したときは学生はあまり参加していませんでした。労働組合と地元の人が中心でした。

今年になって五日市街道を通ったんです。あ、この場所であのとき機動隊と小競り合いをしたんだな、と。もう今は昭和記念公園になっていますね。私たちがああいう闘争をしたからこそ、今みなさんが平和に幸せに公園で遊んだりしたりしているのを見て、確かになぜ日本人同士が、米軍基地のために小競り合いをしたのか、と思ったのですが、そういうことをしたからこそ、こういう公園ができたり、基地の中に良い道路ができて、砂川と立川が前みたいに迂回しなくても通じるようになったりとか、良かったな、とそういう気がします。

昭和十六年から二十年にかけて、私は立川の第五航空技術研究所で働いていました。十八歳頃でした。朝八時半から仕事です。西立川駅から歩いてゲートを入っていきました。第五は爆撃と航空計器、航空写真をやっていました。私は爆撃をやっていました。そのうち浜松で急降下爆撃があるというので、浜松に行くことになっていたのだけれど、夜学に通う学生だったから行けなかったんです。

終戦まで第五技術研究所にいました。第五技術研究所では爆撃照準器の研究をしていました。立川に空襲があって、砂川も攻撃されたことがありました。そのとき飛行機が落っこったところから、いろいろな部品、米軍のノルデン爆撃照準器を持ってきて、子飼いの日本工学で全部分解して、そうしたものを作らせたんです。そのとき私は設計図を描きました。中心の部分は専門家がやって、私は歯車とかそういうところ。日本の照準器は本体が動くと、照準器を動かさなければならないけれど、ノルデン爆撃器は爆撃圏内に入ると、爆撃器だけを動かせば良い、操縦士は操縦しなくても良いんです。自動的に操縦される。そのように、装備が日本のものよりも数段優れていて、そうしたものを作ろうとして、完成したのだけど、使わないうちに終戦になってしまいました。それでスクラップにして畑に埋めたんですよ。

陸軍航技、ふつうの将校ではなくて、帝大や早稲田や慶応を出て、三ヶ月から六ヶ月、教練みたいなのをやって、そしてすぐ将校になる。そういう技術だけの将校なんですね。

技術研にいると、Ｂ29の破片が落っこってきたりして、そうなると、日本の上空をＢ29が支配するようになって、もうちょっと危ないな、という気になりましたね。Ｂ29は九人か十人か乗っているんです。操縦士と機関士と。砂川へは富士山の方から飛んできます。何機かまとまって。立川基地に向かって攻撃してきたんだと思います。第五技術研究所の前に二五〇キロ爆弾が落ちたんです。焼夷弾《しょうい》もそれ以前に落ちたことがありました。

飛行場の中、滑走路には落ちなかったかもしれないですね。周りの建物、研究所とかには落ちました。砂川なんかに行くと、「不発弾あり」というような看板があったりしました。落ちたという連絡を受けて、飛んでいくと、異様な臭いがしてるんです。それでもそこから部品を取り出して、研究していました。日本の猿真似根性だろうか、何か開発しよう、ということはなかったんでしょうかね。

米軍の飛行機は、来るとばらばらばらばらビラをまいていました。そこで、日本軍が狙うと飛行機ではなくてビラに当たったらしいですよ。私も終戦近くにビラを見たことがありますが、筆で書いたような字でした。

実家の方は爆弾は落ちなかったんです。でも艦載機が来て、機銃掃射で撃たれて亡くなった挺身隊の女性もいました。Ｂ29が火を噴いて山中に落っこちてきたこともあります。そのエンジンは青梅の博物館にあるらしいです。実家よりも、立川基地周辺の方が被害はひどかった。こちらでは空中戦も見ましたね。

小学校の頃は真珠湾攻撃とか、先生が言うのを聞いて、日本は優秀だな、とか思っていたけれど、終戦の前に、日本はもうだめだなあという気がしていました。

私のそばにもＦ中尉という陸軍の人がいて、軍刀を下げていました。その人は、いろいろなことを知っていてね。軍艦大和はもうやられてないとか、一般の人の知らないことを知っていましたね。B29とかが来ると高台の方で偵察をしていたんです。

陸軍技術研究所の第一は総合審査、第二は機体とプロペラ、第三はエンジン、第四は軍機・弾薬、第五は計測器・写真、第六は材料・燃料、第七は施設、第八は医療・整備をやっていました。

砂川闘争のとき、米軍から仕事をもらいながら、基地拡張反対の闘争に参加するのは、矛盾しているな、と思って、でも食べるために多少割り切ってやっていかないと。つまり日本通運で仕事をしている、そこには米軍関係の仕事もある、かたや労働組合に参加して、そこでは米軍拡張の反対をしている。そういうことは矛盾もあったんだけど、割り切って。

砂川闘争だけでなく、仕事の関係で新島に行って自衛隊の仕事もしたのだけど、その後、米軍の試射場の問題（一九六六年）があって反対闘争がありました。新島に行って地元の人に言われたんですが、酒場にも反対同盟の酒場もあれば賛成派の酒場もある、そういうところにも気をつけなければならないとね。つまり米軍反対、自衛隊反対と言いながら、米軍の仕事も、自衛隊の仕事もしなければならない、そういう点では矛盾を感じました。具体的には米軍の兵隊の移動、国内だったり、本国へ帰ったりするときの引っ越しの荷造りとかですね。航空自衛隊の仕事で、横田基地の弾薬を日通が輸送するような仕事もあった。先導車は自衛隊でしたよ。そういう仕事もやりました。

だからどうして日本人同士が米軍基地のことで血を流し合ったりするのか、という気持ちがしました。


（一九九八年八月十六日インタビュー／一九二七年六月一日生まれ）

戦争や砂川闘争の体験を若い世代にきちんと伝えたい

中 丈之助さん
全国金属労働組合

私は、砂川闘争当時、東京地評の常任幹事をしていた。東京地評は労働組合の連合体で、私は関東金属労働組合から派遣されて、東京地評で仕事をしていたんです。東京地評として砂川闘争に参加しようということが決定され、私が派遣されることになった。初めて砂川に行ったのは一九五五年。問題が持ち上がった直後だったね。

東京地評に砂川の町会議員の石野さんから問題が訴えられ、応援が決まったんです。しかし、砂川では町議会が拡張反対の決議をしていたので、労働組合が前面に出るわけにはいかない、できるだけ労働組合は後ろの方の物質的な支援を行って、前面に出て赤旗を振ったりするのはやめようじゃないか、ということになった。人が必要だったら集めよう、また資金としてもカンパを募って、協力しよう、とにかく裏の団体として支援しようと決まった。そこで、とりあえず現地に行かなければ話にならない、ということになり、現地に誰か常駐させようということになって、派遣が決まりました。

私は実家が近いということもあって、砂川行きが決まったんでしょう。宿舎は用意されなかったので、連泊するときは地元の誰かの世話になったりした。関東金属からも最大のときで一日三〇〇人くらいが動員されたのではないでしょうかね。他にも東京地評に参加している組合は積極的で、国労、全電通、自治労、この辺で有名な組合はほとんど参加していましたよ。

組合員で仕事をしながら参加する場合、動員数に応じて、例えば一〇〇人動員しようということになると、それぞれの組合で相談して、組合活動の時間として確保されているところを利用し、場合によっては有給休暇になったりした。できるだけ欠勤という扱いにならないようにしましたよ。

砂川闘争は警官隊とぶつかったりして、危ないことは危なかったのだが、危険だから行きたくない、というような声はなかった。我々も事前に、砂川闘争の意義や闘争の内容について、組合員に説明したし、実際に砂川の現場に直接行って、闘争に参加した人たちが、現場の様子を進んで説明してくれたり、当時マスコミの影響などもあって、砂川と言うと余計なことを言わなくても、あ、そうか、という雰囲気があったように思うね。私は情宣委員を担当していたが、活動として、いろいろな文書や写真集、「砂川だより」というような報告書、機関紙を作って、各組合・組合員に砂川の様子を伝えた。基地拡張を阻止するということは、戦争に反対するということだ、と訴えたんです。

ほとんど全期間、砂川に来ていましたよ。五五年九月十三日から最初の測量が始まり、十三日に杭が打たれ、阻止行動も続いていた。現場に刑事が入り込み、最初からマークされていたらしく、行動後、逮捕された。自分以外にも二十五、六人だったか。宮岡政雄さん、学生もいたね。武蔵野署に入れられたね。その前にメーデー事件(一九五二年)があって、メーデーに皇居前広場を貸さないことに抗議してデモを行ったときにも逮捕された経験があるんです。砂川では、公務執行妨害といっても大したものではなかったし、世論の反対も大きかったので、二十四時間拘束で翌日釈放され、不起訴だったね。釈放後、大歓迎会となって、英雄扱いされて、かえって困ってしまった。

砂川には多くの注目、支援が集まり、絶対反対以外に議論をする必要もなく、参加していた。カンパも多く集まりましたよ。あまり裕福な時代ではなかったが、平和ということへの思いは強かった。基地拡張というと、自動的に反対、という感じだったね。あんまり難しく考える必要はなかった。一九五六年十月の激突のときは、十二日に雨が降って嫌な天気だった。そのときは学生が多かった。

労働者は組合によっては旅館を使ったり、お互いの交流を行ったり、学生よりも待遇が良かったんです。大きな組合ではお酒も出たらしいよ。逆に学生たちは学校の体育館や農家に泊まり込んで、行動力も統制力も結束も強かった。組合によっては、砂川闘争に参加した組合員に日当が出るところもあったが、ないところもあり、それぞれ、動員の費用を工面していたようです。測量中止の報道があり、阿豆佐味天神社で勝利集会を開いたが、勝利の自信はあったかどうか……。現場は最後まで確信は持てないので、精も根も尽きたという感じでは……。

一九五五年末から組合の動員が減少し、学生が多くなったとすると、砂川闘争の前段は文字通り農民の基地反対闘争で、宮伝（砂川町長・宮崎伝佐衛門）さんの主張も、それを応援する側も純粋に基地拡張反対という姿勢で、労働組合はとにかく後ろから支援するという形で徹底していた。それが、五五年、五六年頃、状況が変わって、軍事基地反対という政治的な主張が強くなってくる。そうすると、基地測量反対、地元支援という意味合い以上に、軍事基地問題について、つまり政治的な側面が大きくなる。いわゆる全国的な軍事基地反対の運動に沿っていくようになる。そうなると、だんだんと政治的な意見の対立も出てきて、その中で、外的には運動が停滞するようにも見え、若干政治的な対立が軍事基地反対の運動に上乗せされるようなところがある。しかし、砂川闘争そのものは、重要な役割を果たしているわけだし、向こうは向こう、こっちはこっち、というように収まってきたんじゃないかな。

仮に、現在立川基地の滑走路拡張が発表されたとして、あれだけの闘争は組めないだろうとは思う。今、そういうことを言う奴はいない。以前労働組合に関わってきた者として、だらしない、と言うわけではない。だらしない場合もだらしないところで、やっている。昔そういうことができたという人間が黙っている。僕なんかも含めて、時代の転換期というのか、僕なんか昔はこうだったという言い方が抜けきらないし、その中で、全くああいう経験が消えてしまうのか、どうなのか、難しいところだね。どのように変化を示すのか、諦めないで詰めていく必要があるのではないかと思う。

端的に言って、私は大正末生まれだから、昭和プラス何年が自分の人生なんだよね。そうすると、僕の人生というのは、まさに戦争と敗戦と現在、そういう世代なんだよね。そうすると、どん底からどん底というか、そういうことが今も見えるような気がする。戦争はある日突然起きるというのではなくて、戦争の前段があって、戦争は負けるためではなくて勝つためにやる、そして次の戦争へと続いていく。勝つためには非情なこともしないとならんと。今のような戦争を知らない世代が勢力を持つようになると、戦争への前段を意識しないで進んでしまうような気がするし、そうではなく、それに対する警戒心を高める必要があると思う。今の世の中、変化が少し早すぎる。そういうことへのいろんな人の発言が弱くなるような感じもあるので、やっぱり戦後のこういう経験をちゃんと伝えていく、経済成長のことだけではなくて、という感じだね。

僕は一番最後に（戦争に）行った。北朝鮮に、一年半くらいいた。三月十日の大空襲のときもちょうど帰ってきていて、横浜の実家の裏の山から東京が焼けるのを見た。私の妹は昭和二十年四月、お国のためというので、従軍看護婦に志願して、中国に行ってそのまま中国に残った。昭和二十年に中国に行ったら、どうだったのか、それは想像を絶するよ。軍隊は本当に怖いところだ。軍隊はいかに危険なものか、みんなきちんと知らなきゃならないよね。

僕なんかもう、年齢的には、少数派だからね、大変だった、ということだけじゃなくて、きちんと言わなければいけないという気がするよね。

（二〇〇〇年五月十四日インタビュー／一九二五年七月二十九日生まれ、二〇〇三年二月二十六日没）

土地がないと百姓はできない 戦争があると生きていけない

宮岡キヌ子さん

反対同盟副行動隊長故宮岡政雄さんの妻

昭和十七年に砂川へお嫁に来ました。夫は昭和二十年六月に出征し、十二月三十一日に帰還しました。

結婚当初は夫の兄弟三人と一緒に農業をしていた。当時は日本軍の飛行場があった。敗戦後、米軍が来た。日本軍飛行場周辺の土地も接収され、ブルドーザーで潰された。うちの土地は、その前に日本軍の飛行場に接収されててね。うちは従来地主で、地主派の若松さんを支持していたけど、砂川闘争では小作派の宮伝さんと一緒に運動をした。

昭和十九年頃から空襲が始まり、敗戦の年がひどかった。離れを貸していた兵隊の家でひどい被害があり、兵隊のくせに怖がっていてね。おそらく、日本軍の飛行場が近かったから狙われたんだろう。爆弾は砂川にはあまり落ちず、焼夷弾だったかね。砂川八番あたりがひどかった。八月一日が国分寺の実家のお盆で、子供を負って帰省したら、八王子・砂川が大きな空襲で、慌てて自転車に乗って引き返したんですよ。すると、周りも自宅も燃えていた。隣では男衆がいたので、早く火を消せたけど、うちは……。貸していた兵隊は自分のものだけ持って出ていて……。幸い妹が布団などは持ち出してくれていて助かった。全焼だった。隣と川向かい、砂川五番あたりが全て燃えた。

男衆なしでどうやって百姓をしていたかというと、まあ、やるしかなかった。当時はサツマイモと麦で、ちょうど出征する頃、蚕がじきしきる（もうすぐ繭を作る）という時期だった。その後、空襲で養蚕の道具が全部焼けてしまって、それからは養蚕はできなかった。焼けなかった家ではその後も長い間養蚕をやっていた。今でもやっている家が砂川で一軒だけあるらしいけどね。

宮岡は近衛兵だったんです。出征後は台湾へ行きましたね。出征後まもなく終戦で、三十二歳でした。結婚して子供もいて、かなり高齢だったにもかかわらず、召集された。空襲で焼けたときは、物置が残ったので、罹災者救援用のいろいろな廃材を使って、物置を直してしばらくそこで暮らしていました。帰還した夫はこんなところで暮らしていたのかと、びっくりしていました。帰還は突然で、こっちもびっくりした。

基地の拡張のため、自分の家と土地が立ち退きの対象になるということを聞いたとき、いやもう、絶対立ち退きなんかしないとはじめから言っていた。何とか頑張らなくちゃと。砂川四番には百姓だけでなく、会社勤めをしている人が多く、農業をやっているのはあまり多くなかった。それで、五番の青木市五郎さんが行動隊長、四番のうちが副行動隊長になった。他にも、企画や広報などいろいろな担当の人がいましたね。

砂川は当時、保守的な土地柄で、社会党の議員もあまり多くなかったんです。うちの人が積極的に運動をしていたら、宮岡さんは共産党、と言われた。でも、家は罹災していたし、土地がないと百姓はできないし、また戦争でもあったら生きていけないと思って、やっていた。

当時は婦人会があって、だんだん、地元が一生懸命にやるようになると、若い女の人も奥さんもみんな、炊き出しをやるようになった。そして、学生が泊まっている学校などに持っていった。労働組合から応援にきた人たちが農家に泊まっていましたよ。うちは小さい子供も三人いたし、大変だった。応援にきている中で農業を手伝うと言う人もいましたね。麦・陸稲《おかぼ》などを作った。奥さん連中もみんな集会や座り込みに参加しました。みんな二年間くらい一生懸命だった。農作業をしていると、半鐘が鳴って、作業を中断して飛び出していかなきゃならなかったのを覚えている。近所の人たち、会社勤めの人たちは帰宅後や休みの日、自営業・退職の人たちも時間を調整して、参加していた。みんな子供がいて、先頭には参加しなかったが、座り込みには子供を負ぶったり子連れで参加していた。

昭和三十一年の十月十三日は一番激しかった日だけれど、雨で地面はぬかるんでいて、大変だった。向こうから、うちの畑も通って警官隊が入ってきて、作物が踏まれた。私が棒を持って、「そこは家の畑だから入らないでくれ」と言ったんですよ。もうめちゃくちゃだった。

昭和三十年九月十四日には夫が警察に逮捕されたこともあった。私は自宅にいて知らなかった。夫は外で逮捕されて、後で、「政雄さんが連れていかれちゃったよ」と言われた。そのときは隣の息子や大勢、捕まった。町会議員も捕まった。聞いたら、誰と誰も捕まったという話だったので、それなら、心配しても……と思って、そのうち帰ってくるだろうと思っていたら、四、五日も拘留されて帰ってきた。面会には行かなかった。そのとき、町役場としてどうするかの協議となったけれど、その最中に釈放されて帰ってきて、集会に拍手で迎えられたらしい。逮捕されるなんてことは今までなかったのだから、びっくりしました。その後逮捕された人もいるけど、宮岡たちが一番最初の逮捕だった。

測量が中止になった後、裁判闘争になった。裁判闘争では宮岡が最後までやった。よく体を壊さないなと思っていましたね。とりわけ法律に詳しかったわけではないが、一人でよく勉強していたんです。やりかけたことは最後までやる、というような性格もあったのかもしれないね。裁判となると途中で投げ出すわけにはいかない。基地内の土地の返還も一生懸命やっていた。

振り返ると、私は苦労のしっぱなし。こんなことになるとは思わなかった。砂川闘争になる前の農業は、あの当時としては、そこそこやっていけるという感じだった。砂川闘争がなかったら、こんなに苦労はしてなかった。

また、夫が亡くなってからの方が大変。子供たちは農家の跡を継がなかったし。闘争中、どうなるのか、と思った。勝てるとは思えない時期もあった。でも応援もあって、基地拡張を阻止できた。地元の人だけでなく、支援があったからだね。勝てて、それぞれが思っていたことがやり遂げられて良かった。

最後の二十三軒が絶対に土地を国に売らないという姿勢が強かった。宮岡は絶対に売らないつもりだった。代替地を得て成功したケースもあるし、換金して商売を始めて失敗した人もいる。いろんなことがあった。今でも立川というと、砂川闘争のことがいろいろなメディアで取り上げられている。

この間は沖縄から新聞の取材もあった。三里塚からも夫に来て欲しいという要請がよくあった。最後、三里塚から帰って、体調を壊してしまった。

宮岡は親が早く死んで、小さい頃から苦労をした人だった。自分が苦労していたから、人にも優しい人だった。私にも優しかった。地元をまとめ、裁判闘争を続けた。大学に行けたら良かったのにな、と言っていることもあった。夜、分厚い本を広げて、一生懸命勉強していたね。


（一九九九年九月五日インタビュー／一九三四年二月十日生まれ）

笛を吹いてデモ指揮する反対同盟副行動隊長の宮岡政雄さん・右から３人目

宮岡キヌ子さん・後列２人目

仮釈放の町議の演説で条件闘争案否決される

久保田昭夫さん

弁護士

地元の人たちが反対運動を起こした直接の動機は、それまでに、いろいろと被害に遭っていたということが大きかったからですね。B29の空襲で地元は被害を受け、死傷者も出たという事件があるし、米軍機が墜落したこともある。基地があるために自分たちが被害を受けているという気持ちが強かったのではないかと思います。

まず、砂川四番、五番の役場に近いあたりの人たちが中心になって反対同盟ができました。ついで町議会が拡張反対決議。町ぐるみの闘いとなりました。

私が初めて砂川に行ったのは、五月の末、当時は社会党が左右に分かれていました。左派の中に軍事基地対策委員会というものがあり、昭和二十年代の日本原演習場（岡山県）、内灘（石川県）の反対闘争の中心となっていた左派グループ、特に平和同志会、松本治一郎先生が大将で、基地反対対策委員会の中に、社会党代議士で、かつ弁護士のかなりの先生方が入っていました。黒田寿男さん、猪俣浩三さんたち、弁護士だけで平和同志会の中に十人くらいの議員が入っていました。

この事務所を創立した中心人物の東城弁護士は、内灘の反対闘争に参加していて、昭和二十九年の妙義の事件（群馬県）で米軍立ち入り禁止仮処分申請をしたとき、この事務所の弁護士が代理人になっています。

そうした下地があった関係で、砂川の基地反対闘争の問題が起こったとき、社会党の方から、この事務所に一つ知恵を貸して欲しいということで、話がありました。砂川の社会党議員が社会党本部に持ち込み、社会党からこの事務所に要請があったんです。それがこの事務所が砂川の基地拡張反対闘争にかかわるようになったきっかけでした。

私は、この事務所の中で、砂川に行ってくれ、と言われ、初めどこかわからなかったんです。北海道の砂川炭坑かと。社会党の議員と一緒に砂川に行きました。社会党の参議院議員吉田法晴さん、当時社会党の基地反対対策委員会の委員長でした。山花秀雄さんも地元なので、その後メンバーに加わりました。最初は基地反対対策委員会のメンバーではありませんでした。

町会議員では、最初自由党・民主党（※注2）にも陳情に行っていたようです。最初は対策本部という感じで、基地反対を全面的に掲げていたわけではなかったように思いますね。第一回の町役場の前での大会から、私は参加しました。

最初砂川に着いた印象は、全く平和な村、という感じでした。それまで、立川基地付近に行ったことはなかったんです。労働法律旬報社が昭和二十四年に創立され、労働に関連した雑誌を発行していました。その建物が港区にあり、その一角を使って昭和二十九年末に労働法律旬報法律事務所ができたところでした。

砂川に入って、裁判関係で始めたのは、事前測量が昭和三十年七月に立ち入り通知としてありましたので、その立ち入り通知に反対し、立ち入り禁止の申請をしたことです。町長から法律上のことについて説明して欲しいという要望があり、地元の人たちの相談を受けるようになりました。

当時、砂川はどちらかというと保守的な町だったと思います。しかし、実際に米軍の被害を受けているという実感があり、地元砂川の四番、五番の人たちを中心にして、町に何とかして欲しいという陳情があり、町も議員を中心にして反対同盟ができたんです。そのときの委員長が小林皆吉さん、副委員長が田中君典さんでしたか。役場の闘争委員会ができて、それからが闘争の始まりでした。闘争委員会といっても、条件闘争派と絶対反対派の二つが混ざっている感じでしたね。九月にぶつかった後で、二つに割れてしまったんです。闘争の前にも前町長の若松さんと宮伝さんが争っていて、砂川は政争の激しい町だったという記憶がありますね。

五月三十日に初めて行って、いろいろと相談に乗るようになり、週の半分は砂川に行くような感じでした。当時、私は江戸川区に住んでいて、そこから通いました。肺結核の持病があり、通院しながらでしたね。他にも、同じ事務所から山形県大高根の米軍基地拡張反対闘争の相談も受けていたんです。そこでは村の頭上を越えて、米軍高射砲弾が飛び、その村の中に米軍の通路を作るということへの反対闘争でした。

砂川で一番最初、ぶつかったときに町会議員を含めて、逮捕がありました。九月十四日だったと思います。起訴はされませんでした。町会議員を先頭に立てて、道路にピケを張ったところ、押し寄せてきて、先頭部隊の何人かが逮捕されたんです。こういう実力反対闘争に対して、批判の動きも、運動の中から出ました。その後、町として基地反対闘争を続けていくのかどうか、それとも条件闘争に移るか、議論をすることになって。逮捕後、町役場に行くと、町長を含め、反対同盟が動揺していました。町の中で、これ以上闘いを続けるのは無駄だというグループと、とことんまで闘うというグループとの間で町が割れました。

町議会が調整協議をしていたが、そのときは条件派の方が多かったようです。私は武蔵野警察に行って、議会で今後の方針について協議することになったので、逮捕された議員を仮釈放しろと要求しました。そして手錠をはめたまま議員を議会に連れていきましたよ。逮捕された議員が議会で演説し、自分たちの逮捕を乗り越えていって欲しいと訴え、その勢いで議会の勢力はひっくり返り、条件闘争の提案は否決となったんです。劇的でしたね。そしてその二日後、釈放です。

十月十四日に鳩山首相、土地収用法に基づく土地収用認定を行う、その後、二十二日に反対同盟、内閣総理大臣収用認定取り消し要求訴訟を起こす。訴状は私が書きましたが、我ながら良い文章を書いたと思ってます。東京地裁に訴状を出しました。

次は、縦覧手続きを取らないと次の収用手続きが進まない、町長が拒否している限りは収用手続きは進まないので、地方自治法一四六条に基づいて職務命令請求訴訟を起こすことができる、それで昭和三十一年七月に訴訟が起こされた。砂川弁護団が作られ、私は根回しをして、当時の日弁連会長をやった海野晋吉（自由人権協会の会長）さん、長野国重（自由法曹団の重鎮）さん、といった先生を担ぎ、一〇〇人くらいの大弁護団を組織したんです。社会党の猪俣浩三、坂本泰良といった先生に代理人になっていただいて、東京地裁の訴訟が始まりました。

そのときの弁護団が総評弁護団に移っていきましたね。総評弁護団ができたのが昭和三十二年五月で、その母体になったのが砂川弁護団だったんです。法廷でこちらの代理人がいっぱいです。五十人、六十人の弁護士が出席して、机をたくさん並べているので、裁判官は先頭の事務局をしていた私よりもうしろの方になってしまっていた。裁判長は松尾さんで、「もうこれ以上審理しない」ということになったので、裁判官忌避の申し立てを出したら、また半年近くかかった。しかしそれが蹴られて、東京高等裁判所に即時抗告をしてそれがまた蹴られて、最高裁に特別抗告する、という経過があり、約一年、裁判が中断しました。そうしているうちに、三十一年十月の激突もあるし、情勢が変わってきたんです。当時それだけの弁護団が集まったというのは異例でしょうね。

当時砂川でも、反対同盟の旗をどうするのか議論になって、結局、ムシロ旗を掲げました。昭和三十年十月末に社会党が左右合同する。加藤勘十氏が基地反対委員会の委員長になりました。総評は反対闘争に同意しない、「兵を出さないから、警察も出すな」という申し入れをしたんです。撤兵に反対した部隊もいましたよ。国労の人たちは反対派で、捕まった人もいる。そういうなかで、十一月九日、大がかりの強制測量が行われた。地元は政府への申し入れを聞いて、社会党が我々を見捨てたと言って、大変な騒ぎとなったんです。私は吉田法晴さんと加藤勘十さんと一緒に、「俺たちを裏切るのか」と、つるし上げにあいました。

そのように、社会党・総評は動かなかったが、警察は出た。それで、反対運動は蹴散らされた。地元は、社会党は俺たちを裏切った、総評は俺たちを裏切った、と思い、全学連に支援を要請した。全学連は過激だというので、地元では最初運動に入ることを希望していなかったんですが。しかし、こうして全学連も運動に加わり、農村に入り、反対行動をしたり、農家の支援をしたりして、全学連も信頼を得るようになったんです。

全学連が過激だと思われたのは、共産党系と思われていたからだと思いますね。共産党はまだ市民権がなく、基地反対闘争の中にまだ組織として加わっていなかったんです。ようやく三十一年から砂川に、その他民主団体ということで表向きにも参加するようになりました。

基地反対闘争が盛り上がってきたので、社会党も積極的に加わるようになり、加藤勘十氏から吉田法晴氏が基地反対委員会委員長になります。社会党議員も当時大勢参加していましたね。吉田法晴さんはその後、九州へ行って、板付の基地反対闘争にもかかわりました。

第五機動隊の本部が府中にあり、昭和三十一年十月の警官隊が出るとき、浅沼さんが社会党書記長で、警官隊に出るなという申し入れに行ったんですが、翌日十二日に出動しました。

十二日は志賀義雄が指揮をして、共産党の部隊と警官たちがぶつかって、一歩も引かなかったのを覚えています。学生がどんどん頭を殴られて、「夕焼けこやけ」を歌ったりしたのが十三日です。一〇〇〇人以上が怪我をしました。「暴徒と化した警察官」という見出しで、夕刊に報道されたんです。「流血の砂川」ということで、マスコミの政府攻撃が始まりました。無抵抗の学生、地元の人たちに怪我をさせたということで。

その後は大きな衝突はなく、主に裁判闘争で闘っていくということになります。その翌年（三十二年七月）、基地の中の測量を阻止するということで、労働者、学生が基地の中になだれ込む、という事件があって、その裁判で伊達判決が出ました。三十年十一月の時点でも、土地が荒らされたということで、証拠保全として現場検証をやっています。もう当時の主要な人たちの多くが亡くなってしまっているでしょうね。いろんなことがありましたが。

裁判では、弁護費用は出ませんでした。それで、社会党が申し訳ないと言って、社会党が権利を持っていた衆議院常任議員庁舎の中に五十坪を無料《ただ》で貸してくれました。社会党法律相談部というのを作って、利用したんです。それが弁護費用の代わりでした。私はそこに最初に行って、半年くらい勤務し、その後、労働旬報法律事務所へ戻りました。そこの諸君が中心となって砂川関係の裁判を続けました。

（一九九七年五月七日インタビュー／一九二六年四月十四日生まれ）

※注2
一九五五年、当時の自由党と日本民主党が合同（保守合同）して自由民主党を結成。また、五〇年に左右両派に分裂しました日本社会党も十月に統一し、後に労働者農民党も復帰しました。

全学連を指揮——
最前線は「引き受けます」

森田 実さん
全学連（全日本学生自治会総連合）中央執行委員・
東京大学学生・現政治評論家

反対同盟の青木市五郎さんと、清水幾太郎さん、高野実（元総評事務局長）さんの三人から、私に連絡があり、会いたいということで四谷の小さなうなぎ屋の二階で三者にお会いしたんです。会うと、「学生に手伝ってもらいたい、全学連に運動に参加してもらいたい」、と言われ、「良いんですか、過激だと言われている全学連が運動に参加して良いんですか」と言うと、青木さんが「是非頼みたい、それは前年、総評とか社会党が支援してくれたのだが、途中で勝手に去っていったんだ」、「そのために、砂川の人たちが直接警官たちとぶつかることになって、怪我人もずいぶん出て大変だったんだ」（一九五五年十一月九日）、「我々は孤立している、是非とも、学生に我々の基地反対闘争を支援してもらいたい」という話でした。清水幾太郎さんも基地反対闘争のいわば第一人者でしたから。内灘に行けば清水幾太郎が先頭に立っている。高野実さんも前年、岩井章に、右派のリーダーに負けているのだけれど、左派のリーダーとして、「総評・社会党の裏切りは許せない、学生たち頼むよ」という話なんです。青木市五郎さんは砂川の行動隊長で、非常に誠実な人柄で、三人が熱心に頼むんです。

少なからず感動しまして、四年で卒業論文を出せば、卒業して就職できたんですけれども、ではそれをやめます、運動をやってみます、と言って、またこの秋これから大激突になる、と、それで学生も二、三〇〇〇人動員して、砂川の人たちとともに警察官の前面に出て闘いましょう。そのためには、大学の卒業はあきらめます。大学に残りますと言って、一年後に卒業を延ばしました。とはいっても、学生は砂川に参加していませんでしたし、学生運動は沈滞の極でしたから、一九五六年にやっと授業料値上げ反対運動で大衆行動ができるような状態で、非常にピンチだった。私は、清水さんや高野さんや青木さんに約束しましたから、四月にバス会社からバスを借りて、東大駒場の正門（ここは私の出身校であり、一、二年生で動員しやすく、学生運動も盛んだったので）にバスを止めて、毎日、砂川に行こうと演説をした。そうすると面白いことに、行ってみようかとか、学生運動が沈滞したので活動家は少なかったのだけれど、五人、十人と集まって、砂川に行った。

車中、みんなに砂川はこうだと、憲法上も我々は正当だと、日本にとっても我々が闘うことが重要なんだと説明し、砂川では青木さん、宮岡さん、町長さんが迎えてくださった。砂川の方たちは皆さん、見るからに立派な方たちだった。そして、次第に、我々はやはりこの運動をやらなければならない、砂川の人たちが直接警官隊の棍棒に殴られるようなことは、我々が前面に出て阻止しなければならない、ということで広がり、一ヶ月もするうちにバスが二台になり、二ヶ月もするうちにバスが六台になった。東大だけで。私自身がしばらく前まで駒場の学生運動のリーダーだったということもありました。

学生と農民が交流すると、お互いに純粋なところがあって、とても相性が良いというか、通じる部分がありました。前年の衝突で血だらけの闘争になるのは目に見えていたので、学生も生半可な気持ちでは参加できないだろうと思い、バスを借りて、学生を教育するつもりで砂川行きを繰り返したんです。そのうち、早稲田、明治、法政からも来ました。やはり六大学が強かった。でも慶応は駄目だった、全く来なかった。医大生、東京医科歯科大学などの学生も加わるようになりました。

そのうち、全国から応援に来たりして、どんどん広がり、九月からはいよいよ測量しないと収用ができないということで、緊張も高まってきた。私の記憶では、三〇〇〇人を動員して、強制測量を阻止すると声明を出して、全学連の方でも本部で記者会見をやったのが九月の初めです。

私はヒラの中央執行委員で、委員長は経済学部出身の香山健一、書記長は早稲田出身の高野秀夫で、高野は私のやる激突路線に反対だったため、全学連の中も二つに割れていた。でも他の連中も「よしやろう」と言うし、委員長も応援してくれた。ただ委員長は国際学連の大会に参加していて、戻ってきたのは闘争の途中でした。九月中旬からは、いつ激突なのかと、毎日盛り上がっていった。そのうち警察が大挙してやってくるということで、社会党も労働組合も戻ってきて、隊を組んで闘いました。新聞記者たちも大勢来ていて、無線で情報が入ると、教えてくれたんです。

そうした中、十月十二日に激突となり、私は宣伝カーの上から、指揮しました。ものすごい盛り上がりの中、警察は引き下がった。翌日は警察は畑の中に入った。デモ隊はそれを想定していなかったので、めちゃくちゃにされました。夕方、日没後の測量は無効なので、そこまでは持ちこたえようと、パニックになりながら、砂川の若い女性たちも一生懸命になって、怪我人も担ぎ込まれながら、時間切れに持ち込んだ。そのため砂川の測量は無効になり、鳩山内閣の中止声明です。

怪我人も出て、みんな士気が落ちてくると、何か歌を歌おう、ということになり、「国際学連」の歌とか「インターナショナル」とか歌う気力もなくて、またそういう歌を歌うと警察が攻め込んでくるということで、「赤とんぼ」を歌った。こっちの主流は学生、労働組合、一般の共産党の活動家でした。

警官隊の直前に行ったのはほとんどが学生でした。私は、我々が引き受けます、ガンジーの言う非暴力の抵抗でいく、警察官に暴力を振るうのは禁じる、しかしその代わり棍棒で腹を殴られて怪我をしては困るので、砂川の人たちにお願いして、俵を下腹部に巻いて、内蔵の破裂を防ぎ、どうしても起き上がれないような場合は医学部の学生に頼みました。医学部の学生は看護婦を連れてきて、怪我をした人たちを看てくれた。

十二、十三日は三〇〇〇人の動員目標を超えたのではないかと思います。数の上では労働組合の人たちよりも多少多かったのではないか。でも労働組合もかなりの人が参加していましたね。全学連は中学校の講堂で寝泊まりをしていました。一週間以上前から砂川に来ていて、子供たちに無償で家庭教師をしたり、援農をしたりして、砂川の人たちの信頼を得たんです。

当時、私の頭の中にあったのは、毛沢東が革命中に農村に入ったとき、農民から収奪するものは容赦なく処刑するという方針（※注3）で、それが革命が成功する大きな元になったと、農民の信頼を得たということでした。その思想は砂川のとき役に立った。砂川の人たちは非常に立派で、働くとご飯を食べさせてくれた。お風呂に入れてくれたり、そうして、学生たちによくしてくれた。宮崎町長さんも青木市五郎さんもみんな立派な人物でした。

砂川に行こうと駆り立てたのは、前年の砂川基地拡張反対運動が起こり、共感していたことがあるでしょう。しかし、学生運動は停滞し、共産党も分裂していた。弾圧も受けた。その状況で前年は砂川闘争を見送ったんです。もちろん前年は砂川に社会党、総評が入っていました。参加できなかったのは残念でした。

私自身は戦争で家族が戦死したりして、早くから反戦思想を持っていましたし、大学に入るとすぐに学生運動に参加したんです。そういうことで、早くから基地拡張など許すべからざるものという考えを持っていました。卒業を延ばしても砂川に行かなければならない、バスを借りて駒場で演説をしなければならない、と思ったのは、前年参加できなかったこと、運動家ではない砂川の農民たちが直接座り込んで警察に排除される、場合によっては怪我をする、それを、どうすることもできなかった、といういわば慚愧《ざんき》の思いでした。東京にいて、前年運動に参加できなかった、学生を動員できたのに何もしなかった、ということが非常に申し訳なかったんです。

近年の状況で、砂川闘争のような運動が作りにくいのは、時代が全く変わったからでしょうか。アメリカ軍が来たときは一時、解放軍という時期もありましたが、その後は米ソ対立、朝鮮戦争の中、弾圧された。その中、日本はアメリカの支配を受けたくない、独立国として行きたいという動きが右翼にもあって、いろいろな支持を得、砂川闘争は勝利を収め、その後の六〇年安保の闘争につながったんです。

しかし、六〇年安保の後、新しい時代に入った。左翼は協力よりも内部分裂を起こすようになり、国民の信用をなくした。分裂抗争を止める力が左翼の中になかった。

七〇年代までは反体制意識がありましたが、その後はそうした意識もなくなって、若者は大変おとなしくなる、従順になる、体制的になる、管理社会の中に幼少から組み込まれていく、ということになったのではないでしょうか。以降は、運動を起こす力がない、運動を起こしてもその後についていくことができない、反体制の指導者になるべき人物が生まれない、指導者の力量が問われているのではないかと思います。社会から信用される人たちが運動の指導者の中に出てこない。青木さんのように人望を集め、地域をまとめられる人がいない。清水幾太郎さん、広津和郎さん、石川達三さんといった砂川を支援してくれた学者・文化人もいない。こうしたことが大きいと思います。

（一九九九年十二月二十六日インタビュー／一九三二年十月二十三日生まれ）

※注3

毛沢東は一九二八年、紅軍（八路軍）に対して「三大規律・八項注意」と呼ばれる厳しい軍律を定め、民衆との信頼関係を築くことに成功しました。

三大規律＝一、命令には敏速に服従する　二、民衆からは針一本、糸一筋もとってはならない　三、敵や地主から没収したものは公のものとする。

八項注意＝一、言葉づかいは穏やかに　二、買い物は公正に　三、借りたものは返す　四、壊したら弁償する　五、人を殴ったり罵ったりしない　六、農作物を荒らさない　七、婦人にみだらなことはしない　八、捕虜をいじめない。

政府の決定を民衆の力で覆した闘争の歴史的意味

江尻健二さん

早稲田大学学生・日中学院顧問

一九五五年砂川闘争の当時、昼間はアルバイトをしていました。浅草の印刷屋で印刷工です。夜は早稲田大学第二文学部でロシア文学を専攻していました。砂川闘争については、前年から知っていましたが、日本民主主義科学者協会の中で早稲田班、芸術部会にいたことがきっかけで、支援に行こうと決めました。一九五六年のことです。大学からバスを連ねて砂川へ行きました。早稲田だけで二、三〇〇人いたのではないかと思います。十月十日に初めて参加しました。全学連が三〇〇〇名動員の声をかけていたようです。砂川の印象ですが、現場に着くと本部で学生証を出し、それからまず基地を見ようと出かけました。基地はそのすごさに驚きました。航空機

はエンジンと一緒に水滴・小石を農地に向けるんです。それはすさまじかった。砂川中学や農家に連泊しました。昼間のアルバイトは、何とか休ませてもらって。印刷屋も砂川へ行くと言うと理解がありました。

戦争中、自分自身は小学生でした。小学校五年生のとき、空襲で母親を亡くしたんです。母親は銀座で小学校教員をしていましたが、空襲で殺されました。即死に近かったようですが、病院に運ばれ、翌日やっと家族に行方がわかりました。母親の姿は家族にも見せられませんでした。爆風でひどい姿になっていたんです。出棺で父親が亡骸を抱きかかえようとしたら、両手にガラスの破片がささりました。そんな体験を二度と繰り返したくないと思ったんです。前年は第五福竜丸被曝の事件がありました。「立川基地を水爆基地にするな」というスローガンも残っています。戦争体験からこうしたことには、とてもリアリティを感じました。

砂川での昼間は、測量が始まっていて、私服刑事が入っていました。学生は私服刑事について監視する役目でした。私服刑事がデモの中に入って挑発するのをチェックするんです。五日市街道が封鎖されたとき、デモを誘導したりもしました。そのうちに激突になって。

砂川中学にはびっしり学生が泊まっていました。ムシロを敷いて、十月半ば寒い中、眠りました。女子学生の参加もありました。演劇グループからも来ていたようです。早稲田からかなり大勢来ていたと思います。

十三日は激突の真っ最中で、雨が降って大変だったようです。翌日も大変だということは予測できたのですが、連日となってしまうので、私自身は一旦自宅へ帰りました。でも帰ってしまったことを今なお後悔しています。

隊列は議員が最初、それから社会党、最後が全学連でした。整然と並んで進み、ぶつかっていきました。最初は押し返していたのですが、だんだんと苦しくなりました。警官隊はカメラを意識して、頭ごなしに殴ったりはしないけれど、二列目以降の下腹部を狙う。痛い。翌日からは下腹部を守るためにさん俵を詰めましたね。殴られて自分も額に怪我をしました。狭い道での対決では押していったが、広い場所で、指揮系統のある警官隊に押し返され、後頭部をやられてしまったんです。最後に対決して押し合いの中、時間切れでした。

「赤とんぼ」を歌ったり、いろいろな歌が出てきましたね。投げられるような石はなかったので投げませんでしたが、とうもろこしの皮を投げたりしました。

十三日に広い畑の中で対峙し、「赤とんぼ」を歌ったのは、うたごえの活動をしている人たちも多く、自然発生的に歌が出てきたように思います。警官隊は歌が出るとうつむく感じでしたか。中には自殺した警官も出たと聞きます。印象では、労組の人たちの方が、学生よりも多かったように思います。全学連は三〇〇〇人動員を目指したが、一七〇〇人くらいだったのではないでしょうか。はっきりした数はわかりませんが。警官は二〇〇〇人の制服と、それ以上の私服警官がいたと思います。

当時、私は、簡単なメモを貼り付けて、日記をつけていたんです。メモによると、食事は初日の昼食が握り飯とみそ汁。全学連の炊き出しでその日は三十円だったようです。夜は農家に泊まると、食べさせていただいたりしました。夕方、たくわんとごはんをリヤカーで運んで食べたことも……。ハムフライの差し入れ、なんてメモもありますね。

もちろん、学生全員が関心を持っていたわけではなく、無関心な層もいました。政府が一度決定したことを民衆の力で覆した闘争の歴史的意味は大きいと思っています。今も、沖縄などの基地闘争に影響を与えられたら、と思います。

私は、現場で寝起きし、いろいろと勉強できました。でも十三日にいなかったので、勝利の瞬間を知らない。それを今でも後悔しています。砂川闘争の後も、自分の所属していた二文は学生運動の盛んなところで、自分も参加しました。しかし、その後早稲田でも、全体でも学生運動が分裂していったように思います。砂川闘争に参加して、就職をふいにした友人もいますね。今の若い人たちには、こうした闘争のあったことを忘れないでいて欲しいです。今はあまりに物質的に豊かになりすぎたのでしょうか。砂川闘争の時代は、学生のアルバイトもなく、肉体労働に従事しながら生活していましたね。今の学生は豊かになりすぎて、政治に関心がなくなったのでしょうか。戦争体験も重要ですが、戦争体験のある世代が政治家になって、時代に逆行するような政策を取っている部分もあるので、どうしてだろうかと思います。

（一九九七年十一月四日インタビュー／一九三三年五月二十日生まれ）

衝突で怪我、総決起大会で入院患者として登壇

樋浦道夫さん
東京教育大学学生・農林省

砂川闘争当時、東京教育大学農学部農村経済学科にいたのですが、自分自身も農家出身で、アルバイトで学費を稼ぎながら大学に通っていました。日本農民組合事務局で新聞の発送とかアルバイトをしたり、大森真一郎さんの日本農民運動研究所で取材のお手伝いをしたりしました。そのうち砂川闘争が始まって、農村経済学科の学生四、五人で砂川に参加したんです。

一九五四年にビキニ第五福竜丸被曝事件があって、立川基地を水爆基地にするな、という動きは大きかったですね。原爆禁止運動を始めた杉並の安井郁さんや主婦の会の人たちは、かなり小さな集会にも顔を出して、活動していたことを覚えています。農民組合の新聞で、砂川闘争のことを知りまして、闘争のピークを予期して、学部学生四、五人で農家に連泊したんです。十月頃のことです。

今でもよく覚えているのは、五日市街道のデモです。いよいよ測量が始まって機動隊が入りそうなので、地元の人たちを先頭に屈強な隊列（おそらく労組）を第一線に組みました。早稲田の「自由舞台」、演劇関係の人たちが第二線でした。われわれは第三線。相当の規模の列でした。学生と労働者の数は半々だったのではないかと思います。

砂川に行ったとき、怖いとかは別に思いませんでした。できるだけ多くの人が参加したら、止められるのではないかと思ったんです。その間、いつ衝突するかわからない緊迫した間に、時々、農家の人たちから砂川の農業の新田開発の歴史、蚕・桑などの農家経済など、まさに農村調査のような話をいろいろと聞くことができました。そのときの農家の人たちの話がとても幅広く、興味深かったんです。自分の出身は米作が主で、政府買い取りという、ある程度行き先の決まった農家経営であったのに対し、砂川の農家の人たちの話は幅広く、今まで聞いた

ことのないような話でした。

一九五六年十月十二、十三日頃だと思います。五人くらいが同じ農家に泊まっていました。学生ばかりでした。男ばかり。衝突の前後は雨が降って、地面はぬかるんでいたので、長靴を借りました。でも朝晴れたような記憶もあります。私はそのとき衝突して怪我をして、立川病院に入院した一人なんです。

先頭で激しくぶつかったように報道されたけれど、実際は先頭は地元の人たちで、次は屈強な列でした。第二線は劇団だったので女性も多く、崩され、次も崩れたところで私たちです。腰に圧迫を受けて救急車で立川病院に運ばれ、五、六日入院しました。神社での大会のとき、入院中の人たちも参加したんです。四、五人の入院患者が壇上に上り、紹介されました。発言はしませんでしたが……。

怪我をしたとき、不思議と怪我への悔しさはなかったんです。怪我したことで、全体を盛り上げる刺激になっただろうかと思いました。寮生活だったので両親には知られませんでした。学生寮より、病院の方が食事などの待遇が良かったんです。アルバイトなどの関係で、早めに退院しました。入院費用を自分で払った覚えはありませんね。

新聞に報道があって、大学の先輩や総評の人が見舞いに来てくれました。確か総評の岩井さんから見舞金をいただいて、その額が当時のアルバイト代何か月分もあって、びっくりしたことを覚えています。

大学卒業後、農林省へ入りました。五十歳頃定年でした。闘争に参加したことは就職の差し支えとなりませんでした。当時は農林省に在職中、内灘闘争に参加した人が課長になったりしていました。お互いに話をしたりしました。そういう雰囲気がまだ農林省にあったんですね。

砂川闘争のことは自分の中で未だ整理がつきません。その後、農林省で勤務する中で、農家と話し合うとき、農民の生活・発想・行動様式・戦略などが現実的に感じられるようになったように思います。農民の生活をつぶさに見られたことが、その後の経験に役立ったと思います。

基地拡張がなくなった後、砂川を再訪して、砂川の農業に関する農村調査を行い、学園祭で発表したこともありましたね。かなりの人が集まった記憶があります。一般の人が関心を持って、来てくれたようです。

自分は当時貧乏でした。砂川の農家の皆さんは、農家としてプライドを持って、単なる条件闘争ではなく、土地を守るために闘い、共感を覚えました。

その後の高度経済成長が経済的条件を全く違うものにしてしまった。しかし、所得が向上したからといって、生活する上で、砂川闘争のようなまとめ方ではなく、別の面から訴えればまとまる何かがあると思います。でも、まだ全体としてはそれが見つけ出されていないように思います。保守も革新も右肩上がりで方針を考えているけれど、実際の住民はもうそこに価値を見出せなくなっているのではないかと。新しい基地闘争はあり得るのではないでしょうか。別の価値観や、新たな日米関係の間にどのような矛盾や問題があるのかは、まだ見えてないのではないかと思います。

（一九九九年五月三日インタビュー／
一九三五年九月十四日生まれ・二〇〇〇年九月十九日没）

「無抵抗」で地元の信頼を得、国民の幅広い支持も得た

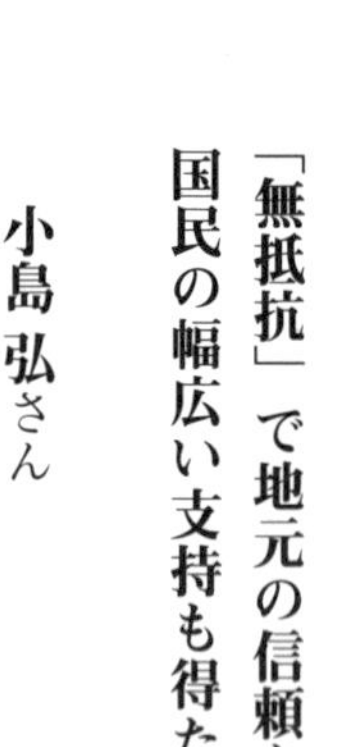

小島 弘さん

全学連中央執行委員・明治大学学生・世界平和研究所

一九五六年秋口、夏の終わりに何回目の中央委員会でしたか、私の前任者が体の調子が悪くてやめて、それで私が中央の執行委員に選ばれたんです。選ばれて最初の闘争が砂川闘争でした。当時私は組織部長をやっていました。森田実君は平和担当。

第一次砂川闘争には全学連は加わっていません。そのときは六全協（※注4）の後の混乱で、そこまで手が回らない、また我々は指導権を握っておりませんでしたから、学生運動自体が再建されていない、五六年四月からですから、過去の運動の反省、過激な運動をやらないという、今考えると過激でも何でもないのですが。デモ旗

を持ったりとか、そんな感じで。

その前段階で全学連と反対同盟の間で会合がありまして、このままで行くと社会党は妥協してしまう、労働組合は動員をあまりしない、ということでした。そこで、中央委員会が終わったその後、森田君が記者会見をして、全学連は三〇〇〇人動員するという宣言をした。すると労働組合側はあわてた。学生に全部持っていかれちゃう、こりゃ大変だと。とはいっても、こっちも三〇〇〇人動員できるか、という感じもあった。けれど、だんだん動員も増えていって、最後のあたりにはその数に到達するかな、という感じで、総評の人たちも一生懸命動員してきました。

地元の自治体も、石野さんはなかなか知恵者で、学生と総評を天秤にかけて、まじめに対応したのが学生で、総評はそうすると学生に取られちゃうということで、十二、十三日の激突もほとんどが学生で、もちろん労働組合も来ましたけれど、学生は泊まり込みで、砂川中学に寝ていましたからね。

私も当時聞かされていた中国の八路軍の「農民に迷惑はかけるな」ということで、まあみすぼらしい格好をして。それから体当たりして、こちらは抵抗しない。あまり過激になると農民は離れてしまう。我々もあんまり過激な運動はしておりませんから。地元に大変な信頼をしていただいたという感じがあります。宮崎町長さん、青木さんをはじめ、地元のすごく信頼を得ました。私は執行委員になって初めての闘争で、とても印象に残っています。

主な大学、東大、早稲田、教育大、明治、法政、ちょうどあのコースだと、お茶の水あたりで、ひとかたまりになって、最後日本女子大、東京女子大で拾って、五日市街道をずっとバスで行きました。あとは電車。バスは十台くらい連なっていって。気持ちはもちろん高揚してますし、目標は三〇〇〇人動員。できるかどうかわからなかったですけど、結局達成できた。

あんまり慶応、立教、上智はいなかったかもしれないけれど、昔の学生運動の盛んなところからはみんな来てました。女子学生も来てましたね。

私は明治大学の二年生だったかな、三年生だったか、自治会の委員長をやって、教育二法（教育の政治的中立維持に関する答申・教育公務員特例法改正）反対のストライキをやって、上から抜擢されたんです。私の前の委員長も入っていたんだけど、体をこわして、やめたんです。私は代役で入ったんですが、そのまま執行委員を三年半やって、大学は八年かかって卒業しました。

一九五六年九月くらいから学生たちが砂川に登場してきました。私は砂川中学にも寝泊まりしたし、あと宮崎町長さんのお宅でもお世話になりました。宮崎さんの家が全学連の本部になっていました。執行部としては森田、小野寺が現地にいました。十月頃からが泊まり込みでした。

激突の十月十二日、十三日ですが、十二日は、ゲートに通じる道で主にぶつかっていました。警官隊はごぼう抜きをしていて、我々はがっちり組んで先を阻もうとするのだけど、あんまりひどいものだからとうとう抜かれました。顔を殴られてね、鼻血は出るは、大変で、一旦出て、郵便局の方まで行って、また戻ってきて後につきました。それを繰り返した。そうするといつまでたっても終わらない。そのうちに婦人の方々が、もうやめてくれと、学生さんたちはもう血だらけだし、もうやめてくれと、言っていましたね。

十三日はここではなくて、もう一つ向こうの役場に通じる道でした。雨が降っていて、天気が悪いと闘争は陰湿になりますね。からっと晴れているとそうでもないんだが、雨になると過激になります。その日は全面対決でにらみ合い。学生の中にも犠牲者が出るし、機動隊の方も。我々が無抵抗とはいってもぶつかる中で蹴飛ばしたりしているし、機動隊も当時はまだ慣れてなくて怪我してました。

我々は鉢巻したり、帽子をかぶったりして、機動隊のヘルメットは旧軍隊の使っていた鉄兜でしたから、頭がぶつかるとおでこが割れてしまう。怪我人が出ました。そのとき女子学生が一人亡くなったという噂が飛びまして、危ないから女性はデモから外れるように言ったんです。そしたら抗議されましたね、男女同権で我々もやる、と言って。僕は女性の敵のように言われました。結局は激突のとき、女子学生も参加していました。みんなまじめでした。

僕と森田は、一人亡くなったという、その責任を負わなくちゃならない、と真剣に考えました。結果は誰も亡くなっていなかったのですが。そういうことまで覚悟してやりました。

そのうちに総評が十五日に一万人動員すると発表しました。十二、十三日の学生たちに刺激されて。その影響が十四日の政府測量中止の発表にあったんじゃないですかね。十二、十三日の様子は新聞にもでかでかと出て。有楽町でカンパを募ると、あっというまに全体で三十万円以上集まっちゃうんですよ、当時のお金（かけそば二十円）でですよ。みんなで血のついた鉢巻とかしたままでやっていると、すぐに集まる。そういう雰囲気でした。国民的な支持を得た。

学生はムシロの中に寝て、稲刈りをやったり援農活動して、機動隊とぶつかって血を出して。傷痍軍人じゃないけれど、そのままで立つと、あっという間にお金が集まりましたね。その後、総評は一万人動員を発表したんですよ。それで、政府は驚愕したんじゃないかと私は思います。一万人も来られたら警備は大変だしね。

まあ僕らもいろんな闘争をやりましたけれど、結果がわかってやっている訳じゃないんですね。まあ例えれば、前頭の一番下っ端の奴が横綱にぶつかっているようなものですから。いつのまにか横綱で終わっちゃったという感じでしたが。中止が発表されたときの学生たちの喜びは大変なものでしたよ。現地にいたんだから。発表は九時のニュースで初めて知りました。

我々は砂川ではアルコールを一滴も飲んでいなかったんですよ。でもそのときに初めて、現地の皆さんや労働組合の人からお酒をもらいましてね。飯も食うし。うれしかったですよ。

まあ政府も間が抜けているというか、でもあそこで中止しないともう、大変なことになりますからね。本当に死者が出たかもしれません。

十五日は大祝賀会が阿豆佐味天神社でありましたが、もうあまり記憶がないですね。十四日の晩は森田が挨拶しました。僕は血だらけのまま十二日の晩に挨拶したかな。全学連としては森田の挨拶が一番多かったと思いますよ。

翌年は青木市五郎さんの基地内測量阻止闘争、そして伊達判決が出ました。そのときは全学連が主流で、私はまた責任者でした。何人かパクられましたね。朝刊を見ると、逮捕って出てるんですよ。写真入りでね。急いで小野寺のところに電話したら、本当に出ない。逮捕されているからね。僕も基地内で演説をぶったりしていたから、逮捕に来るかなと思ったけど、来なかったね。

その年はそれから鉄条網を壊して基地の中に入っちゃったんだよね。その頃はね、何もないから、糞を投げるんですよ。団子にしてね。肥だめがあるでしょ。丸めてね。びゅーんと投げるんですよ。もう糞だらけになったね。石は投げてはないんですがね、土と糞は随分投げたかな。

基地内闘争のときはね、ぶつからないんですよ。機動隊がいても鉄条網を壊してこっちが基地内に入ってしまうとね、機動隊はもうこっちに来ないんですよ。前は道路だったけど、今度は基地に入ってしまうから、そこで散らばってしまうともう収拾できないでしょ。だから、ぶつかってこなかったな。だから糞を投げた。卵も投げたかな。土の中に糞を入れて投げると、ぶつかったら大変だったからね。

伊達判決のときは、実際はあそこを占拠したんだけど、特に証人に呼ばれたりはしなかった。違憲判決もね、判決は運動が冷めてしまってから出ているから、あんまり印象がないなあ。僕らは運動を中心にやっていましたからね。もう卒業して医者になったりした奴もいたし、裁判判決を見て、良かったと思っても、それは理性的な感じでね。十四日の測量中止のときみたいに現地で頭がかっかしているのとは違いましたね。新聞にはばあーっと出ていて、見たけれど、それ以上ではなかったかな。

十月十三日に対峙したときに学生の方から、「夕焼けこやけの赤とんぼ」の歌が出たけれど、それは、共通の歌がないんです。「民族独立行動隊」の歌とか、「インターナショナル」とか、共通の歌になってなかった。

砂川闘争はいろんな学生が参加していた。農民に同情して、というのもあれば、アメリカはけしからん、とか。学生運動は砂川闘争から安保闘争へと高揚していく。砂川闘争を闘った人たちがその後安保闘争の中心的な立場になっていくのだけど、砂川はまだ初期段階で、最初の闘争だったから、まだあまりまとまってはいない。

警官隊とぶつかって、夕方暗くなってきて、たぶんごく自然に誰が音頭を取ったのかわからないけれど、歌ったんですよね。知らない人がいないくらい、誰もが知っている歌じゃないですか。「ふるさと」とか、そういう歌を歌いました。もう成り行きというか。

そうなってくるとね、警察の方も、対峙しているでしょ。もちろん警察の方も、この歌を知っている。すると、もう何となく対決はしているけれど、威勢は落ちてくる。お互いに何だか気持ちが落ち着いてきて、闘おうという感じにならなくなってくる。膠着《こうちゃく》状態になってしまって、言ってみれば、もう引き分けになったんですよね。

自分たちで飯を炊いて、食って。宮崎さんの家の庭で釜を使って炊いて、砂川中学にまで運んでいきました。十月になると夜には結構寒かったですね。ムシロを被って寝ていましたね。女子学生もそうやって寝てました。酒も飲まないで、本当にみんな純粋だったんじゃないでしょうかね。

我々が終戦のとき、中学一年生。下の奴らも小学生。みんな戦争を体験していました。ちょうど鳩山内閣が憲法改正を言い出してきて、戦犯として追放されていた人たちも出てくるでしょ。安保闘争の岸さんも。あの頃の人たちはみんな知ってますよね。岸さんは開戦のときの閣僚で、A級戦犯で、巣鴨に入っていて、それが出てきて、何年後かには総理大臣になった。誰でも知ってますよね。そういう雰囲気ですから、また何か始まるんじゃないかという気がみんなしていて。

今の若い人たち、昨日もアンケートを採っていたけれど、アメリカと戦っていたということをわからない人もいるんですね。負けたんだ、ということもわからない。中国を侵略したとわからない。

我々のときは、だって、全学連委員長は、新京にいて四五年を迎えたわけですからね。周りのみんな何分の一かはみんな、大連や満州や北京やで終戦を迎えていますから。僕は東京の郊外で、直接は空襲を受けてないのですが、現実にB29が爆撃してくるのを見たり、親戚の人が亡くなったりした。砂川闘争を闘った人たちは、戦地には行っていないけれど実感として、戦争体験がある。みんな知ってたんですよ。バーのおかあちゃんや、そこを歩いてるおねえちゃんも、岸さんはどういう人か。いい人かどうかというんじゃない。戦争を始めて、我々をみんなあんな苦しい経験をさせて。東京裁判の評価云々じゃなくて、豚箱に入って、出てきて、総理大臣になった。今の孫たちの世代とは全然違う印象ですよ。

当時は内灘とか、いろいろなところで基地反対闘争があった。今はまだ基地はあるけれど、拡張とかあまりないし、戦争が遠くなったという感じでしょうか。沖縄はあるけれど。逗子のことも、住宅だから良いじゃないかとか、自衛隊の基地のことも別個の感じだし。何とはなく、米軍は極東の安定のためということで、置かれていますね。

（二〇〇〇年八月十六日インタビュー／一九三二年九月二十二日生まれ）

※注4
「六全協」＝一九五五年七月に開催された日本共産党「第六回全国協議会」のこと。それまでの武装闘争方針を「極左冒険主義」だったとして自己批判し、山村工作隊、中核自衛隊を解消、穏健路線へ大きく転換しました。また、五〇年以来分裂していた党の再統一が図られました。

二番目の列で機動隊と衝突、怪我の傷跡は今も残る

宮倉 博さん

國學院大學学生・教員

砂川に行くようになったのは、大学四年生のとき、昭和三十一年十月の初め頃だったと思います。國學院大學文学部歴史学科四年生でした。國學院大學の学生自治会の執行委員に立候補してやっていたんです。

その頃、全学連には國學院は加わっていなかったけれど、そちらから全国的な大学学生への働きかけがありまして、それに応じたということだったと思います。

國學院から日帰りの集会への参加はかなりあったけれど、一週間泊まり込んだのは私一人だったかもしれません。農家にも泊まらせてもらいました。砂川中学校の体育館でわらの中に寝たような記憶もあります。食事は思い出せないけれど、かなりな学生が泊まり込みで参加し

ていたので、地元のお母さん方に作っていただいて、それを食べていたということで、お昼なんかはお握りだったと思います。

砂川中学の体育館には多いときには、ほぼいっぱいになるくらい泊まっていました。東京都内からの大学だけでなく、地方の大学からも来ていたのではないかと思います。一〇〇人くらいだったのではないかと思います。私学生は体育館だけではなく、農家にも泊まっていた。私は一週間でしたが、十月の十二日頃に機動隊が出るのではないかと予想されていたため、その対策もあって泊まり込んでいました。

私たちだけでなく、総評の人たちも来ていました。私の実家は山陰の米子ですが、隣村の当時国鉄の労働組合の人も来ていたという事実を知りましたので、かなり全国的な動員があったように思います。当時史学会という学生サークルがあって、そこに属していたのですが、このメンバーが二十五人くらいかな、日帰りの集会には来てくれたりしました。

國學院に入るまでは鳥取県の鳥取大学にいました。当時石川県内灘の基地反対闘争があって、『世界』という雑誌に当時の学者、評論家がさかんに書いていて、そういうものを読みながら社会問題、日本のいろいろな問題に関して関心を深めまして、日本の基地問題の状況もわかり、関心を持ってきた。そういう延長であったと思います。

敗戦当時は小学校六年生でした。戦争の記憶としては、父親が出征して、近くの人たちも出征し戦死したり、出迎えたりした記憶があります。空襲でB29が飛んできたのも見ています。学校では手旗とかモールス信号を覚えたり、剣道をしたり、グランドを耕してイモを作ったり、そういう経験をしました。

昭和二十七年鳥取大学に入り、二十九年に國學院大学で歴史を勉強したくて編入し、それから三年間東京で暮らしました。三十二年に鳥取に帰って教員をして、それからずっと鳥取です。今は高等専門学校で講師をしています。鳥取にも何か所か米軍の攻撃があったけれど、一番大きいのは列車を攻撃したもので、死者が数十名出ました。個別のロケット弾攻撃で何名も死者が出るというような被害も残っています。私の家族、親戚には幸いにも戦死者は出ませんでした。

砂川で特に記憶に残っているのは、当時砂川は畑で、サツマイモがあって、それをふかしていただいたのが非常においしかったことです。神社があって、そこで全学連の集会があって、神社の前の五日市街道までいっぱいになりました。

ある日、共産党の宮本顕治が来るということで、聞きに行こうと。校舎の前の少し広いところで彼が来て、五十名くらいで彼の話を聞いたこともあります。

見張台としてやぐらが組んであって、そこに登って、機動隊・警察の監視をやる、ということもありました。十月十二、十三日のことは強烈な思い出があります。米軍の大型輸送機、グローブマスターが飛び立ったりするのを見て、こんなに大きいのを降ろしたり飛ばしたりするために、基地を広げるのかなあとか思いました。

鳥取には通信基地と一部米軍基地がありましたが、今は日本に返還され、自衛隊の重要なレーダー基地ができています。北海道、九州の基地とともに日本海をカバーしていて、重要な拠点となっています。

十月十二日は学生と労働組合、機動隊も来ていましたが、大した衝突にはなりませんでした。十三日は五日市街道や少し入ったところの砂川の役場から基地の方に入る道を全部固めましたが、そこへ機動隊が来て、ごぼう抜きみたいに横へやられながら、測量予定地の方へ近づいていって、私たちは法政大学、東大本郷の学生と一緒に横からやってくる機動隊を阻止するという任務で、四、五十人くらいだったでしょうか、横三列になってやってきたら、ごぼう抜きさせないように防ぐ。役場東側の側面、イモ畑だったでしょうか、阻止するということをやりました。

私は前から二番目の列で腕を組んで、向こうは警棒を使ってくるから、頭を下げて、堅く腕を組んで、引き抜かれないように防ぎました。そこへ正面突破するのもやってきて、大変な衝突になって、木っ端みじんにやられましたけどね、

そのときにちょっと怪我をするという状況がありました。機動隊は棍棒を持って、下からこづき上げるというように使ってきて。上から頭を叩くということは警棒の使い方としてできないということでしたが、そのときに怪我をしました。まだ傷跡が残っていますけれど、耳の所に。出血しまして、かなり出血して、でもぶつかり合

いの中ですので、どこからどう出血したのかそのときにはわかりませんでした。機動隊はバラバラと動いていくし、取り残されるような感じでした。そのとき看護婦さんが二人やってきて、支えてくれるような感じで、出血しているので重傷の可能性もあるということで、救急車を拾ったんですよ。五日市街道で救急車に乗って、国立立川病院へ行って、医者が診てそんなにひどくないと。一応、包帯を巻いてくれました。しばらく安静にしてください、という話でした。誰もいない小さい部屋に寝かされたんです。

でも、現場が心配でいても立ってもいられなくて、包帯を取って、バスに乗って現場に戻ったんです。そしたら、最後全部はねとばされて、機動隊に囲まれて、測量予定地で一〇〇人くらいだったでしょうか、そこでスクラムを組んで守っているというところでした。私は少し離れて、機動隊がばっと囲んでいるのを、見ていましたが、そのとき学生が「赤とんぼ」の歌を歌っていました。

測量予定地をそういうふうに守ったから、もう測量はなかったです。そして次の日に測量中止が発表されたんですよね。翌日の阿豆佐味天神社で勝利集会に参加した記憶はないですね。怪我のあと、一週間ぶりに下宿に帰ったように思います。荻窪の方でした。当時学生で怪我した者は警察が捕まえるという噂があって、しばらく外へ出ないようにしていたような気がします。

砂川の基地拡張を阻止できたのは、学生が何千人も動員し、総評も学者文化人も含めて世論の盛り上がりがあったからでしょう。石川県内灘の闘争もあって、今度は首都に米軍基地拡張があるということで、世論がわき上がったんじゃないですかね。流血もあったし、政府も測量を続けるのはまずいのではないかと考えたと思います。

今闘争が困難なのは、政治の状況が大きく変わったということがあるのでは。総評を支える労働者が平和を求める、学生も純粋に基地反対を唱える、学者文化人も積極的な発言をする、敗戦からあまりたっていないという当時の日本の政治状況があったと思います。最近では政治戦線も変容しているし、物質的状況も変わっていて、反対闘争が貫徹しないというような国民意識の状況もあると思います。

（一九九八年三月二十九日インタビュー／

一九三四年一月二十七日生まれ）

自発的に手弁当で砂川に駆けつけた元祖ボランティア

浅井 治さん
法政大学学生

　昭和三十年四月に法政大学文学部に入学しまして、もうその年に、砂川で基地の問題が起きているということは知っていましたが、実際に砂川に足を運びましたのは翌年三十一年の夏から秋のことだったと覚えております。

　当時、二十一歳ですか、砂川基地の拡張の問題が持ち上がったわけですが、とにかく昭和二十年に戦争が終わって、たった五年しかたっていない時期に朝鮮戦争が始まって、また戦争ということで、とてもやりきれない気持ちになったんですけれど、とにかくもう戦争はこりごり、と。私は大阪の出身で、生まれた家は昭和二十年三月十三日の大空襲で完全に焼失いたしまして、親兄弟何とか怪我をしないで避難しましたけれど、そのようなわけで戦争につながるようなことはもう理屈抜きで抵抗しなければならないと、ほとんどまあ、生理的に反応したといいますか、とにかく、米軍の基地がこれ以上強化されるのは許し難いことだと。その頃は朝鮮戦争は休戦になっていたと思いますが、また戦争が始まったら大変なことになると。

　また、クラスに沖縄出身の友達がおりまして、その頃沖縄は米軍占領下でありますから、彼らは留学生という資格で法政大学に来ておりました。とにかく基地の中に沖縄があるというくらいのところですから、基地というものは黙って見ていると大変なことになるということを、彼らは身をもって体験しておりますので、その友人などを含めまして、当時学生は誰に強制されるわけでもなく、とにかくこれは砂川に行ってみようと、しめし合わせて立川駅まで行きました。

　それともう一つは、すでに新聞報道などされていましたので、とにかく農民から土地を奪うということは、理屈抜きで許されないと、助っ人として駆けつけなくちゃ、ということで。考えますとつい三年前、神戸の大震災がありましたが、あのときも学生や若い人たちが大勢救援に駆けつけたのが記憶に新しいところですが、私たちも誰にも頼まれたわけでもなく、本当に自発的に手弁当で砂川に駆けつけたわけですから、言ってみれば、元祖ボランティアといったことだったのかな、と今になって思い返しております。

法政大学からの学生数というと、ほとんど記憶が定かでないのですが、おそらく一〇〇、二〇〇という単位だったと思います。一部の大学ではバスで行ったということも聞きましたが、私たちの周りでは、グループを作って電車で、ということでした。文学部だけではなくて、いろいろな学部から来ていました。

初めて砂川に行ったとき、五日市街道に立つと、頭の上をがんがん米軍機が飛び交うわけですから、あのバリバリという音が今でも耳にこびりついているような気がしますね。最初、基地拡張予定地が地図で示されておりまして、国が機動隊に守られた測量班を派遣して測量を行おうとするので、それを体を張って阻止するということでした。学生が全学連という単位でもって組織的に各大学からやってきたのは昭和三十一年になってからと記憶しておりますが、毎日のように全学連で、今思えば日本手ぬぐいのような切れに全学連という文字を刷り込んだ鉢巻を入れて、毎日取り替えたという記憶があります。毎日取り替えたのは、これは経験から学んだんですが、我々の中に、学生を装って私服警官が紛れ込んで、わざと挑発をして、挑発に乗る奴がいると、それを口実にして襲いかかるということが十分考えられましたので。またいろいろな大学から来ていますので、我々の方も顔も名前も互いにわからないので、一応全学連の本部を通して受付をすませて、身元の確かな学生にだけ、全学連と刷り込んだ鉢巻を渡して、それを毎日替えて、そうでないと偽者《にせもの》が古いのをつけて紛れ込んでくるかもしれませんので、色を変えたり識別できるようにしてやっていたのを覚えております。

学生の参加にはいろんな形があるのですが、測量班がいつ現れるかわかりませんので、二十四時間態勢で現場にいて、本体は学校の体育館を借りて、そこで雑魚寝をして夜を明かしたりとか。農家に分宿して泊めてもらったような記憶もあります。ピケ班に選ばれますと、五日市街道から拡張予定地に通じるどんな細い道にも学生が張り番をしまして、不審者が入り込まないように交代で見張りました。女子学生は婦人会の方を手伝って炊き出しの方に回っていたと思います。

警官隊との激突で覚えていることは、とにかく測量に備えて拡張予定地に学生や労働組合の方が詰めかけているのですが、当時はとにかく素手で、ヘルメットも武器になるような棒きれもないし、スクラムを組んで、測量班を入れさせないと、それだけでしたね。学生や労働者がスクラムを組んでいるところに機動隊が来まして、機動隊の方も、今と違って普通のおまわりさんがかぶっているような帽子で、盾みたいなものはなかったですが。ただ警棒を持っていて、最前列はぶつかるときに腹を殴られる、これはいけないということで、米俵に使うさん俵《だわら》を立川の米屋から大量に仕入れてきました。前三列目くらいまででしたか、みんな腹にさん俵を巻いて攻撃に備えていました。

そうこうするうちに、報道のヘリコプターや警察のヘリコプターもどんどん飛んできて、ヘリの爆音と風圧で吹き飛ばされそうになりながら、とにかくスクラムの腕を離さないようにしながら、それでもちぎれるようで、警官隊にごぼう抜きされたりして。その先にはトンネルといいまして、そこに一人一人放り込まれて、少し離れた場所に排除される。そのときに抵抗すると殴られたり蹴飛ばされたりしました。

私は泊まりきりではなくて、何度も繰り返し来たように思います。なんせ生活がかかっておりましたから。学費と生活費を全てバイトで工面していました。家庭教師をいくつも持っておって、それだけはきちっとやっておかないと、生活できないものですから、バイトをやって砂川に戻ってということを繰り返しておりました。

当時は西荻窪に下宿しておりましたので、比較的近かったんです。アルバイト学生だったのですが、なんとか四年間で卒業しました。その後、最終的には実業之日本社という出版社に就職しましたが、ずっと新聞記者になりたかったんです。中学、高校となりたくて、大学に入ったときも最初は新聞記者になるつもりでした。ところが、たまたま砂川闘争を経験して、マスコミというか、新聞の実態というものをまざまざと知りまして、急速に魅力を見いだせなくなったんですね。

ご承知のように新聞には社会面があって、この社会面にそういう記事が出るわけですけれども、他にもローカルページがありまして、都内版とか三多摩版があって、社会面で扱っている砂川闘争の記事と、三多摩版で扱っている記事とがかなり違うんですね。三多摩版の方は、基地拡張反対運動の方に、非常に同情的に書いているんです。ところが一般の社会面ですとね、機動隊が非常に激しい弾圧をやっても何となく喧嘩両成敗的な、いかにも公平を装うというか。それが砂川に来てこちらで三多摩版と社会面記事を読みますと全然違うんですね。それはもう、私にとって、新聞に抱いていた幻想を打ち砕いてくれましたね。一紙というわけではなくほとんど全紙です。そういうふうに地元に理解のある記事を書かないと新聞は売れませんよね。でも全国版では違うんです。新聞記者の取材にはとても不満を持ちました。急速に新聞記者になりたいという気持ちが萎えてしまいました。でもやっぱり活字に縁のある仕事をやりたくて出版社に入りました。

十月十二、十三日の闘争にも参加しました。怪我こそしませんでしたが、ずっと砂川におりました。身につけている武器というと何もなく、スクラムを組んで。無抵抗ということを当時言っていましたが、当然機動隊と学生の間のピケが対峙して、ただ黙ってではなくて、演説をする奴もいるんですよ。それがなかなか良くてですね、警官隊に向かって、「考えてみればおまえたちも農家の次男、三男ではないか、おまえたちの親たちがこういう立場にあっても、測量を強行するのか」とこうやるわけですね。なかには最初顔を上げていた警官がうつむいてくるんですね。ああ、人の子なんだなあと。そのうちに「ふるさと」とか「赤とんぼ」とか、こういう童謡を誰とはなく歌い出して、それがまた機動隊の若い隊員たちの戦意を喪失させたんじゃないでしょうかね。当時は高度成長が始まる前ですし、地方から農家の次男、三男が職を求めて都会に出ているわけですし、そうした中から、警官隊に入った人も大勢いるわけですからね、そういう人たちに自分の故郷のこと、親たちのことを思い出させた訳じゃないかと思います。

阿豆佐味天神社での勝利報告集会のことははっきり覚えています。そう簡単に測量を断念するとはとても思えなかったんですね。でもかなり激しい衝突になって、支援の学生や労働者にひどい犠牲が出たりしたので、さすがのマスコミもかなり国のやり方を非難するようになって、世論というのでしょうか、それがやっぱり政府を追いつめたのではないでしょうか。阿豆佐味天神社の境内にあふれんばかりに地元の人、反対同盟の人、婦人会の人、支援の労働組合の人、学生たちといっぱいになりました。はじめて測量断念のニュースを知ったのは現地でだったと思います。時間などの記憶はもう全然ありませんけど。明くる日が阿豆佐味天神社での大集会でした。

法政大学でも砂川闘争に来た学生は少数だったと思います。でも神戸の大震災のときも、とにかくボランティアで駆けつけた人たちがいたんですよね。その人たちもあまり理屈で考えてやったわけではなくて、いても立ってもいられなくてだったと思います。敗戦のときは十歳で国民学校四年生。学童疎開で島根県に行っておりました。一九五四年にビキニ環礁での水爆実験による第五福竜丸被曝の事件も覚えています。

湾岸戦争にしても、政治腐敗にしても、今の学生はどうしてだろうというくらい声が聞こえてこない気がします。唯一聞こえてきたという気がしたのは、神戸震災のボランティアですね。成田三里塚の闘争も続いていますが、どうしても全体へつながっていかない、わかりにくい状況ですね。やっぱり世の中全体が裕福になったことも大きい要素だと思いますし、間違った個人主義というか、自分さえよければよいというか、なるだけ他人様のことには関わりたくないというか、それを一番典型的に表しているのが沖縄の問題だと思いますね。一番やっかいなことを全部沖縄の人たちに押しつけて、あんなに狭いところに日本の米軍基地の七五％を押しつけて、これはもうどう考えてもおかしいですね。今の政治状況を一番表しているのが沖縄のような気がしますね。

（一九九八年六月七日インタビュー／一九三五年六月二十六日生まれ）

戦後民主主義教育を受け、戦争は嫌だと強く思っていた

浅井芳江さん（旧姓・小野）
法政大学学生

砂川に初めて行ったのは、闘争が本格化する少し前だったと思います。マスコミュニケーションについて卒論を書く人がいて、砂川の人たちが新聞報道についてどういうふうに見ているか、先輩の手伝いという形で、砂川に来たのだと思います。何回くらい来たのかもあんまり覚えてはいないのですが、激突の日の印象は強く残っています。私の所属していた法政大学からも何人か来ていたと思います。割合多かったと思います。電車に乗って砂川に来たように思います。西荻窪に住んでいたのですが、立川までの電車賃が自分の暮らしの中で、かなりきつかったのを覚えています。

私たち女子学生は、お握りを作ったり、来ている人の食事の世話をしました。それから、ピケットラインを作っているとき、デモに来る人たちをそこまで案内したりしました。

体育館に泊まったことを覚えています。激突の日の前日に、警官隊におなかの所を下からつかれないように、米俵を作る元になるさん俵をおなかに巻く、その材料を取りに行くのを手伝ってくださいと言われて、トラックに乗って取りに行ったのを覚えています。怪我人の看護もしました。

機動隊とにらみ合っているとき、何とかピケを解かれないで欲しい、という気持ちと、そのままいると殴られていて怖いから逃げた方が良いんじゃないかという気持ちと、入り交じって見ていたのを覚えています。学生と労働者が前面に出て闘って、女性たちは後方で食事や怪我人の世話を主にしていました。数としてはもちろん男子学生の方が多かったけれど、女子学生も来ていました。自治会が学部同士など横のつながりの連絡をしていたように思います。

私は大学三年生のときのことでした。就職口もあまりなかったので、就職活動なんかまだ始まってはいません

でした。大学の掲示板に張ってある募集の掲示も数えるほどでした。

私自身小学校一年生のときに戦争が始まって、五年生のときに終わりました。その後教科書に墨を塗ったりして。新制中学の一年生でした。戦後のことでしたから、戦後の民主主義教育の中にずっといて、そういう流れの中で、やっぱり戦争は嫌だなという気持ちが強くあったんです。

群馬県出身で、高校生のとき、近くに基地が作られそうになったことがありまして、その反対闘争なんかもありました。私は特にその反対闘争に加わったということではないんですが、父が村長をやっていまして、村としてそういうことへの取り組みをしていました。反対闘争の集会が隣の高校であったりして、そういうとき父は議長をやらされたりしていました。そして帰ってくると、こうだった、ああだった、と話してくれました。特に、アメリカの役人か兵隊かがやってきたときの話を聞かせてくれました。父は若い頃英語の先生になりたかったらしいんです。英語を一生懸命勉強していて……。そうしたことが体に染み込んでいるような感じで、見聞きしているんです。だから、砂川の問題が起こったとき、そういう風に戦争を経験していて、平和が大切だと思っていたので、何の疑問もなく、砂川へ行くということを決めたんだと思います。

家では一番上の兄が、戦時中、学校工場ですか、学校が工場になって、そこへ行かされて、結核になって、帰ってきて亡くなりました。二番目は満鉄でシベリアへ行ってやっぱり亡くなりました。住んでいる地域でも大勢戦争でなくなりましたから、そういうことを身近で見ていました。

学生時代、うたごえ運動というのがあって、私も参加していました。各大学にうたごえ会というのが組織されていて、学校だけでなく、職場でもありました。年に一回、千駄ヶ谷に集まって、発表会なんかもやりました。うたごえ喫茶にも行きました。一番良く歌われたのはロシア民謡でしょうか。でも、日本の歌もあったし、世界中のいろいろな歌があったと思います。どうしてロシア民謡かというと、当時の学生運動の中で、ロシアはあこがれの場所だったからだと思います。

その前にも内灘の闘争があったとき、バスを何台も連ねて応援に行ったことがあったと思います。そういうことに、法政大学は積極的な方だったと思います。先生も理解があって、授業の前にこの問題についてクラスで話し合わせて欲しい、と言うと、クラス討議などをさせてもらえていました。先生方の傾向として、学生たちの運動に協力的だったという印象はあります。

機動隊の学生に対する行動を見て、権力っていうものの怖さをすごく感じました。その後で、機動隊の人で、砂川闘争に関わった人が自殺したという事件もあって、そういうことはとてもショックでした。普通の暮らしの中に、やっぱり暮らしの根っこには平和ということがあって、考えていかなければならないということを強く感じて、今も思っています。

（二〇〇〇年六月十一日インタビュー／一九三四年十一月十八日生まれ）

※注5

芳江さんは砂川闘争の後、浅井治さんと結婚しました。

▼浅井治さん談話／芳江さんの話の補足として

法政大学の先生方は、とても協力的だったと記憶しています。主に食料について覚えているのですが、食べ物をリュックにしょって、現場まで駆けつけてくれた先生もいました。教職員組合の参加もありましたし、先生の参加は少なくはなかったと思います。

大学は当時出欠を厳しくチェックすることはあまりなかったので、授業に出る人は出るし、出ない人は出ないという感じで、砂川に駆けつけるということで、授業をサボるという意識はなかったと思います。

僕は大学二年生のとき、祭り上げられてというか、文学部の自治会委員長になりました。自治会の旗があってそこへ集まって、他の学部も学部ごとの旗の下に集まって、現地で合流して、一緒にやったような気がします。一学部二、三十人くらいだったでしょうか。一応全員に呼びかけて、来る人が来る、という感じで、動員とは言えるかどうか。

昭和二十七年のメーデーに、流血の事件がありましたが、それは私たちが高校生のときのことでした。砂川のときも、私たちが参加する前から闘争は始まっていましたので、かなりのことになるだろうとは思っていました。メーデー事件のときは法政の学生も亡くなっていますし。

学生は武器を何も持っていない、牧歌的とも言えるような感じでした。それに対して、警官隊は武装して、棍棒を持っている。実際にはピケ隊で、測量を阻止するためのピケットを張るわけです。それを警官隊はごぼう抜きをする。抜かれると、警官隊が人垣を作っていて、それを通って五日市街道方面へ排除されるんですが、そのとき蹴飛ばす警官もいるし、負傷して血を流しながら出てくる人もいるし。出てきて捕まえられるということはなかったのですが、女子学生が待機していて、手当の必要な人は看護の所に連れて行って、医学生たちが医学連ということで白衣を着て腕章を着けていて、負傷者の手当に当たっていました。私は幸い怪我らしい怪我はしなかったんですが、中にはすさまじい怪我をしている人もいました。

食事は地元の婦人会のおばさんたちが中心になって、女子学生も手伝って、炊き出しを作ってくれていました。握り飯に味噌汁くらいついたんじゃないかな。お米は地元が出してくれたんだと思います。学生は自腹を切って、交通費をはたいて駆けつけていたから、とりあえず寝る場所と食料だけは地元で確保してくれたというわけですね。おかげで、ひもじい思いもせず、三食を食べることができて、夜は体育館で寝ました。お風呂に入った記憶はないですね。雨の日は泥んこのまま寝ていたと思います。体育館は隙間がないくらい学生が埋めていましたが、人数はわかりません。

阿豆佐味天神社での測量中止の報告集会の情景は、実に鮮明に覚えています。今阿豆佐味天神社に行ってみたら、こんなに狭い場所によくあれだけの人が集まったと思います。

故郷を住民が守るのは、義務であり、権利である

尾河直太郎さん
中学校教諭・東京都歴史教育者協議会常任理事

当時は教員で、足立区の教員組合の支部長をやっていたんです。それで砂川闘争が始まって、応援するということで、足立区からはずいぶん遠いものですから、どういう経路を通っていったのか、今思い出せないんですけれども、たぶん国鉄立川駅からバスで行ったんじゃないかと思いますね。

中学校で社会科を教えていました。一番最初に砂川に来たのは、一九五六年になってからだったと思います。続いて何回か来ていました。組合の動員でしたが、関心はありましたから、動員の割り当てでということではなくて、かなりみんな積極的に動員に応じていましたね。当時教員はほとんど組合に加盟していました。授業のやりくりをして、穴あけないようにして休暇を取って来ていましたから、役員をやっている人や、若手が出かけたりしていました。穴があかないようにしてましたから、一つの学校からは二、三人くらいずつだったでしょうか。でも東京都全体で都教組があるでしょ、そこから各支部に何人という割り当てがあって、そこからうちの学校は私が支部長をやっていたのでちょっと多いような感じでしたが、でも各学校から一名以上は来ていたんじゃないでしょうか。授業があるからいつも日帰りでした。

印象に残っているのは、やっぱりあの激突ですね。日記を書いていたんですが、日付は……十二日に入っているな。秋雨、と書いてありますね。煙るような感じで、もう泥んこですよ。教職員組合の旗の下に集まってという感じではなくて、もうごちゃごちゃでしたよ。私が一緒にやっていたのは国労の組合員のようでした。朝一旦学校に行ってから来るので、昼頃じゃないかな、着いたのが。とにかく泥んこになっている麦畑で座り込みをやって、隣にいた国労らしき青年と組んで。まもなく、警官がわーっとやってきて、そのとき棍棒で下から殴られるから、週刊誌か何かおなかに巻いとけ、と言われまし

たね。他の人で、さん俵を巻いていたという人もいましたね。

十三日の方がひどかったと思います。警官の自殺者が出たのは、十三日に関係した人じゃなかったかと思いますね。僕より一日前に行って十三日に参加した足立の組合の書記長をやっていた人は、おかあさんが警官の自殺者について新聞に投書したんですよ。それを私のお袋が読んで、とても感動していましたね。私はそのとき、三十歳でした。

僕と同年代くらいの人は戦争体験があって、人生がちょっと切れるような感じですよね。だから戦争が終わって、平和憲法ができて、もう戦争がない、ということについて、猛烈な印象が残っているんですよ。私はあのときに戦争が終わって、命拾いしたわけだからね、もう戦争がないということは、忘れることのできない記憶です。ところが冷戦体制になって、アメリカの基地が拡張する、これはまたあんなことが起こったら大変だということですね。本当に単純明快なんですよ。自分の生活体験からね。

先ほど言ったけれど、動員だからというんじゃなくて、割り当てられたから喜び勇んで行く、という感じでしたよ。私の従兄弟がソビエトに抑留されたらしい、ということでそのまま帰ってこない。私の親友は、戦後中国で国共が衝突するでしょ、そのときに巻き込まれて戦死したらしいんです。二人ともそのままわからない。私は東京大空襲の経験もあります。

一九五四年のビキニ環礁での水爆実験もあり、冷戦体制が行くところまで行ってしまうんじゃないか、そして巻き込まれる、もう今度は三月十日の東京大空襲どころじゃない、ということは、みんな思いましたね。

今のガイドラインなんか、こういうものが戦後の冷戦体制の中で進められたことと非常によく似ているけれども、それは世界の客観的状況から言うと、あまりにずっこけすぎてるわけですよ。例えば、ガイドラインなんか、台湾や朝鮮有事が一番大きく言われたけれど、台湾にしても朝鮮にしても最後に残った冷戦体制はもう崩壊を始めているわけですよね。そこへまた冷戦体制のような考えでやっていっても、馬鹿らしさというか、時代錯誤もいいとこだと思うんですよね。そのことに我々は簡単に乗るような、おかしさを感じないような、そういう状況の方が、僕は怖いという気がしますね。

社会的な関心が薄くなっているというのは事実だと思いますが、もちろん、関心のある優秀な青年がたくさんいると思うんです。でもそれを発揮するような、広げていくような教育がされていなくて、なるべくそうした関心を持たないようにする、そういう傾向が強いような感じがします。私たちのように冷戦に参加したくないぞ、とノーの意志を強く持ったということはあるけれど、マスコミもそれを修正せずに流すことがあったでしょ。それもかなり大きいと思いますね。それでばぁーっと広がったでしょ。同じことが六〇年安保のときにもあったと思いますね。今、権力によるマスコミ対策はかなり強くなっているんじゃないですかね。

闘争のときは勝てるかどうかわからなかったけれど、あの阿豆佐味天神社でみんなで集まって、「赤とんぼ」を歌ったでしょ。ぽろぽろ涙を流しながらね。あのとき、国歌というのはこういうときに生まれてくるんじゃないかと思いましたよ。フランス革命の「ラ・マルセイエーズ」とかね、民衆の行動の中から生まれてきたわけでしょ。民衆が権力と闘う中で生まれてきたのが本当の国歌じゃないかと、そんなことをあのとき思いましたね。座り込みしていて、手が腫れて、一ヶ月くらい病院に通いました。そういうことをしながら、「赤とんぼ」を歌って、自分たちの国を自分たちで守る、素直にあの歌が流れてきたように思いました。あれはまさに故郷の歌でしょう。故郷を住民が守るのは、義務であり、権利であるのだから。そういう意味での感動、いわゆる国民の歌というのはそういう感動があって成り立つんだと思いましたね。

（二〇〇〇年七月一日インタビュー／一九二六年十一月六日生まれ）

【参考】

砂川に絶望した警官の死に憤る

東京都三鷹市　山内めい・57歳

（朝日新聞「ひととき」から）

砂川出動を苦にして警視庁予備隊員が自殺するとは、何という痛ましい民族の悲劇でしょう。

あの忘れもしない十三日の砂川事件の後で、どしゃ降りの夜道を全身泥にまみれた学生さんたちが帰りながら「僕たちは警官一人ひとりにはなんの個人的な憎しみももっていないのだ。彼等警官だってお役目で出動したんだとすれば、あれほどまで狂暴にわれわれに襲いかからなくてもよさそうなものだがなあ」と、なげいていたとか聞きました。

この学生さんたちは、自分たちの本当に戦うべき相手がだれなのか、そして自分たちはなんのためにこの闘いに参加しているのかをハッキリ知っていたからこそ、あのような雨あられの警棒の中でも勇気と確信にもえて行動することができたのでしょう。

自殺なさった警官の方にも、個人的にはきっと同じように日本人の正しい血が流れていたはずです。

もし全学連の学生さんたちと同じ信念をもっていらしたら、もっと他のいきかたもあったでしょうに――。

私はこの記事をよんで、何よりもまず、一人の警官を、そしてそれは一人のまじめな日本の青年を、自殺にまで追いこんでしまった現在の政治のあり方に深い悲しみといきどおりを感じます。

中野好夫氏も「一度として現地にはあらわれず、終始ただ背後にあって命令だけを下している人間どもを、私はなんといって憎んでいいか知らない」（朝日新聞十月十四日朝刊）とのべています。

この警官の死は、あるいは予備隊長がいっているような単なる神経衰弱などではなく、日本民族の悲劇の一断面であるはずです。

このような砂川に象徴される民族の悲劇を二度とくりかえさないためにも、その一切の原因になっている日米安保条約や行政協定を、根本的に再検討する時がきているのではないでしょうか。

伝統的に情報に敏感な砂川で起きた戦後初の農民一揆

鈴木茂夫さん
ラジオ東京（ＴＢＳ）記者・ディレクター・作家

僕にとっての砂川闘争は、今日ふたたび思い出してみると、随分昔だったと思われると同時に、いろいろなことがあったという感じです。一言で言えば、戦後の日本における最初の農民一揆だったかと思っています。砂川闘争は実に様々な問題を投げかけた画期的な事件でした。基地闘争の原型を形作って、それ以後の基地闘争は砂川をお手本にして様々に展開していった。基地の拡張反対に参加していた学生たち全学連は、活動を通じて、日本共産党と対立し、戦後の日本思想界が大きく割れることになった。多様な青年たちに影響を与える一つの思想的な動きであったように僕には思えます。

同時に、現在の砂川は立川の一部としてすっかり何十年もたってしまって、砂川事件は風化しています。けれど、現在の立川市の発展、様々な計画の中に立川基地の跡地の問題というのが残っていて、国営昭和記念公園となったり、自衛隊基地となったり、政府官公庁の防災基地になったりしている。あるいは多摩都市モノレールというような交通の拠点になっていますが、それは闘争の中で闘った人たちが僕たちに残してくれた大きな成果です。当時、砂川の町役場に勤めていた、現立川市長の青木さんも、現在の立川の問題を考えるとき、砂川基地拡張反対同盟の皆さんに対して、政治的信条を異にしてはいても非常に深い尊敬の念を示すというのは、面白い状況だと思います。砂川の基地拡張問題というのは、戦後史の中でとらえてみると、世界の冷戦構造というのが終末に近づいているという最中に、ちょうど軍事力の戦略配置が大型なものに切り替わろうとしてきたときであったために、問題が起きた。しかし、その結末として地元の拡張反対の人々が勝利したということは、他の基地拡張反対闘争の成果もあったと同時に、冷戦の緩和という世界的な状況もあったのではないか、と思います。世界の緊張が進んでいて、拡張がされていたとすれば、現在の首都圏における多様な機能を持つ立川は生まれなかっただろう。だからこそ、基地拡張反対同盟の方々の動きというのは、多くのことを我々に残してくれたのです。

砂川は、江戸の街づくりのため、石灰を運ぶために青梅街道ができ、それを助けるために五日市街道ができた。それに沿って点々と村落ができていたのですが、八代将軍吉宗の頃に享保の改革の新田開拓が進む中で、また玉川上水が開発される中で、急速にこのあたりの農地化、開発が進みます。そして、五日市街道を中心に肋骨状に配置された農地が元になってこの村の原型が形成されます。方々から、または近くからだんだんと人々が住み着いて、中心となる七家の人々ができ、尾張徳川家のお鷹場としての地域指定を受け、幕末まで二〇〇年近くを過ごした。幕末期にはこのあたりには農民たちによって農兵隊が組織されるという、歴史的にも様々なことが起こり、様々な役割を果たしてきた地域だと言えると思います。明治初期、あるいは開国少し前の砂川は桑の苗の産地として大変知られていました。今は桑の苗は無惨に片隅にうち捨てられて、この村が絹の産地として栄えていたことを知る人も少なくなりました。その頃からこの村は江戸、または東京の情報をいち早く知っていました。繭の売買というのは、情報をいち早く入手して分析することによって、機敏に動く、それによって生業がうまくいくからです。砂川闘争の中でも同じように、情報をどう操作するか、また知ることによってどう機敏に動くかということが課題になった。砂川闘争の中では企画部という情報を扱う部局がいち早く生まれ、そこには郵便局の局長さんがいたり、基地の中で通信機の整備・修理をしていた機械工がいたり、大学の建築課を出たインテリがいたり、あるいは三五〇年続いたこの土地の名主が入っていたりしました。

私の聞いたところでは、明治時代にこの土地から出た船乗りがアメリカ航路の船に乗るようになって、当時アメリカではやっていた麻雀に接して、この麻雀パイを持って帰ってきた、それで当時砂川の多くの家に麻雀パイがあって、盛んに麻雀がされておりました。そして麻雀パイを囲むようなふりをしながら、元海軍下士官のお宅が、企画部の人たちが基地闘争を進める上でいろいろなことを決める参謀本部のような役割になっていました。

今の砂川四番を中心とする反対運動を町全体を巻き込

むような形にしていくためには、砂川一番のほうの人たちも拡張の対象となるとすればよいのだと発案しました。そこで、滑走路の一部を西に向けて、町全体が入るような形であれば考えるということを調達庁に言いました。それをB案としたのです。しかし、そのB案だと、横田基地を離陸する飛行機の航路とぶつかるので成立しないのですが、それでもそういうおもしろい案を考える力、能力のある人たちがいました。基地の拡張反対運動が全面的に起き上がってくるにつれて、この人たちは、圧倒的な警察権力の前にいつまでも闘っていることはできない、基地測量が行われるときがいつか来るだろう、という中で、杭を打たれても負けない、ということを言っていました。それが砂川闘争のスローガンである、「土地に杭は打たれても、心に杭は打たれない」という反対同盟行動隊長である青木市五郎さんの台詞で、これも最初に考えついたのはこの人たちだったのです。

でもこの企画部の人たちの集まりはだんだん寂しくなっていきます。一人が自分の土地を売ってしまって、また町ぐるみの闘争だったのが、条件派の人たちも生まれることによって、町の中が割れていきます。現実に起きていることにどう対処するかということによって意見が分かれていく。今も暁の町議会と呼ばれている、票が九対八になって保留二名、そのまま反対を続けるか、当局とある程度の条件で交渉をするのか、決まらないまま閉会になります。そのとき保留をしていた議員さんの動向が象徴的に、その後の反対同盟の動向を示すように思えますが、この人は繊細な知識人であり、名主でもあった名家の人で、どうしてもこうした場でどちらにするか決断ができない、そして闘争の全体からもその後知識人が消えていくというか、影響力をだんだんとなくしていったように思えます。

砂川の闘争の中である人たちはあくまで反対だといい、隣り合っている人たちは仕方がないからといってこの地域を去っていった。当時の中学で条件派の人たち、あるいは反対派の人たち、というので子供たちに非常に影響を与えていまして、ある進歩的な教員の人たちは、一種の平和教育として高く評価していましたけれど、実は大人たちの世界の対立が投影されていたために、あとあとまで子供たちの心の中に深い影響を残しました。あまり大人の世界のことを教室の中に持ち込まない方が良かったのではないかという気がします。

　砂川の闘争が基地を拡張する、そのためにその予定地を測量する、そして売買契約となれば、民事契約となるのでしょうが、そうではなくて、政府は日米安保条約に基づく土地収用法によって、東京都の収用委員会にかける。それによって、土地を強制的に収用することができる、ということです。ずっとそういうことで、測量隊がやってくる、片っぽは測量を阻止するということに終始したんですね。お互いがそうエスカレートしたということはなかったように思います。

　十月十三日は雨が降ってぬかるんでいたんですね。警官も警棒を持って振り上げていたし、学生の諸君も激しく抵抗していた。いろいろなところでもみ合いがあって、砂川の四番の栗原さんのおうちの所に、学生たちが二〇〇名くらいいたんでしょうか、追いつめられて、学生たちは素手でスクラムを組んでいました。絶望的な状況で一人が、「インターナショナル」でもなければ「民族独立行動隊」でもなく、ふっと歌い出したのが「夕焼けこやけの赤とんぼ」だったんですね。スクラムを組んだまま体をゆすって歌い出す、ふっと時間が止まったようでしたね。抵抗は終わっているわけですから、警官隊の方も無理矢理実力行使で追い出すことはしませんでしたね。

　学生たちはそれからもいくつかの童謡を次々に歌い出しました。学生たちは当然いくつかの大学から固まって来ているわけですから、校歌とかではなく共通している歌というと童謡にいっちゃったんでしょうかね。しかし実に感動的な光景で、カメラを三〇センチもないくらいに近づけて撮りましたら、涙が流れるのものともせずに歌い続けていましたね。警察官とは一〇メートルも離れていない。警察官はレインコートを着たまま、黙って見ている。印象的にあの童謡の合唱は残っています。その日、包囲していた機動隊が隊列を組んで、長い列となって、そのまま帰っていきますが、その隊列もなかなか整然としていて、昔の合戦を見るようでした。学生たちは三々五々ばらばらになって帰っていく。

　地元の人たちの抵抗が非常にねばり強い、ある意味執拗であったということが、政府を困惑させた。そして幸いなことに冷戦構造が、つまり東西両陣営の対立の構図がゆるんでいたということもあったと思います。そうでなければ、政府が急にやめるというのは不自然だと思うのです。同時に日本政府はいつでもアメリカ政府に対して、積極的に基地を提供するというよりは、抵抗する人たちとの間に立って、両方の動きを見ながら、そこそこのところで問題が落ち着けばいいという姿勢を取っていますね。自民党の中にはアメリカ軍は日本を守ってくれる犬だから、そこそこにすればいいのではないか、というような考え方もあって、結局、測量は行われなかった。

しかし、二十七年間アメリカに支配された沖縄では、そんな風にはいかなかった。アメリカ軍が欲しいと言えばその通りにされたんですね。砂川は首都に近く、ちょうど世界が緊張緩和に向かい始める狭間のところだったから、こういう結果に終わったんだと思います。今、立川に住んでいますが、それはたまたま家を探していたときに砂川で知り合いになった人が紹介してくれたからで、砂川を取材することがなければ、ここに住むことはなかったと思います。

（二〇〇〇年四月二十三日インタビュー／
一九三一年二月十二日生まれ）

砂川闘争の状況と農民の顔を描くという壮大な父の目標

新海 堯《たかし》さん

画家故新海覚雄さん長男

新海覚雄、つまり父が砂川基地拡張反対闘争の反対同盟の人々の肖像画を描いたのは、推測するに、当時絵描きはどうするべきか、という問題にぶつかったのではないかと思いますね。単にアトリエにいるだけでなく、当時の社会的状況で社会的な問題もたくさんありまして、内灘の現地に行って取材をしたことがありました。それから基地反対の問題とか次々に行くようになって、そのうち砂川へも行って、反対同盟の人たちに会って、自分としてもテーマとしてそれを描きたいという気持ちがあったんじゃないでしょうか。やっぱり、絵というのは現実があって、それを描かないと絵空事にすぎないんで、当時の闘いの状況、農民の方々の表情を描きたいと。絵

描きというのはモデルを使って、という時代があって、それが現地で闘っている人たちを直接見て、自分が肌で感じたものを作り上げなければならないと思い始めて、現地に行き、その人々の顔を描き、砂川闘争の絵を描くという壮大な目標があったんでしょう。その過程で肖像画を描くということになって、それが今日残っているわけです。父は五十代の頃だったのではないかと思います。六〇年安保のちょっとあと、六十三歳で亡くなりました。

闘争それだけを描いたということではなくて、父は在野の絵描きとして昔、二科展に出品するところから出発しましたので、若い絵描き同士で集まって、ちょっと社会的な問題とか、考えるような機会もあって、戦後になりまして、美術団体にも所属するようになって、基地の問題が大きくなってきたので、安住してアトリエで描いているだけでなく、自分としても何か描いてアピールしていかなければならない、と思ったようです。そういう訳で、内灘から始まりまして、あそこは漁民の方々ですが、その闘争状況と漁民の方々の生の顔、生活、風景というものを取材してきまして、大きな絵として発表するという形を取ってきました。そういう面で砂川も、ただ闘争だけ、というわけではなく、何か自分の義務感というか、仕事を生かして、社会情勢を皆さんにアピールしたい、ということで制作したんだと思います。

初めて砂川に行ったのは昭和三十年でしょうか。同じ考えを持つ日本美術会の有志四、五人で行き始めましたが、何か一つのものを作ろうという気持ちがありましたので、その後はずっと個人で毎週行っていました。

私も一緒に行ったことが何回かありました。いきなりどんと砂川に行ったもんで、みなさんに何か紹介というかそういうことはなかったんですね。それで、いきなり入った者が何で人の顔を描いているんだと、警察に頼まれて似顔絵描きでやってきてるんじゃないか、という話が出てきたもんで、それで当時お世話になっていた馬場さんのお宅へみんなに来ていただいて、そこで描こう、と。そこで自分の考えをちょっとしゃべって、そこで描かせてもらおうということで、馬場さんのお宅に行きました。馬場さんには当時、お子さんたちがいて、いわゆる写真も盛んだったので、私は当時もう写真をやってましたので、写真はどういう撮り方をしたらいいか、とかちょっと遊びに来てください、ということで行ったことがあります。それ以降は、大勢集まるときだとか、美術会の人たちが来るときだとか、また何か取材をするときだとか、個人的なことも含めてつながっています。

一九五五年の秋だと思います、父が馬場さんの家に行っていたのは。馬場さんはとても人格的にその土地では信頼のある方だったので、皆さん快く肖像画を描くのに応じてくださったんだと思います。馬場さんと父は、砂川に行き出したとき、組合の人を介して知り合いました。そしてお互いに気持ちが通じて、馬場さんがうちにおいでよ、と誘ってくださったんだと思います。絵は三十五点くらい今残っています。

絵を描く人たちのうち、父と同年代の方たちはあまり頻繁には砂川にいらっしゃらなかったけれど、若い人たちは座り込みなんかにも参加していましたね。渋川さんとか、中村さんとか、落合さんとか、四、五人はいらっしゃいますね。日本美術会として闘争を描こうじゃないかということで、吉井さんとか、幹部の方たちも一回スケッチの会を持っています。スケッチの後、話し合いをするという、そうした支援のための集まりもありました。日本美術会は、当時天皇・皇后推薦とかいうのではなくて、無審査で自由に出品できるということから始まりましたが、社会情勢がそういう感じでしたので、こういうこともするようになって。政治思想が、というよりも、そういう社会情勢だったからだと思います。あと、砂川闘争のポスターもあります。警官が踏み荒らした農地をおばあさんと子供が苗を立て直してるという感じの絵ですが、箕田《みた》源二郎さんという方が描かれました。もう数年前にお亡くなりました。内灘とか大牟田の闘争にもご一緒した方です。

父は職業的には画家でしたが、当時絵は売れませんでしたので、いろいろな会社のサークルで絵の指導をしたり、労働組合のポスターや機関誌のカットを描いたりして、生計を立てていましたね。家のアトリエで子供の絵の指導をするとか。板橋美術館に父の亡くなるちょっと前に、日本の世相と基地闘争をテーマにして、四〇〇号の大きな油絵が入っております。六〇年安保前後の、集大成となるものも一、二点入っております。砂川闘争に関するものは石版画、現場スケッチ、肖像画があります。

（二〇〇〇年五月四日インタビュー／——一九二九年六月二十一日生まれ

息子は毎日鉢巻していた、いつも家族みんなでだった

加藤兼雄・加藤千代子さん

夫妻・反対同盟

兼雄さん（以下兼）　僕は昭和九年から砂川に住んでるね。結婚したのは昭和二十六年。砂川闘争が始まったのが昭和三十年だから結婚して四年目だね。当時は米軍基地に勤めてた。さんざん絞られたね。脅かされて。米軍基地では三十三か三十四年くらいまで働いてたね。基地縮小で整理になったんだよ。やめちゃった人と、パートタイマーになった人といたんだけど、それじゃ食っていけないからやめちゃった。それから学校の警備員を募集してるって言うからね、市役所で。四中一年、十小十二年、それから一小、東京都で一番古い学校、十年、それで定年。六十だからね。……俺はじっとしていないからね。いろいろ行っちゃうんだ。砂川闘争のときもね、仕事は一日も休まないよ。仕事は仕事。反対は反対。うちは交代で休んでた。月曜日にあみだをやったりしてね、みんな日曜日に休みたいからね。……反対してたら、警察に連れて行かれたよ。

千代子さん（以下千）　特高だよ。

兼　でもね、何にも悪いことはしてないからね。そういうところは、アメリカは徹底しているよ。尋問されて、あんたは何も取ったり、ごまかしたりしてない、そりゃ、ぶどうとかハムとか持ってく奴もいたよ、たばこ一本でも持ち出して首になった人もいるんだからね。俺は働くところは働くところ、生活圏は生活圏だから。米軍の中で逮捕されたんだよ。公務執行妨害で。でっちあげだよ。そんなことやってないよ。そこの鈴木さんも逮捕されたよ。ここは強いから、って。あっちは団結横町で、ここは決死横町で、横町ってほど広くないのにさ。看板があったんだよ。はずしてどこへいったかね。飯田蝶子や風見章子と一緒に写ったんだよ。山村聡が調達庁長官になってね。「爆音と大地」って劇映画（関川秀雄監督・東映）ができて、そのときの写真もね。警察官が神田隆、飯田蝶子は農家のおばあさんになったよ。庭で子供たち

と写真を撮ったりしてね。でもそのときの肝心の写真が全部ないんだ。……警察に連れて行かれたけど、そんなに長くはいなかったね。二晩くらいいたかな。鈴木さんとは違うときだよ。鈴木さんがこう言ってる、ああ言ってるとかってね、誘導するんだ。鈴木さんにも加藤がこう言ってたとかね。だから、相手のことは絶対言わない。それに弁護士や共産党の岩間さんが、絶対余計なことを言うな、って言ってたからね。黙秘権じゃないけど、自分が行動したことだけ言え、って、悪いことして捕まった訳じゃないからね。いろいろ言うんだよ。俺が山形の出身だから、山形の人間には悪いのはいない、とか、それに比べて東京の人間はずるいから気をつけろ、とか。取り調べをする警官も山形の出身でさ。でも逮捕はでっちあげだと思ってたからさ。

千　それから、家捜しにくるわけさ。家の方に。とうちゃんを捕まえてからすぐにね。そのときには町長さんも来たよ。どんな感じかと思ってね。宮伝さんが警察に、あんた方何を探しているんですか、って聞いたよ。そしたら、証拠の品ですって。証拠の品があるんですか、あるわけないでしょ、悪いことした訳じゃないんだから、あって。

兼　それで鉢巻と、ジャンバーと持って行ったね、借り物の。証拠物件として。それがないと役目がすまないからでしょ。

千　土足で上がるんだよ。雨の降っていたときなのにね。

兼　うちの倅《せがれ》はそのときまだ二歳で、おもちゃの刀をふりあげて、何するんだ、ってどなってんの。それが読売新聞に出たよ。マスコット坊やがこうやってたって。

千　息子は毎日鉢巻していたね。もう四十三だけど。起きると鉢巻すんのよ。そしてそのままで頑張るって。子供は四人。一人は背負ってた。長男は手を引いてね。こんなでいつも家族みんなでだったね。

兼　鈴木さんは、俺が逮捕されたから一緒に逮捕されたらまずいって、ちょっと離れたところに隠れさせて、もう俺は勤め先がわかってたし、そこで逮捕されちゃったからね。五人で捕まえに来たんだよ。

千　もうびっくりしたよ。まだ子供はちっさいからね。乳を飲ませたりしてたの。そしたら、あそこに人が立ってて、入ってきて。何だ、って思ったよ。こんな狭いところに。そして写真を撮るって言うんだよ。うちのお父さんは働いてるんだって、何も悪いことしていない、何言うか、って。
兼　そのころは武蔵野の関前に米軍のハウスがあってさ、今はすっかりマンションとかできてるけど、そっちに俺はいたのさ、そこで捕まって。なんだ、こんな優男《やさおとこ》のちんちろりんを五人も来て捕まえて、税金泥棒、とかなんとか俺は言ったの。悪いことしてないんだから、何文句言ってんだって。それでいろいろとしゃべらそうとしたけれど、何も言わなかったね。逮捕状だけ持ってきて、何こんな俺みたいなの捕まえて、手錠なんかかけてどうすんの、って。日本のCPがずっと見ててさ。米軍のMPは立ち会わなかったけど、私服の特高が来てたよ。逮捕された後に何回も。俺のことを調べてたね。日本人のCPは、物資を盗まないかどうか見てるの。ラッキーストライクの封のあいたやつでも持って帰ったらもうアウト。逮捕されていろいろ聞かれたけど、首にはならなかったね。ちゃんと通訳がついて、あなたは遅刻や無断欠勤もない、ってね。そういうところ日本人の方が汚い。逮捕されたらすぐに首でしょ。
千　警察とか、お父さんもう、米軍で働けないですよ、なんて言うんだよ。何で働けないのよ。
兼　脅かしてんだよ。
千　何で捕まってんのよ、って。もうこの人が強いからね、私も強くなってね。いろいろ言うからさ、こっちから言ってやんのよ。そしたら向こうは言えなくなって行っちゃったよ。
兼　忘れもしない昭和三十年五月一日がメーデーで、今は大型連休になってるけど、その頃はメーデーは労働者のお祭りみたいなもんで、三日が憲法発布で、五日が端午の節句、そしたら四日に来たんだよ。宮伝さんの所に通知が。それでみんなで集まって、四番、五番、六番、って。それから町役場へ、町会議員の会議でしたね。そこへみんなの意見を持っていって。拡張を初めて聞いたとき、そりゃ、俺は米軍で働いていたから、そうなんだろう、と思ったけど、それはそれとして、基地は、平和を守るためにがんばんなくちゃなんない、って思ったよ。そりゃ近所にはね、代替地もらってね、お金もらって良いところに越してしまえば、何とか、って言う人もいたけど、俺はね、そういう話を聞くと余計になにくそ、っていう感じでね。基地に勤めながら反対運動をするっていうのも別に気にならなかったよ。そういうところは無頓着でね。この辺では百姓してるとこからお父ちゃんや息子が闘争に出てたね。そういう人からは、馬鹿だ、って言われたよ。基地で働いてるのに、先頭になってやってるからさ。半鐘鳴らしたり、写真が出てるね。まずいな、なんて全然思ってなかったよ。矛盾も何も考えてなかったよ。首になるぞとか、言われてたよ。基地はお金は良かったからね。米軍に足向けて寝られないよ。常識ある人はありゃ馬鹿だ、とか言ってたよ。そりゃ、借地権だもの、代替地やお金をもらって良いところに越した方が利口だってんだ。

千　夢中になってやってたからね。首になったらとか、そんなこと全然考えなかったよ。

兼　やっぱり女の方が強いよ。いざとなったらね。男の方から、崩されちゃうんだよね。条件派にならずに頑張ってたのはね、女の方が強かったね。男の方が、前には出るんだけどね。

千　（写真を見て）ほら、ここにいるよ。子供を負ぶって、危ないから駄目だって。こっちの方にいたんだ。子供がいるから危ないって、出ちゃ行けないって。

兼　今だから考えるんだよ。四十年もたって。基地で働いていて子供が四人もいて、よく反対できたね、って、今だから。そのときは必死だったからね。

千　若かったんですけどね。この五日市街道が通れなくなって、横田基地みたいになったらどうするか、って本気で考えたんですよ。

兼　農地改革でやっともらった小さい土地も全部取られちゃうんですよ。みんな売って出てったよ。まあ人のことは言えないけどね。

千　ここが基地になったら、戦争になったら、どうしよう、って思ったんですよ。この辺も弾が飛んでくるだろうし、そうしたら、って。

兼　ここと横田基地をつなげよう、って話もあったんですよ。今の横田基地を見ても、ものすごい騒音でしょ。とんでもないでしょ。

千　ここもああなるかもしれなかったんだよ。

兼　飛行機は飛ばなかったけど、ヘリだけだったけど、グローブマスターとかね、うるさかったよ。オーバーランして青木さんのところにぶつかったこともあったし。二回くらいあったかな。離陸できなくてオーバーランしたんだよ。落ちたこともあったよ。小さい飛行機がね。

千　だからやっぱり砂川闘争を闘って、良かったな、と思うよ。

（一九九六年十月二日インタビュー／

加藤兼雄さん：一九二七年三月三十日生まれ

加藤千代子さん：一九二六年八月三日生まれ）

当時の加藤千代子さん・右（向井 潔氏撮影）

高校生のとき砂川に来たことが人生を決めた

島田清作さん

東京学芸大学学生・元立川市議会議員

一九五五年五月に砂川の拡張問題が出てきて、僕はその頃、都立高校の学生だったのですが、高校の中にある平和懇談会というサークルで秋の文化祭に砂川を中心とした基地問題の展示をやろうということで、五五年九月の地元の人たちと警官隊とのぶつかり合いの後に現地の見学に来たというのが最初のかかわりです。高校生十人前後で来ました。

五五年にポーランドのワルシャワで世界青年学生平和友好祭というのがあって、そこに高校生の代表を送ろうということになりました。平和懇談会の代表をワルシャワに送ったんですが、国交もないしお金も大変だったので、都内のあちこちの高校に呼びかけて、つながりを作っていっていましたので、他の高校でも砂川に来ていたかもしれません。僕らは、その活動の延長ということで、砂川に是非来たいなと思ったんです。

ちょうど九月頃第一次の測量があって、警官隊と地元の人々がぶつかって、煙幕作戦とか黄金作戦などをやっている農民たちを報道で見て、すごいことをやっているな、と僕なんかは外からこわごわ見ているだけだったんです。五六年にはちょうど就職試験を受けているときで、砂川闘争をどう思うかなんて、面接試験の度に聞かれました。五六年は砂川には行けませんでした。五七年に東京学芸大学に入りませんでした。それで、五七年に東京学芸大学に入りました。五七年の基地内測量闘争に参加しました。最終的に測量をしたのは、五七年七月八日で、奇しくも僕の十九歳の誕生日でした。六月頃から測量が始まろうとしていて、連日砂川に来ていました。学芸大学の学生たちと一緒に、十人前後で来ていました。授業が終わってから夜に来たりもしました。七月八日の測量のときには何十人という単位で来ていたと思います。砂川の四番の公会堂や、中学校の講堂に寝泊まりしてました。

昔日本軍が使っていた基地を米軍が占領して、地主にも町にも断りなしに拡張していっていて、多くの場合強制的に買い上げるという形でした。ところが、反対同盟の青木市五郎さんは自分の土地を米軍には貸さない、返せと言っていて、そこのところの測量だったんです。青木さんの土地は滑走路の先端から二〇〇メートルか三〇〇メートルくらい入ったところですから、そこのところを測量しているのを滑走路の柵の外から見ているという状態が六月頃からずっと続いていたんですが、時々それを阻止しようとして金網から中に入ると、MPが棍棒を振り上げて襲ってくるということが何回か繰り返されていました。

七月八日がいよいよ本測量だということで、学生だけではなくて労働組合やその他いろんな人たちが何千人と集まったものですから、夜明け前から柵の前で、柵を挟んで機動隊と対峙していたんですね。ある時間から柵を揺すってそれを乗り越えて、学生や労働者の部隊が測量をしたところまで進んで行こうとしたんですけど、二〜三メートルのところに機動隊の壁がありましたし、機動隊は有刺鉄線を持ってきて、それをずっとバリケードに配置して、装甲車で押してくるということをしたものですから、柵を巡って学生との間で押し合いがありました。昼過ぎか夕方頃か、もう測量は終わったということでみんな柵の外に出たんですが、そのとき何名かが基地の中に入った、ほんの数メートルですが、ということがありました。僕らの部隊が最前線にいたんですが、そのときは逮捕者はありませんでした。ところが九月の末頃になって、労働組合の人と学生が二十三名逮捕されました。

五五年、五六年の闘争のとき、もちろん僕は五六年に現場に行っていないので、当時の報道での印象ですけれど、毎日何千人もの労働者が砂川で闘っているという印象はあったんですね。それに比べて、五七年のときは労働者はそれほどの数ではなかったかなと思いますが、基地の中に入るときにはかなりの参加がありました。日本鋼管、川崎製鉄、国鉄といった、当時の労働組合の中心をになっていた人たちは、かなり参加していました。また学生も東京都の組織である東京都学連が中心になって連日動員をしていました。

基地の拡張阻止ということで五五年、五六年やっていたわけですが、五七年は反対同盟行動隊長の青木市五郎さんが土地を返せという闘いをやっているわけだから、それを支援しようということで、基地の中にまで入って、測量をやめさせようとしたわけです。基地に入るということは日米安保条約に基づく行政協定、今は地位協定ですが、それに伴う法律（刑事特別法）があって、基地内に入ると軽犯罪法以上の厳しい罰則があるんですね。それでどう適用させるかということについて警察の方も検討したんだと思うんです。何か月か経ってから政府が反対派を断固として叩こうということになって、その刑事特別法を適用して逮捕に踏み切ったんだと思うんです。

それから東京地方裁判所で裁判がずっと続いたんですが、伊達秋雄さんという裁判官は、「アメリカ軍が駐留しているということ自体が、軍備を持つことを禁じている日本国憲法に違反している、だから駐留しているアメリカ軍を特別に保護する刑事特別法は憲法違反の法律である、だからその法律を犯して基地の中に入っても罪にはならない」、ということで、七月八日に基地の中に入ったデモ隊を指揮したということで起訴されていた人たちが全員無罪になったんです。東京地裁の判決でした。政府の方は大慌てに慌てまして、日米安保条約を根幹から否定する判決だったので、東京高裁を飛び越して最高裁に飛躍上告ということをしたんですね。それで最高裁は地裁に対して差し戻しをして裁判をやり直せと。それで、東京地裁再審判決罰金二〇〇〇円有罪判決（一九六一年三月二十七日）ということで、判決は覆されましたけれど、伊達裁判長の出した判決というのは、僕らから見れば、これこそが本当に憲法の立場に立った判決であると、米軍基地は憲法違反の存在なんだと、だから基地反対の運動をさらに強めようと、非常に勇気づけられるものでした。

六〇年安保まで東京学芸大で学生運動をやっていまして、七月から新島に行き、それからどこで生活していくかというときに立川に移り住みまして、六一年暮れから三多摩労協の書記になって、それからずっと労働組合の立場になって砂川闘争に参加してきたわけです。六八年に米軍が基地拡張を中止ということを決めるまで、ずっと労働組合から砂川闘争に関わってきました。六六年から市議会議員になったのだけど、そのときも立川から軍事基地をなくそう、ということだけをスローガンにして選挙運動をやって、九八年まで市議会議員をやってきました。六六年のときは社会党から推薦をもらったと思うのですが、立川反戦青年委員会というのがあって、七〇年からは三十歳を超えたのでもう青年ではないなと、立川反戦市民連合というもう少し大きな組織でやってきました。労働組合の運動と市議会議員としての活動を通して、軍事基地反対、平和憲法を守り実現していくという、そういう僕の生き方の出発点になったのが砂川闘争だったし、高校生のとき友達に誘われて砂川に来たことが僕の人生を決めたような気がします。

高校のときの平和懇談会は校内に三、四十人のメンバーがいました。僕が高校入学したのは五四年で敗戦後九年目です。五〇年から始まった朝鮮戦争が五三年に休戦になって、今も続いているわけですが、敗戦のとき小学校一年生で兵庫県の西宮にいたんですけど、空襲や機銃掃射を受けて、周りを全部焼かれて焼夷弾が降る中、逃げまどったという経験があって、戦争というのは本当に怖いものだと、戦争は絶対にやっちゃいけないという気持ちは、子供なりに持ったんですね。朝鮮戦争のこともニュース映画や新聞で見たりして、この立川基地から戦争のための飛行機が飛んでいくのは絶対やめさせなければならないし、基地を拡張するなんて止めなきゃならないと思いましたね。ちょうど五四年はアメリカがビキニ環礁で水爆の実験をやった年なんです。高校に入ると、高校では生徒会をあげて原水爆反対の署名運動をやっていたんです。そういう雰囲気の中で高校に入って、なんで戦争をやるのかということをみんなで考えようということでサークルに入り、社会科学の勉強をしたり、それをみんなに知らせるための文化祭をやったり、生徒会の役員になったりして、とてもまじめな高校生活だったんです。

そのあと学芸大の自治会で活動をやっていたんですが、防衛庁がミサイル試射場を伊豆新島に作るというので、新島の応援をするために新島の現地に住みついて闘争支援するオルグを東京地方労働組合評議会、東京地評が募集していたんです。東京地評は砂川闘争を中心に闘った労働組合の組織なんですが、僕は六〇年七月に学校をやめてそのまま新島に行っちゃったんです。それから一年半、試射場の反対運動を現地の漁師さんたちと一緒にやりました。しかし、現地も労働者も反対しているのに、六三年頃に試射場ができてしまって、僕らみたいな常駐の組合員は引き上げました。今でも試射は続けられているみたいです。当時はそこに漁船を入れてはならないとか制限をかけられるので、漁師たちも反対をしていました。

今、改めて基地拡張の話が出てきたら、反対運動が組めないかというと、僕はそうは思わないんですね。今、いろいろなところで住民運動が起きていますね。道路を作るとき道路を作るのに反対とか、ゴミ処理場ができるというときにそれに反対とか。やっぱり自分たちの生活や命に大きな危害を及ぼすような問題ということになれば、人は立ち上がるんじゃないかなという気は持っています。しかし安保条約が日本を守ってくれるかどうかということは飛び越えて、アメリカのこの周辺での戦争に日本が積極的に協力していこうということまで取り決めるガイドラインというか、周辺事態法が審議されているのに、日本中の労働者や学生が立ち上がらない、というのは身近な自分たちの問題だと考えていないのかな、という気もするし、日本が経済的に発展して長い間平和の中で満ち足りた、ものにあふれかえった豊かな生活をしてきたから、何だかお上と闘うとか、何かを変えていこうというようなことに非常に躊躇《ちゅうちょ》するという傾向があるのかな、という気もするんです。
僕は高校生の頃には、野球部に入っていて、甲子園を夢見て一生懸命やりながら、かたや平和懇談会で夜遅くまで論議をしたり、ビラを作ったり、集会をやったりという感じで。大学に行くのに勉強もするというので、とっても忙しかったのだけど、今の高校生や大学生はできるだけ楽な方に、楽な方に、と行っているような気がするんですよね。親が貧乏でお金を出せないからアルバイトして学費を稼いで、野球やって活動やって、非常に忙しい生活を送ってきた者からすると、今の学生しっかりしろ、と言いたいような気もしますね。

島田清作さん・鉢巻姿／1957年7月8日

（警官隊に棍棒で首を絞められている青年の写真を見て）
これは吉賀賢さんです。当時、専修大学の学生さんで、その頃は全然知りませんでした。僕は三多摩労協で書記をしていて、吉賀さんは当時、北多摩教職員組合の役員で三多摩労協の副議長をやっていらっしゃいました。そのとき砂川闘争の話になって、有名な写真に写っているということを話していらっしゃいました。もう七、八年前に亡くなられましたが。本当におとなしい、決して大きな声で怒鳴ったりするような人ではなくて、こつこつと地道な活動をしている方でした。大きな組合の役員というだけではなくて、若い組合員と一緒に勉強会をやったり、職場の人たちに話をしたりという方でしたね。砂川闘争に参加されてから、亡くなるまでずっと運動をやり抜いた方だと思いますね。

（一九九八年十月二十五日インタビュー／
一九三八年七月八日生まれ）

砂川闘争に参加したおかげで、労働組合が変わっていった

坂田 茂さん
日本鋼管川崎製鉄所・伊達裁判被告団長・
元川崎市議会議員

一九五六年十月十三日に初めて砂川に行きました。一番すごいときで、ボカスカやられました。そのときは日本鋼管川崎製鉄所の一組合員でした。二十六歳でした。十月十三日は秋の賃上げ闘争の最中でした。当時、赤旗を読んでいて、そこに砂川へ激励をという文章があって、それを読んで、デモをやって終わった後、これから砂川へ行かないかと呼びかけたんです。そしたらみんなデモの後で元気ですからね、四、五十人くらい集まったんです。川崎から南武線に乗って、僕ともう一人呼びかけたのがいたのですが、二人で列車の前と後ろから帽子を取って、乗客の皆さん、私たちはこれから砂川に行くんですけれど、是非激励のためにカンパをしてください、とやったんです。そうしたらものすごく集まったんです。電車の車掌が来まして、僕はてっきり文句を言われると思ったんです。そしたら、これが見つかると鉄道営業法違反でひっかかるからまずい、こっちへ来いと言って車掌室に連れていって守ってくれたんです。彼も国鉄労働者ですよね。車掌室で集まったお金をしっかり持って、立川で降りたんです。誰かが通報していたら、どこかで捕まっていたかもしれませんですね。それを守ってくれたんです。嬉しかったですね。とにかくびっくりするほどのお金が集まりました。

立川に着いて初めてだから、行く道がわからないんです。どう行ったらいいのか、市民にきくんです。デモの後だから、みんな鉢巻をしめていました。そのままで砂川に向かうとですね、農家のおばあさんとか、もう両手を合わせて、良く来てくれましたと拝むんです。そこでまたびっくりしたんです。こんなに喜んでくれるとはね。そしてカンパを渡したんです。来る途中の電車の中の話をして、とっても喜んでもらえました。

それからみんながいるところに向かいました。組合側

から動員をかけたわけではなくて、ただみんなで集まっていこうということで、組合の役員は誰もいないんです。みんなでスクラムの中に入っていって、参加しました。畑のところには警察官がみんなヘルメットを被って並んでいて、隊長が号令をかけたんです。連中はみんな白い手袋をはめましてね、一斉に棍棒を持って襲いかかってきたんです。こっちは何もありませんからね、ひっぱたかれる、蹴飛ばされる。警察官が二重三重になってずらーっと並びまして、そこへぶち込まれるんです。そしたらひっぱたかれる、蹴飛ばされる、下から急所をやられる、もう一〇〇メートルくらいやられたのかな。出たときはもうみんな傷だらけ。これはひどいな、という感じですね。雨が降っていました。それがきっかけになって、随分報道されました。今日こういうことがあって、六百数十名怪我をしたということが出たんです。そうすると私たちが何十名砂川に行っているということもみんな知っているんです。そうすると、いくら組合の動員ではなくても行っているんですから、執行委員が砂川に来たんですね。それからうちの組合が砂川支援を方針にしました。

ところが後でわかったんですが、総評から川崎製鉄所にも動員の要請が行っていたんです。ところが、うちの組合は賃上げ闘争に忙しいから断っていたんです。それを私たちは知りませんから自主的に行っていたんです。それで賃上げ闘争が終わってから、正式に砂川基地闘争を労働組合として応援するという方針が出たんです。最初に砂川に参加してやられた組合員は、日本鋼管は大きいですから全国から来てますから、農民の出身がいっぱいいるんですよ。俺たちの実家の土地が取り上げられたら大変だから、行こう、と言って行ったんですよ。そして農民を見て、権力を見て、応援する労働者や学生たちを見て、それから賃上げ闘争でとっても頑張ったんですよ。その後、組合活動も積極的になって。そうした意味で、砂川闘争に参加したおかげで、労働組合が変わっていったし、大きな教訓になったと思いますね。

一九五七年の基地内測量闘争にも参加しました。七月八日の一日だけですが、こういういきさつです。それまでうちの労働組合では三役を指名して決めていたんです。しかしそれは、民主主義にもとるということで、意見書を出したんです。それで、立候補制を取るということになって、私が立候補したら当選しちゃったんです。それが一九五七年三月でした。そのとき他にも二十代の若い人が何人か執行部に入りました。すると、鉄鋼労連から砂川の問題で川鉄からも応援に行ってくれという要請が来たから、前行っているんだからおまえが指揮を執れということで、私が行ったんです。そのときは十一名で行きました。七月八日は労働組合の人もたくさんいました。後で聞いた話だと早朝に学生たちが柵を壊したらしいんです。泊まり込みで。労働者は仕事がありますので、朝早く行けなかったですね。私たちが十一時頃砂川に着いたときはもう柵は壊されていて、有刺鉄線が張られていました。朝からでもうみんな疲れていて、そこへ行って、ヘルメットを被っていったものですから、すぐ前へ行けと言われて。

ヘルメットは、新しい執行部ができて、職場オルグというのを決めたんです。組合員の声を聞いてこようということで。すると、鉄鋼の職場ですからね、危ないです。何が落ちてくるかわからない。それで組合でヘルメットを買おうということになって、組合の部屋に置いてあったんです。それが前年、私は砂川でやられてますからね、そのヘルメットを持って行くことになったんです。砂川ではいや、すごいのが来たという感じでした。裁判ではあれが鉄兜だと言われたりして、でも本当はヘルメットだから、そう弁護士は言い返していました。僕らは安全靴も履いていましたからね、鉄条網を蹴飛ばすのに都合が良いわけですよ。言ってみればデモンストレーションで、本当に基地に乗り込もうというわけじゃないです。鉄条網も針がいっぱいついていますからね。そう簡単には乗り越えられないです。だけど柵が壊れていまして、その向こうに有刺鉄線があるわけですから、三〜四メートル入っていたでしょうね。螺旋状の有刺鉄線は越えてないです。壊れた柵の所に有刺鉄線があって、それを境に警官隊とすったもんだやったんです。

そのときは、逮捕者は誰もいません。社会党と共産党の国会議員なんかいまして、警察の責任者と双方が話し合って、とにかくこの問題は逮捕しないと、私たちの責任でみんな帰させるから、ということで、みんな帰ったんです。私たちも宣伝カーに乗って組合に帰って、一応幹部ですから、委員長、副委員長、三役に、こういうことがあったけど、国会議員が中に入って、逮捕者を出さ

坂田茂さん・ヘルメット姿中央

ずに無事に帰ってきましたと報告しました。そういうことで終わったんです。それで逮捕されるとはとても思いませんでした。

ところが、九月二十一日、事後逮捕です。その前に、警視庁の動きは察したんです。どうも一斉逮捕に行きそうだという情報が入ったんです。僕は執行委員だし、ヘルメットを被って目立っていただろうし、おそらく逮捕されるだろうから身辺整理をしろ、と言われて一応準備をしていたんです。だけど、まさか九月二十一日のお彼岸に来るとは思っていなかった。日本鋼管の社宅に朝五時頃に来ました。四～五人で来ました。寝込みを襲われましてね、令状を見せられて、家宅捜査すると言われて。子供はびっくりしちゃってね。私の母親は、お茶でも出そうか、って言うから、冗談じゃねぇって。家宅捜査されて押収されたのは川崎製鉄所の労働組合の組合証だけですよ。全員で二十三人逮捕されてそのうち九人が川鉄でした。十一人で行って、九人が逮捕されたんです。

鋼管の社宅は独身寮を変えたものでした。それで炊事場も一緒、トイレも一緒、廊下にずらっと部屋がありました。私が顔を洗ったりしている間、刑事がそばにいたんですけれど、向こうはものすごく緊張しているんです。もし私が騒いだら、一斉にみんなが出てきてひどいことになると。それから門を出る前に手錠をかけようとしたんですが、うちは三交代で夜勤がいるんです。夜勤で帰ってくる奴が、手錠を見たら、大変なことになると言ったら、わかりましたと言って、手錠はかけませんでした。そして行ったら、警察の車は外車なんです。警視庁から来てました。すごい外車に乗せられました。

川鉄から他にも二人が起訴されました。全部で七名が起訴されました。一九五九年三月三十日の地裁判決に向けて論戦は弁護団がすごかったんです。海野団長をはじめ錚々たるメンバーで。憲法問題、米軍の果たしている役割、安保条約、実際の現場状況、ということで担当者がいて、ものすごい打ち合わせだったんです。これだけやったら無罪になるだろう、と思いましたね。普通にやったら軽犯罪法じゃないですか、それが米軍基地だからというので、大騒ぎするっていうのはおかしい、とね。

安保条約は憲法違反だという判決までは思いませんでしたけど、あれはとても嬉しかったですね。その後すぐに弁護団と相談して声明を発表するということで、私は団長でしたからやりましたけれど、本当に嬉しかったですね。飛躍上告は、国の政策に大きな影響を及ぼすということでなされたんだと思います。後でそれは知りましたけれど。飛躍上告は二回目くらいだったと思います。それから別の裁判官で地裁の裁判があって、有罪判決で二〇〇〇円くらいの罰金でした。

留置所に入ったのは初めてでした。二十数人の逮捕者を分散して違う場所に入れていました。私は万世橋署です。そこにあと何人かいました。私より年上の人もいましたが、私が組合の執行委員だということで、団長になったんです。当時川鉄は鉄鋼労連の中でも有名な組合で、一万三〇〇〇人の組合員に選ばれたわけですからね。専従の組合員が二十何人、私もその一人です。組合会館がありましてね、講堂や日本間があって会議室がいくつもあって車もあったんです。宮岡さんはそこへ来てくれましたよ。二〜三日拘留されました。他の人はもっと早く釈放されたようです。僕だけが独房でした。朝目を覚まして、顔を洗いに出ていると、僕は三十六番だったんですけれど、おおい、おまえの仲間たちが夕べ夜遅くに出ていったぞ、と言うんです。僕の方をじっと見て、申し訳なさそうに見て出ていったと。拘留は二十四時間以内か、次は七十二時間なんです。僕は専従だったから、長かったんです。執行委員だったし、起訴されると思っていました。でも、川鉄で起訴されたうち、一人は活動家でも何でもなくて、たまたま来ただけだったので、起訴されるとは思いませんでした。松川事件のようですよね。マスコミは共産党弾圧という風にも報道していましたけど。

鉄鋼労連の中にはもっと早くから砂川に行っていたところもあったと思いますね。川鉄は大きいけれどどちらかというとそういうことはおとなしかったから、賃上げ闘争中だし、最初は動員の要請を拒否したんですよね。新聞では日本鋼管川崎製鉄所の労働組合員が逮捕されたということが出て、会社名が出たので著しく会社の名誉を傷つけたということで、私は懲戒解雇になるんです。そういう労働協約があるんです。私は専従で組合から給与をもらっていたけれど、籍は会社にあるんです。執行委員をやめると、元の職場に帰るんです。起訴された三人のうち二人は懲戒解雇で、一人だけ諭旨解雇でした。そして三人で会社を提訴したんです。刑事特別法と並行してやりました。民事ですから長かったです。そして地裁で懲戒解雇は無効だという判決が出ました。私は専従だったけれどあと二人は違いますので無給になってしまう、それで仮処分の裁判をやって、まずそれに勝ちました。同時に私は執行委員だったから地労委から労働組合活動に対する不当な扱いということで、そこでも裁判をやったんです。ですから一時期は四つの裁判をやっていました。そのうち仮処分の判決で勝ったので、地労委はやめましたが、会社との民事裁判も最高裁まで行って、解雇無効の判決が出ました。随分裁判は長かったわけです。

途中、私は執行委員をやめて職場に戻ったことがあったんです。すると、裁判中で判決が出ていないから、職場に来ないで欲しいと言われて、給料をもらいながら、職場に行きませんでした。職場で砂川のこととかいろいろ話されるより良いと思ったんでしょうかね。それから定年まで勤めましたが、途中、籍はそのままで、共産党から立候補して川崎の市議会議員を二期やりました。組合に入っていたから、そういうことができたんです。会社も送っている市議会議員がいたんです。別扱いにするわけにいかないでしょ。その後、会社に戻りました。五十九歳まで勤めました。

砂川に行ったことは、劇的というか、あの流血の闘争でしょ、それから一年後にまた行って、逮捕されるとは、そのときは思いませんでしたからね。執行委員になるとも思っていませんでしたし。でも、逮捕されて懲戒解雇された後、組合員資格はありましたので、執行委員に立候補したんです。このときは三位で当選しましたね。それだけ組合員の意識も高かったということです。うちの組合は企業内組合で労働協約がありますから、会社に入ったら即組合員なんです。でもそういう風ですから、組合員意識が高いかどうかというと、そうは言えないですね。ヨーロッパとかみたいに自分が決めるわけではないんです。日本の組合の問題ですね。でも砂川に参加したりして組合員の意識も変わりましたね。坂田を支持しよう、ということでずっと執行委員をやらせてもらいましたから。私は長く首切りの執行委員だったんです。

息子は昭和三十四年生まれで明治大学法学部でした。裁判闘争の頃生まれたんです。裁判をやってましたけど、懲戒解雇にしても砂川闘争にしてもちゃんと話していなかったんです。あの時代のことを知らないから、社会的な盛り上がりとか、安保闘争とかね、話してもわかるかどうかこっちも自信がなかったし。息子は明治で野球ばっかりやってましたけれど、法学部に入って、そしたら授業で伊達判決が出るわけでしょ、僕は団長をやっていましたからね、本の中に出てきたらしいんです。それであああいう事件だったのか、と新しく興味を持ったらしいんです。それでいろいろと話をしてやって、そういういきさつがあって、裁判のときお世話になった弁護士さんに、息子が法学部卒業してどうするかってときに、まあ野球ばっかりやっていて全然司法試験を受けるなんてこともないけど、法学部卒だし多少は知識もあるんじゃないかなと相談したところ、良いだろうということで、今、法律事務所で働いているんです。これもまあ、砂川の関係あってということでしょうか。

あのとき伊達判決が出て、マスコミが取り上げ、知識人も支持しました。それを考えると、今の周辺事態法案は、安保条約をさらに拡大解釈しているわけで、法的にこんなことを可能にしてしまったら大変なことになると、寒気がしますね。僕らの年代は戦争を知ってます。僕は今年金者組合で組合員をやっていますけれど、同じ年代の者はやっぱり再び戦争なんてまっぴらだと、子供や孫や、あのかわいい孫がね、戦争にやられるなんて大変だ、と。若い人たちよりも危機感を持ってます。恐ろしいですよ。

今、運動が盛り上がらないのは、やはり労働組合の責任が大きいと思いますね。安保条約のとき、執行委員の中で教育担当だったんですが、安保は難しいけれど反対だということで、平和委員会の役員に来てもらって、組合員を講堂に集めて、一生懸命勉強しましたよ。労働組合はあちこちでみんなやりましたよね。それでだんだんだんだん安保の問題がわかってきたんです。そのときは総評が中心でした。でも総評はなくなってしまったでしょう。今は連合で、メーデーに労働大臣が来る。あの頃は考えられなかったですね。そして安保のとき組合で動員されて行ってみて、国会にあんなに学生や女性や大勢集まっている。行ってみて、本当にわかる感じですね。でもそれはなかなか伝わらない。マスコミの責任もあると思いますね。あの頃は、テレビのなかった時代で、我々はやったんだけど、今はテレビで何でも入ってくるでしょ。マスコミの影響は大きいですね。

学生には希望を失ってないです。昔と違って、何だか二分化しているって感じがしますね。まじめな人はまじめで、遊んでる人はとことん遊んでいるっていうか。でも若者は正義感を持っていますからね、きっともっと大きな運動に発展していくと思いますね。砂川のとき僕らは組合から組合費をもらって弁当を食って、なのに学生たちはコッペパンですよ、学生たちに恥ずかしくないか、と思いましたね。あのときの学生の情熱はすばらしかったです。毎日、農家の仕事を手伝って。あのときの全学連はすばらしかった。今も考えると胸がいっぱいになるんです。

今、基地の拡張問題が起こったら、砂川闘争のような形ではなくて、別の運動が起こるんじゃないでしょうかね。保守も割れてますよね。自民党はもう単独でできない。公明党と一緒にやらないとならない。だから、大衆運動と国会での闘いが結合できるところもあるんじゃないか、という気がします。

（一九九九年七月十一日インタビュー／一九二九年六月六日生まれ）

「破ったら血の出るような判決文を書け」

松本一郎さん
伊達裁判陪席裁判官・獨協大学法学部名誉教授・弁護士

一九五九年のいわゆる伊達判決を出したとき、争点になったのは憲法の解釈でした。基地内に入ったことは刑事特別法に触れないということで、もし検察官が軽犯罪法違反で起訴していたら、入ってはいけない場所に入ったということで、有罪になったかもしれません。日米刑事特別法が憲法違反だという考え方をしたわけですね。駐留軍が憲法違反の存在だということで、仮にアメリカ人の兵隊を片っ端から殺していっても罪にならないかというと、そんなことは誰も考えていないわけで。しかも基地のほんの端の方に入っただけで、もしアメリカ軍の施設の中に入っていたら、別の条文だったかもしれないし、日本の刑法でいえば、住居侵入罪ということになるし、そういう問題ではなかった。刑事特別法を憲法違反として問題にした。当然それは憲法問題に反映する。裁判は裁判長だけでやるわけでなくて、三人で論議しながらやるわけで……。いろいろな論議がありましたよ。

伊達さんと私で毎日のようにやり合った記憶がありますね。いろいろな法律上の問題がありまして、日米安保条約が違憲としても裁判所に審査権があるかということで、当然最高裁はそれを否定したわけで、そうした問題をクリアしていかなければならなかった。法律構成のいろんな問題が出てきましたね。伊達裁判長は毎日のように私に宿題を出してきて、これはどうか、この問題はどうか、と聞くわけですね。それを私は調べて、そして答えると、こてんぱんにやられました。非常に頭の良い、明晰な方でしたから。反論に耐えうる判決を書かなければならないということなんです。私が一生懸命調べてきたことを裁判長は潰すばっかりで、何も自分の考えを言わないで卑怯じゃないかと。銀座のバーでよく飲みながらやり合っていましたね。

私は二十代後半、伊達さんは五十代でした。伊達さん

1957年7月8日、立川基地内測量阻止闘争。機動隊と向き合う反対同盟、支援の学生、労働者

は老眼鏡をかけ始めた時期でした。めがねをかけたり、老眼鏡にしたり忙しい人だなと思ったりしました。判決文の中の、憲法で否定している戦力に米軍が該当する、という部分が山だったのではないでしょうかね。それは苦労しました。あれが自衛隊であれば、もっとすんなり書けたと思うんですよね。米軍は全く日本の支配権というか指揮権はないわけですし、確かに戦力なんだけど、でも日本が保持していると言えるのかどうか、そこのところは大変に苦労しました。日本の国内の治安や防衛のことだけでなく、アメリカの都合によって外に出ていけるということが、かえって危険だという認識でした。

そのことで外務省から外交局長さんに証人に来てもらいましたし、そのことにはあまり資料がなくて、弁護人側もあまりそうしたことを主張してくれないんです。でも終わり頃になって、海野先生の名義で出された弁論要旨はそうした問題をびしっと整理してあって、とても助かりました。もちろん海野先生だけではなくて、海野事務所の若い人たちが中心になって、海野先生の指導の下で書かれたんだと思うんですけれど、大変感服するものでした。それまでは勇ましいことばっかり多くて、資料としてはもうちょっと、という感じがしました。

判決文の最初の原稿があるんです。書いたのは私です。鉛筆で直してあるんですが、これは伊達先生です。普通、陪席判事のどちらかが書いて、裁判長が手直しをするということになっているんです。もちろんその前に、先生と私の間でこれで行こう、ということになっていましたが。だったから書けたわけで。これで行けるだろうと、もちろん思って、書きました。もう土壇場になってきてましたし。私は若気の至りというか、勢いだったかもしれませんが、これで大変な問題になる、とそんなに思っ

(日刊) 昭和34年(1959年) 3月30日 (月曜日)

毎日新聞 夕刊

米軍の駐留は違憲

砂川基地立入り事件 全員に無罪判決 東京地裁

楽しい食卓 健康な毎日! 明治バター

1959年3月30日・毎日新聞夕刊（毎日新聞社提供）

てなかったんです。

高裁ではなくて最高裁に飛躍上告されたことについては、確かに当然外交に影響の出ることだったから、とは思いますが、私は全然考えていませんでした。もちろん伊達先生はベテランでしたから、悩まれたと思いますけどね。六〇年の安保改正の直前で、政府としては五九年のうちに片を付けたいと思っていたでしょうね。裁判自体は非常にスムーズに運びました。伊達先生は非常に進行が的確でしたし、退廷なんてことは全くなかったし、すーっと進みましたね。問題は憲法問題でしたからね。被告人が基地の中に入っていないと言ったこともありましたが、問題はそういうことではなかったので。裁判の過程で現場に検証に行きました。ばっちり写真も撮られてますからね。めぼしい人を狙って撮られてますからね、もう証拠はがっちりしているんですよ。裁判所が憲法問題で判決を出すとは被告人は考えなかったのかもしれませんね。

今、憲法状況はだいぶん変わってきています。とにかく事実が先行しているような感じです。駐留軍が戦力かどうかの前に、自衛隊が戦力かどうか、はっきりしても

らいたい。自衛隊が戦力であることははっきりしていますね。しかしこれは法律家の言うことであって、そうでなければ日本の安全は保てないということであれば、それはまさに政治の問題であって、憲法を改正できないわけではないし、もし戦力が必要なのであればそれに合わせた法体制にするのが政治家の務めであるし、それをやらないで、自衛のための戦力は認めているんだという憲法解釈がまかり通っている、そこから言うと、アメリカの駐留問題を超えていると思いますね。自衛隊が違憲かどうかということについては、裁判所はもう政治に従っているような感じですね。事実として自衛隊がもう存在しているので、法律家の立場としては、ちゃんと国民の中で議論していかなければならないと思いますね。

伊達さんは基本的にナショナリストだったと思います。アメリカ軍が日本にいて、日本には指揮権も何もないわけで、それを勝手にされる、というのは、民族の誇りというか、そういうのはどこにあるのか、という気持ちは私にはあったし、伊達さんもそうだったのではないかと思うんです。

現在の地位協定の中にある不平等というか、いろいろな問題は、ある意味外国の軍隊にお願いして日本にいてもらうわけだから、それなりの待遇というか条件が必要になるわけで、とすると必ずしも不平等と言い切れないということはありますね。ただ非常に優遇されているというか。自衛隊の宿舎とか家族の待遇とかと比べて、あまりに違うことは、どうなのか、という気はしますね。

私は元々軍人志望で、熊本県の陸軍士官幼年学校の出身でした。ところが途中で終戦でくびになって、その後は旧制中学に戻って、普通の学生生活です。戦後の平和の中で青春を送ったという感じですね。でも、憲法に関しては、違和感がありました。翻訳調で日本人が書いたものではない。その後、勉強して、内容に関しては評価するようになりましたけれど。

最高裁では十五人全員で破棄の判決となりましたが、それに対しては、まさか、十五人全員ということはないだろう、と思って、悔しくてやけ酒を飲んだ記憶があります。もちろん破られるだろうという予測はありましたけれど、せめて二人か三人か、わかってくれる裁判官がいるのではないかと、淡い期待を抱いていたんですが、もうやる気ないよ、という感じでしたね。伊達先生は、三月に判決を出したとき既に辞表を用意していて、私に見せてくれました。そして所長に持っていったら、所長が受け取らなかったと聞いていますね。ああいう判決を出したから左遷、とかそういうことは全くないです。やめさせられたり、冷や飯を食わされたり、ということもないです。

伊達先生は、その後しばらくしてやめられました。私も裁判所をやめてから先生と一緒に弁護士をやって、大変お世話になりました。今は大学で教えていますが、今の学生たちは受け身というか、あまり主体的ではないという感じで、もっと喧嘩しなきゃ駄目じゃないか、と思ったりしますね。エリート的な人たちには特に言いたいですね。彼らがまた裁判官や弁護士になったりするわけでしょ。主体性がないというか、一般的に沈滞ムードというか。元気な人もいますけれど、あんまりに元気すぎて浮いているというか。

以前司法試験を受ける人向けに書いた本で、伊達先生に捧げて書いた本なのですが、序文に伊達先生の言葉を引用したんです。憲法問題に限らず、被告人に懲役何年とかそういう判決を下すわけでしょう、伊達先生は「破ったら血の出るような判決文を書け」と言われたんです。そういう裁判官になって欲しいと思って書いたんですけれどね。ただ事実を法律に当てはめて機械的な形式的な判決を下すのではなく、そのときの被告の人間性をとらえて判決をするように、ということだと思いますね。その点、伊達先生は砂川に限らず、ぐうっと心をつかむような裁判をされました。私は本当に伊達先生のような裁判官になりたいと思いました。

裁判官と弁護士の交流とか、あまりに世間や社会を知らない裁判官は多いようには思いますね。でも私のように世間を何も知らずにすうっと行ったから、ああいう思い切った判決を出せたのかもしれませんね。人によって国を負かすような判決を出したりするのだけど、訟務検事にしても、一般的には問題があると思いますね。国側の代理人とだけ交流があるというのはおかしいと思いますね。少なくとも原告からすると変な気がしますよね。

伊達さんは人間性にあふれた人でしたね。弁護士をやられて、社会党の支持者でもあったので、市長選挙に出ないかとか、参議院とかいろいろ言われたようですが、でもそんなお金はないと奥さんが反対されたと聞いていますね。伊達さんの全盛時代はやはり東京地裁の頃だと思いますが、弁護士をされてからも、例えば被告が暴力団がらみだったりしても、その人たちの気持ちをぐっとつかむような弁護をされていましたね。そして私をよく鍛えてくれました。こてんこてんにされるんだけど、その後そこから引き上げていく、とてもすばらしい教師であったと思います。

（一九九九年五月二十日インタビュー／一九三〇年十二月十五日生まれ）

接収された土地が、滑走路を壊し、更地で返ってきた

青木直之さん

反対同盟行動隊長故青木市五郎さん長男

基地の中の土地には植木があります。桜と欅です。一九四五年に米軍に接収されたとき、自分はまだ若いときでしたけれど、無断でブルドーザーが土地をならし始めたことを覚えています。その後、父は米軍司令官のところに接収確認書を取りに行きました。他にも接収された人はいたけれど、確認書を取りに行ったのは父だけだったようです。

そして一九五六年に返還訴訟を始め、一九七六年四月に和解になりました。米軍の滑走路を壊して、土を持ってきて埋めて、更地にした状態で返ってきました。一九七六年七月三十一日に返ってきました。土地が返ってこないと思っていたのが、返ってきたので、夢を見ている

ような感じでした。最初は二ヶ所で三三アールでしたが、一部東京都の道路用地となりました。父としては、基地の中に土地を取られて、そのまま使われるということは許し難かったでしょう。

今は調整区域唯一の農地です。植木以外、キャベツとかそうしたものを作るのは、手間がかかりすぎるので、植木にしています。今、拡張予定地だったところに一二アール、栗の木が植えてあります。妙法寺の記念碑も建っています。区画上は生産緑地とされています。跡地利用については、平和利用に、ということで考えています。跡地はそのようにした方が良いです。

砂川闘争のときは、国を相手に闘うということで、大変なことだったと思います。父は人の言うことを聞かない、我が強い性格でしたね。殴られたことはないけれど、よく小言を言われましたね。

「土地に杭は打たれても、心に杭は打たれない」、という名言ですが、特に俳句とか何かやっていたわけではないです。当時は桑の苗の生産と販売をやっていました。自分から言うと祖父の時代からです。養蚕もやっていました。昭和十二年、十三年の頃、この辺はまだ東京府でしたが、東京府知事から一等賞を受けたことがあります。他には陸稲の栽培も。私は今六十九歳ですが、ずっと農業をやってきて、何しろ自然を相手の職業ですから、自分で相場がつけられない、そういう点で有利じゃない職業という感じがします。この先、倅《せがれ》は立川市役所に勤めているので、これからどういう考えでいるか……。江戸中期からずっと代々農業でしたが、まあ倅次第ですね。

（一九九六年十一月六日インタビュー／
一九二七年十二月二十三日生まれ）

【参考】

桑は砂川のいのち

青木よし（五十一歳・青木市五郎さん妻）

（砂川の母と子らの文集「麦はふまれても」全日本婦人団体連合会、
昭和三十一年二月二十二日発行より。ご遺族転載承諾）

「砂川の桑苗は冬を越しても枯れない」といわれております。

全国の農家で養蚕をしているものなら、砂川の桑苗を知らないひとはいないでしょう。がっちりと固くしまった砂川の桑苗は、どんな土地に移しても、その土地によくなじんですくすくと成長し、豊かな桑の葉を青々と茂らせるのです。桑が良いために砂川では養蚕がさかんになり、一ヵ村あての収繭高では、全国一といわれております。

砂川の名物といえば、町筋のケヤキ並木と桑苗、さつまいもと麦、というのが誰もが挙げる産物です。私の家では代々、桑苗を家業にしており、今では国内だけではなくビルマ、インド、パキスタン、レバノンなどへも桑苗を輸出しております。戦後の接収があるまでは、三町五反ばかりの畑を耕作していました。

主人の話では、大正八、九年頃の砂川からは、毎年千三百万本ほどの桑苗が出されたそうですが、今ではわずかに百五十万本しか出ません。たびたびの土地取りあげでこんなに減ってしまったのです。日本一といわれる砂川の桑苗はだんだん拭減ってゆくばかりなのでした。

桑苗は連作をきらうものなので、一年作れば、そのあとは中三年ぐらいは土地をあけてやらねばならないのです。だから一町五反の土地をもっていても、せいぜい二反か三反の桑苗しか作ることができません。それ以上作ると、やくざ桑苗が出来てしまうのです。

砂川特産の桑苗は、よその土地では絶対にできません。それというのも、砂川の土地がやせた土地で、そのため固い桑苗が育つ、なまじ土地に力があると、やわらかい桑苗しか育たないのです。

「金持の家にはよく道楽息子ができ、貧乏な家には堅い息子ができるようなものだよ」と、主人はよくたとえ話を申しております。

やせた土地で育った桑苗が、冬を越しても枯れない強い苗として成長するということは、私たち農家の者の運命にも似ているように思われます。

主人はいま、接収地地元の行動隊長をつとめて、一生懸命に頑張っておりますが、基地の問題で主人が闘うのは、これがはじめてではありません。

忘れもしない昭和二十一年の二月のこと、とつぜん何の前ぶれもなしに、米軍がブルトーザーで、飛行場に接した農地を麦も桑もいっしょくたに掻きとってしまいました。私たちは声も出ないほど驚きましたが、鉄砲をかまえた兵隊がいるので、どうすることもできません。ちょうど月夜の時分でしたから、夜になるのを待つて、こぎとられた桑苗を拾ってきたときの情けない気持といったらありませんでした。

村長さんは「日本が負けたのだから、アメリカにとられるのは仕方がない」といって、相手になってくれないのです。

しかしそんなことでウヤムヤにしていたのでは、先祖伝来の土地は、何が何やらわからぬままにアメリカの基地に取りあげられてしまいましょう。そのようなことになるのを恐れた主人は、村の皆さん方とは何度も寄り合いをして相談した末、とうとう皆さんの代表として、たった一人で基地の中へ乗りこむ決心をしました。

「それだけはやめたがええぞ。やたら基地の中へゆけばどんな目にあうかわからねえ」といって、皆さんが心配してくれました。

「いのちがけでやってみべえ」と、固い決意をもって主人が家を出てゆくとき、ほんとうにこれが最後になるかと思って、私は涙がこぼれてなりませんでした。

こうして基地の中へ入っていって、司令官に面会を求めること五回——やっと五回目に、主人は司令官と面会することができて、持って行った農地の図面を拡げて「砂川農民の土地をこれだけ接収したということを、ハッキリさせてほしい」と、主人は交渉したのでした。すると、司令官は航空写真を持ってきて、こちら側の図面と照し合せたのち、「五分間待つてくれ」と主人に言い残して、ジープで接収地を一廻りしてきてから、一週間ののちに、正式に砂川の土地を接収した

故 青木市五郎さん(新海覚雄氏撮影)

という通知が届いたのでした。

今思えば、何ともないことでしたが、あの当時の戦後の混乱の中では、単身基地へ乗りこんでゆくということは、ほんとうにいのちがけの事でした。その結果、ほんの税金ほどの賃貸料が支払われることになり、昭和二十八年になって、ようやく反あたり一万三千円で貸すようになったのでした。

しかし、これとても満足なものとは、とうてい言えません。砂川では「土地を一町もっていれば、四、五人の子供は育つ」といわれているのですが、一町十三万円のお金で、四、五人の子供を育てることができるでしょうか。

こんな有様で過してきた私たちは、新規の拡張どころか、今までに貸してある土地を返せといって、交渉したいとさえ考えております。主人も、基地のことでは十年前から、いのちがけで苦労しておりますので、これからもなお一層頑張ると申して、元気いっぱい励んでおります。

青木市五郎は、沖縄の反戦地主の中に生きている

弁護士
榎本信行さん

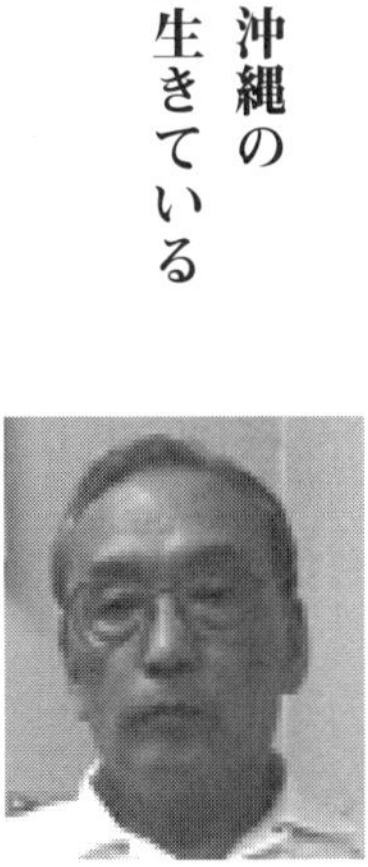

砂川闘争の当時、私は早稲田大学二年生でした。まだ教養学部で、法律というよりも、一学生として、地元だし、基地拡張には反対だったし、自分の関心で行きました。まだこのあたりは、舗装されていない道路で、民家との間の堀なんかも残っていました。警官隊がやってきてもすぐ民家へ行けない、橋を渡らなければならなかったことを覚えてます。炊き出しとかあって、お握りを食べたね。
おばあちゃんやおじちゃん、おばちゃん、農家の人たちもすごくちゃんとした話をするわけ、平和憲法の話。学生たちにちゃんとわかってもらいたいという気持ちだったんでしょう。ただ自分たちの土地が取られるから、

滑走路の一部を含む青木市五郎さんの土地約3900㎡は、コンクリートを撤去、畑土の覆土、整地をした上で、1976年7月31日、31年ぶりに返還された。(東京都情報連絡室提供)

地域的な利害で反対だというのではなくて、平和のためという、大義を説明したかったんじゃないかと思います。

僕は全くの一学生で、砂川闘争が学生運動との出会いのきっかけでした。法学部で大学院に行ってから、学生として伊達判決についても勉強しました。院生として裁判に関わるようになって、判決が出るまでやっていました。青木市五郎さんの基地内土地返還の前、拡張のための収用認定取り消しの訴訟からです。収用委員会のときは防衛施設庁が出てきて、拡張について云々言うと、我々はベトナム戦争のことを出して、批判していた。

都知事に美濃部さんが当選したことも大きかった。収用委員会は都の組織だからね。そのうちに、アメリカの方が、拡張中止を発表した。青木さんの土地返還裁判だけが残った。僕が青木さんはすごい、と思ったのは、基地の滑走路の舗装をはがして、農業用の土を入れさせて、返還させたこと。農民根性というか、すごいと思った。そして入り口から土地までの道もつけさせて。幅何メートル以上、ってことも決めて。

砂川の闘争で、基地に土地を取られていたのは反対同盟で七人だったけど、返還闘争は青木さんだけだったね。

あとの人は、売ったりして、抜けてしまった。和解、というけれど、返せ、と言って国が返したんだから、勝利ですよ。裁判では、土のこととか書けないでしょ、道路のこととか決めなきゃならなかったから、和解ということになったけど。実質の生活上のことを決めなければならないから。和解という言葉だと地味かもしれないけれど。

公告縦覧を宮崎伝左衛門さんが拒否した、そして都知事が裁判をする、最高裁は町長の意見を聞いて決めろと言った。今回の沖縄の大田知事で注目されているけれど、沖縄で砂川の経験が生かせるんじゃないかと思うし、今回はこのことで砂川闘争が生き返った感じだね。琉球新報や沖縄タイムスの記者が取材に来たり、特集を組んだりして、そういうことが砂川闘争が今も生きていることなのかと思って、僕は嬉しかった。やはり今の沖縄の反戦地主が基地を拒否している。青木市五郎はその先輩に当たるんじゃないかと。青木市五郎は沖縄の反戦地主の中に生きている。防衛施設庁に良い土を入れさせた、それは英雄譚みたいな話かなと思う。

伊江島の阿波根昌鴻さんは宮岡さんとも懇意だったみたいね。もう九十歳を超えていらっしゃるけれど（二〇〇二年三月二十一日に一〇一歳で他界）。阿波根さんは青木さんと似ている感じ。働き者で、農業に熱心で、生活基盤をきちんと確立させている。だから考え方も、抽象的な平和論ではなくて生活に根ざしている。あまり派手なことは言わないんだけれど。そして絶対投げないね。青木さんもそう。青木さんはよく記者会見で手を見せていた。手が農民の手なんだよ。この手で頑張る、土地を取り戻す、と言っていた。細かい理屈は先生方がやってくれる、俺はこの手で頑張ると言っていたね。宮岡さんは頭のいい人で、理屈も言える人だった。市五郎さんと宮岡さんで良いペアだったね。

立川基地の有刺鉄線のフェンスを蹴り上げる反対同盟他

日米地位協定は日米安保条約とセットで、条約に付属した具体的な内容、手続き的なことを書いてある。安保条約に書いてある、米軍は日本の基地を利用できるということの具体的な中身があって、基地は日米間の地位協定で別途決められるとか、米軍は道路などを優先的に利用できるとか、米兵が犯罪を起こしたときの取り扱いとか、ね。基地の中は日本の警察の管轄外だから、犯罪を起こした米兵は基地に入っちゃうでしょ、そしてそのうち本国に帰ってしまう。

思いやり予算と言われる基地内の公共費は、地位協定では決められていない。砂川闘争のときは、行政協定に基づいて日本が国内の土地を提供するための国内法、民事特別法や刑事特別法に対して闘われた。砂川の場合、伊達判決は刑事特別法、強制的に土地を取り上げたというのは民事特別法で、強制的に測量するというのは、元々この行政協定から来ていた。数年前にできた新ガイドラインに基づく周辺事態法、あれは特別法とは別に作ってるわけ。これは国内法。日本とアメリカの間のものは、日米ガイドライン。これを国内で適応させるためのものが周辺事態法。まだ周辺事態は起こっていないけれど、国民に対して法律違反で迫っている。

このあたり、横田基地にしても、若い世代にとっては生まれたときからあるでしょ。既存の基地、という感じなのかな。新ガイドラインもどうも他人事のような。でも僕は、新しい事態、具体的な状況があれば、それに対する運動は起こってくると思うね。砂川闘争のときも、立川市は米軍基地で潤っていたから、反対ではなかったんだ。でも、地元の農民、全国の学生・労働者は反対だった。だから今も、具体的な問題が起これば、そう捨てたものではないんじゃないかな。昔よりも、生活とか権利とかそういうことに対しての意識は、あの頃よりも高まっていると思うよ。

あの頃はやはり砂川の農民たちは基本的に保守的だったし。あの闘争は基本的には土地を守るという意識、農民根性だよ。平和主義がどのくらいだったか。むしろ、農民意識が最後まで運動を支えてた。社会党、共産党、大嫌いという土壌だよ。

今の方が、人権意識が強くなっている。でも問題は、そういう意識をまとめるセンターが今ない。政党は割れて、まとまってやろうとしないし。労働組合も、市民組織も弱くなっている。不当解雇なんか、昔は労働組合がやっていたのに、今は連合はやらないから、弁護士会がやってる。

基本的には権利意識が高まっているという実感を僕は持っているけれど。国民もみんなやろうという気にはなってないのかな。みんな何とか食べて裕福になっているからね。戦争の体験が身にしみてないのかな。豊かになったことが良かったのかどうか。昔の写真を見ても、学生も労働者もいい顔をして写っているよね。

この間、憲法裁判について大学の先生に頼まれて、学生に話したんだけど、砂川闘争なんて生まれる前のことで、全然ピンと来ない、と率直に言ってましたよ。じいちゃんばあちゃんの昔話になってしまう。でも、沖縄では実感がありますよ。これから日米ガイドラインがどうなっていくのか、ということでもあるね。

昔は砂川裁判のときも横田裁判のときも最初は、日本政府は冷戦が前提で、ソ連が攻めてくるから米軍は必要だと言っていた。今は北朝鮮、台湾、中国、と言うけれど、一方、韓国やフィリピン、日本の周辺の米軍基地は返還されていっている。やっぱり国民がちゃんと「米軍は要らない、出て行け」ということをやっていかないとね。

（二〇〇〇年七月二十三日インタビュー／一九三五年一月十三日生まれ）

【参考】砂川事件当時の米軍用地の強制取り上げ

砂川事件は、一九五五年に政府がアメリカから要請されて立川基地を拡張すると決定したところから始まったが、拡張予定地は砂川町民の土地であるから、町民が同意しないと政府は、土地を米軍に提供できない。町民は、大反対していたから、政府は、強制的に土地を取り上げるしかなかった。その法的な体系を説明しておく。

まず、六〇年安保の前であるから、旧安保条約第三条で、米軍の日本駐留に関する条件は、別途行政協定によると規定されていた。それによって、日米行政協定が締結された。今の日米地位協定の前身である。この行政協定は、日米という国と国との協定であるから、国民と直接は関係がない。そこで、「行政協定の実施に伴う土地使用特別措置法」という法律があって、この法律で米軍基地用地を強制収用するための手続きが決められていた。この手続きでは、土地収用法の手続きが大体そのまま適用されている。土地収用法では、政府が米軍基地を収用してもらいたいという申請を都道府県収用委員会に出して審理してもらうことになっている。砂川でもこの手続きがなされたのである。この申請書には、収用する予定の土地の図面を付けなければならないが、その図面作成のために当局が行おうとした測量のときに起こったのが、流血の砂川といわれる大闘争であったわけである。

手続きの中で、東京都知事が宮伝（宮崎伝左衛門）町長に図面の縦覧を命令したが、これを町長が拒否したのが、裁判になった。この裁判は最終的に砂川町が立川市と合併になるまで続き、立川市が上告しないで収束した。

（弁護士／榎本信行）

立川の今日の発展は砂川闘争のおかげ

青木 久さん

反対同盟企画部・現立川市市長

宮崎町長が当選してすぐ拡張の提示があった。私が町の収入役になったのは昭和三十二年の一月で、闘争が終わってからなんだよ。

宮崎町長が初めて当選した、その五日後に基地拡張の提示があった。これだと、闘争が始まらないだろう。一部の区域だけだから。そこで知恵のある人がいるわけだよ。郵便局長の志茂さん、その前の天城さん、網代さん、そういう人たちがね、この闘争の知恵者なんだよ。そこでどうやったかというと、これは反対ですよ、と。こっちなら良いですよ、と国へ提示したわけだよ。五日市街道に沿って、砂川全域にかかるように。こういう風な滑走路なら賛成いたします、と提案したわけ。ところが、これは、こっちに横田基地の滑走路があるわけだから無理なの。だけど、調達庁はこの案に乗ってきた。そしたら、砂川じゅうが、この闘争に立ち上がったわけ。

そして俺なんかは、おまえは企画部へ入れ、ってことで参加したの。収入役になる前。そして集まっては、どうやって警察官とぶつかったらいいか、とか天城さんが指導するわけ。俺は企画部にいたわけだけど、現場がどんな風になっているかはわかっていた。そして衝突があって、何となく、闘争は終結みたいになっていくわけ。

三十年の町長選挙は若松さんが都議に立候補して、その後に助役だった砂川三三《さんぞう》さんが立候補、宮伝さんとの一騎打ちで七票差で宮伝さんが勝つ。それで若松さんのときの収入役の一番（地名）の豊泉さんが辞めて俺がなることになったわけ。

砂川の選挙っていうのはとっても厳しいの。砂川北部では票が固定していて全く動かない。動くとしたら南の方だけ。そこが砂川の選挙の天王山。保守系はあの頃負けたことがなかった。前の晩に万歳をして解散してしまったくらい。選挙が始まりもしないのに勝ったなんて、とんでもない話でしょ。ところが宮伝派はそれから南部を一軒ずつ戸別訪問して、結局七票差で勝ったんだよね。そしたら勝った途端に国から基地拡張の提示があったわけ。そのときは俺は若松派だったんだけど、口が少し出過ぎているからって、狙われて。そのうち肝心の若松さんは都議で負けちゃって。俺は出納やっていたから書類書きをしていた。そしたら町長に呼ばれて、手伝いをしろと言う。一応、俺は断ったね。そしてまた今度は町議会議長の小林皆吉さんが家に来て、両親に向かって、倅に町の手伝いをさせろ、と言う。小林さんと親父は同級生だったから、良いですよと言っちゃって。でも俺はその前の収入役が四十代でいるわけだから、嫌だった。荒井の親父も「おまえ、なんだ、宮伝にだまされて」なんて言う。でも鳴島さんに「良いよ、宮伝の手伝いに行け、この次の選挙はこっちが絶対勝つから、それまでこっちの代表として手伝いに行ってろ」て言われて。そういういきさつで収入役になった。

企画部で一番偉かったのは、砂川人の性格として、四番（地名）だけ拡張計画が提示されると、四番だけの仕事になっちゃうわけ。それで考えられないけれど、全部が入る計画なら良いですよ、と言った。そしたら町長をはじめ、町全体が入っちゃう。それで宮伝が反対同盟の中に入っていったわけ。俺も宮伝ではなくて他のグループだったけど、その代表として企画部に入ったわけ。でもだんだんと脱落しちゃったでしょ。反対闘争の人たちだけ残ったわけ。

収入役の前は教員をやってた。でも農地改革になって、家に誰かいないと困る、っていうわけ。親父も女学校の先生をしていた。もうちょっとで定年って年。親父がおまえは百姓の家に生まれて、電子工学なんて勉強しても困る、この家を守れ、って訳で。俺は次男だったけど兄貴が死んで上になっちゃった。それで家に残った。そうして、町を手伝ったりしていた。

だから一番の功労者は、東西方向の滑走路の案を出した企画部の志茂さんと天城さん。この二人が中心だった。それを宮伝さんが申し入れて、町全体の闘争になった。四番（地名）だけだと砂川人の性格として四番以外はやらない。でも結局横田と上空でぶつかるから、無理な案で、元に戻っちゃった

宮伝さんは小作派で、小作の立場を守る、農地改革を進めていくという政策だった。砂川自体は本来、保守的な土地柄で、若松さんが強かった。宮伝さんは若松町長の時代は一度も選挙に出なかった。教育委員や農地委員とかをやっていた。砂川三三さんが町長選に立候補して、初めて宮伝さんも選挙に出た。

それから八年経って立川市との合併。昭和三十八年だった。宮伝さんは三十七年十二月の議会で野党から、今度の合併条件を町長はどう思うかという質問があって、宮伝さんは「不満である」と言って、がくっと脳出血。その後も寝かせていたら、大丈夫と言っていたんだけど、お医者さんが来て、注射をしたらいびきをかき出して、そのまま翌日亡くなったんだよね。

それから後は、また選挙だったけれど、宮伝さんの方は砂川昌平君、野党は鳴島さんを立てた。でもどっちが勝っても合併だということで、それならこの間の選挙のときから苦労している砂川三三さんが良いんじゃないか、ということになって、二人は下ろされちゃった。後は勤労者組合の萩原一治さんだけ立って、三三さんは合併のためのいわば暫定の町長として立った。三三さんが当選したけれど、初めてだし、助役になった昌平君も慣れなくて、結局俺が合併条件をまとめて立川に出したら、結

当時の青木久さん・左端、前列右から3人目が宮崎町長

構です、ということで合併。三三さんは三ヶ月だけの町長だった。俺はその後、立川市の副収入役になった。でも、しゃべってばっかりで遊んでたから、翌年の一月から建設部を手伝えと言われて、それが南口区画整理にかかわるようになったきっかけだった。

一九五五年、五六年の砂川闘争を見ていて、農民の団結は異常なものだったね。農地を守らなければならない、基地には絶対渡さないという、その強い信念はみんなにうかがえたね。それに外部の力が加わった。いわゆる労働組合。その力がさぁーっと応援に駆けつけたんで、農民の土地を守るという、我々の感覚でしても、農民があれだけの強い意志は最初からは持てないんだよね。だけど、やはりお母さんたち、娘さんたち、家庭を守る人たちも、誰がどう教育したかわからないけれど、中心だった志茂さんや天城さんたちの指導かもしれないけれど、お母さんたちが何としてもこの土地は渡せない、基地拡張のために渡せない、という気持ちが芽生えたんだ。そこに労働組合がばぁーっと来て、その後押しがあったから。うちの家内なんかも、あの頃学生で下宿なんかしていたけれど、あの闘争に並んだもんね。女性の力というのは非常に強かったんじゃないかな。戦後、十年くらい経ていたけれど、自分たちで自分たちの暮らしを守ろうという意識が芽生えていた時代じゃないの。割烹着着て鉢巻しめて座っているあの姿に、他の女性が感動して参加したんじゃないの。そういう強い力っていうものを感じたな。だから、今、あの闘争のおかげですよ。立川が今こんな風になっているのは。基地になっていたらあり得ないよ。昭和記念公園だって。闘争のおかげですよ。

あのときの地域の農民の苦しさっていうのは、まあ農民はあまり裕福ではないから、その上土地を取られてしまうっていうのは、おまけに米軍の飛行機のためだというのは、本当に農民の気持ちが爆発したんじゃないかな。それとよそからの応援。だから我々通常では想像できないような力を発揮したんじゃないの。

だから私は東西方向の滑走路の計画を出して、砂川じゅうの闘争を作った砂川人の知恵があって、成功したと思うよ。砂川全体を立ち上がらせたことが成功の一番の原因じゃなかったかと思うよ。

（一九九九年八月十七日インタビュー／一九二五年五月二十八日生まれ）

昭和三十年九月

立川基地拡張反対斗争資料 第一輯

東京都北多摩郡砂川町
砂川町基地拡張反対同盟

ここに収録した「立川基地拡張反対闘争資料　第二輯」は、「砂川町基地拡張反対同盟」が一九五五年（昭和三十年）九月にまとめたもの。同闘争の始まりである五月四日から八月末日までの四ヶ月間の出来事が日誌風に細かくまとめられている。

同資料は、当時早稲田大学の学生で、闘争に参加していた江尻健二さん（千葉県館山市）から五年前に「砂川を記録する会」に寄贈していただいた。江尻さんによると、その頃、同闘争をテーマにした演劇を上演するつもりで砂川町関係者から譲ってもらった資料の中にあり、長いこと江尻さんが保管していたという。B5判、わら半紙一一〇ページのガリ版刷り。文責は同反対同盟企画部・砂川昌平町議会議員だ。

砂川家は代々名主の家で、昌平さんは十一代目だった。砂川の新田開発は、残堀川上流の村山郷岸村に住む村野三右衛門が幕府に願い出て、一六二七年（寛永四年）から本格的に開拓が始まったといわれている。砂川家はこの村野家の末裔《まつえい》で、四〇〇年近い歴史を持つ。同資料は昌平さん（一九二六年生まれ、一九九五年四月他界）が二十九歳の時にまとめたことになる。

名主の家には、代官所からの行政指令・伝達を書き残した「御用留《ごようどめ》」が伝承されている。昌平さんは、そういった名主の家に生まれたためか記録することが好きで、早稲田大学文学部で西洋史を専攻。カメラも好きで、砂川闘争の様子も多く撮影している。

一九六三年（昭和三十八年）、砂川町が立川市に合併されるとき、昌平さんは砂川町の助役だった。町として最後に出版した『砂川の歴史』にも写真を提供している。

砂川家十二代の一史さんは一九五五年六月四日生まれ。今度見つかった資料を見て、「見たこと、聞いたことを書き残すというのはいかにも父らしい」と思ったという。「歴史は科学、写真は記録とよく言っていました。記録することは本人の務めと思っていたんでしょう」「父は、家庭の中では砂川闘争の話はあまり語りませんでしたが、貴重な闘いだと思っていたでしょう」と一史さん。

「砂川闘争」は、数ある米軍基地拡張反対運動の中で、唯一住民が勝利したものとして高く評価されている。特に基地問題を多く抱える沖縄県では、砂川闘争はよく知られている。この資料が、基地反対運動や平和運動、そして立川の街づくりに少しでも役立つことを、砂川家として願っているとも、一史さんは言う。

※「立川基地拡張反対闘争資料　第二輯」は、明らかな誤字・脱字、事実誤認の箇所、及び旧仮名づかいの修正以外、原文のまま掲載します。また、印刷が不鮮明で判読不能な箇所については空白のまま掲載します。

新宿より約四十五分、中央線立川駅いわゆる国際都市立川の表玄関北口に降立ち、アメリカ西部の街を思わせる様な雑駁な屋並と石ころだらけの広場の片隅から箱根ヶ崎行のバスに乗る。原色にいろどられた市街地を抜けると、凸凹道路、これが「宿命の町」砂川と立川を結ぶ唯一の経済路すなわち、都道第九十三号である。

ここからが私達の郷土砂川町である。もうもうたる砂ホコリをあび乍ら左側の窓ごしに鉄条網によって囲まれた広大なフィンカム基地の一部が見える。その中で今米軍宿舎が昼夜兼行で工事を急がれている。右側は砂川町の住宅街が散見出来る。やがて大欅の並木道の四ツ角にでるとおよそ附近の住家とは不似合な坦々たる立派な完全舗装道路これが昔から有名な五日市街道（都道四号線）である。この舗装道路が行政協定道路で、これを左に折れて七番から六番（部落名）と五日市に向ってのぼると次が五番ここから現在基地闘争が展開されている地区で（第一案）五番、四番と両側の家々の入口には立入禁止、基地拡張絶対反対の立看板と鉄条網がものものしく張りめぐらされている。

今や砂川町は、さかのぼること三百五十年前、吾々の祖先が原野を切り拓いてより、以来えいえいと営農にはげみ、その歴史に育くまれて来た平和な町は戦争への犠牲になろうとしている。そもそも大正の初期より十数回の接収に次ぐ接収で二百五十町歩の農地を奪われ、今日の農家経営は明け暮れの文字通りすさまじい爆音に、或いは爆風になやまされながら必死の努力でようやく支えている状態である。然し乍らその苦しみも燃えるが如き郷土愛と土地に対する強い愛着によって十分つぐなわれているのである。

その事が終戦と同時にブルドーザで作物ごとけずり取られた米軍に対する反感と憎みさえ消して来たのに、今度は町を二つに分断し、経済的にも行政的にも根底より壊滅させる様な計画を押付けているのである。すなわち、交通の杜絶は町の経済を根底から破壊し、合せて通学も出来ないし、勿論通勤も不可能になる。従って産業も成り立たず文字通り「おらが町」砂川の存立は危殆に瀕するのである。あまつさえ吾等の父祖の霊のねむる墓地まで奪い去ろうとしているのである。

世界は挙げて平和への大きな動きを見せているのに、何故に特にせまい日本ばかりが基地のなやみを持たなければならないか。それには種々と思想的なもの、政治的なものもあるだろう。然し乍らこの様に吾々の祖国である愛する町を断じて売ることは出来ない。

このことが全国まれに見ると云われる強じんな反対闘争に発展させ、憲法に於いて保障された健康にして明るい文化生活と云う夢の如きものではない。生きる為の最低のものを守る為の闘いであることを知り全町あげて最后まで闘う決意を固めさせた所以である。

鉄の如き団結は固められた。共闘態勢も出来た。闘いは益々強固になるばかりである。この資料は吾等の郷土砂川の紹介と、闘争の為の記録である。

一九五五年九月

北多摩郡砂川町

立川基地拡張反対闘争委員会

一　砂川町の沿革

砂川町は、東京都のほぼ中央、即ち武蔵野台地の西方狭山丘陵と多摩川との中間に位置し、五日市街道の両側に拡り、東西に細長く、その長さ二里五町、南北は最も長い所で二十三町である。

江戸時代以前、砂川町は、飲料水に乏しいところから、長い間無住居地帯であった。この町が開拓される様になったのは、徳川家康が江戸に幕府を開いてからであって、今からおよそ三百五十年前の事である。

最初に出来たのは、一番組から八番組（部落名）までであった。慶長年間（一五九六～一六一四）に村山村岸の百姓村野三右ヱ門が幕府の許しを得て、人々を集めて開墾したものである。ここが発達したのは、残堀川が流れていたからで、初めはこの川の水を飲料水に用いたらしく、砂川の名も、残堀川が砂川とも呼ばれていたことから起ったと謂われる。承応三年（一六五四年）玉川上水が通じ、ついで三年後の明暦三年（一六五七年）砂川用水ができてからは、戸数も増加したらしい。

その後、村は東方にのびて、享保十年（一七二五年）頃から、田堀（現在の九番）及び砂川前新田（現在の十番）ができた。この頃西方に殿ヶ谷新田、宮沢新田、中里新田の三新田ができた。三新田は、今総称して、西砂川と呼ばれている。同じ頃南方へは、九番の人が出て、八軒部落を開き、その西側と東側に、大和町芋窪の人が開いた芋窪新田ができた。八軒と芋窪新田は合していま南砂川と呼ばれている。

町は行政上、もと武蔵国多摩郡に属していたが、明治元年韮山県となり、明治四年十一月、神奈川県に編入、更に明治二十六年、神奈川県から東京府に編入され、昭和十八年東京都に改められた。

砂川新田、前新田の称を廃し、同十二年には、芋久保新田、殿ヶ谷新田、宮沢新田、中里新田等を合併して、新田の称を廃し村になり、昭和二十九年六月三十日町制を施行した。

なお隣接立川の軍事基地化にともない、七番八番と南砂川の中間に新たな住宅地域が生れた。従って現在の砂川町は大きく分けると二つの地域となる。

1　農耕地域（一番から十番まで、西砂川、南砂川）
2　住宅地域（南部、江の島、東栄、朝日、新生、中

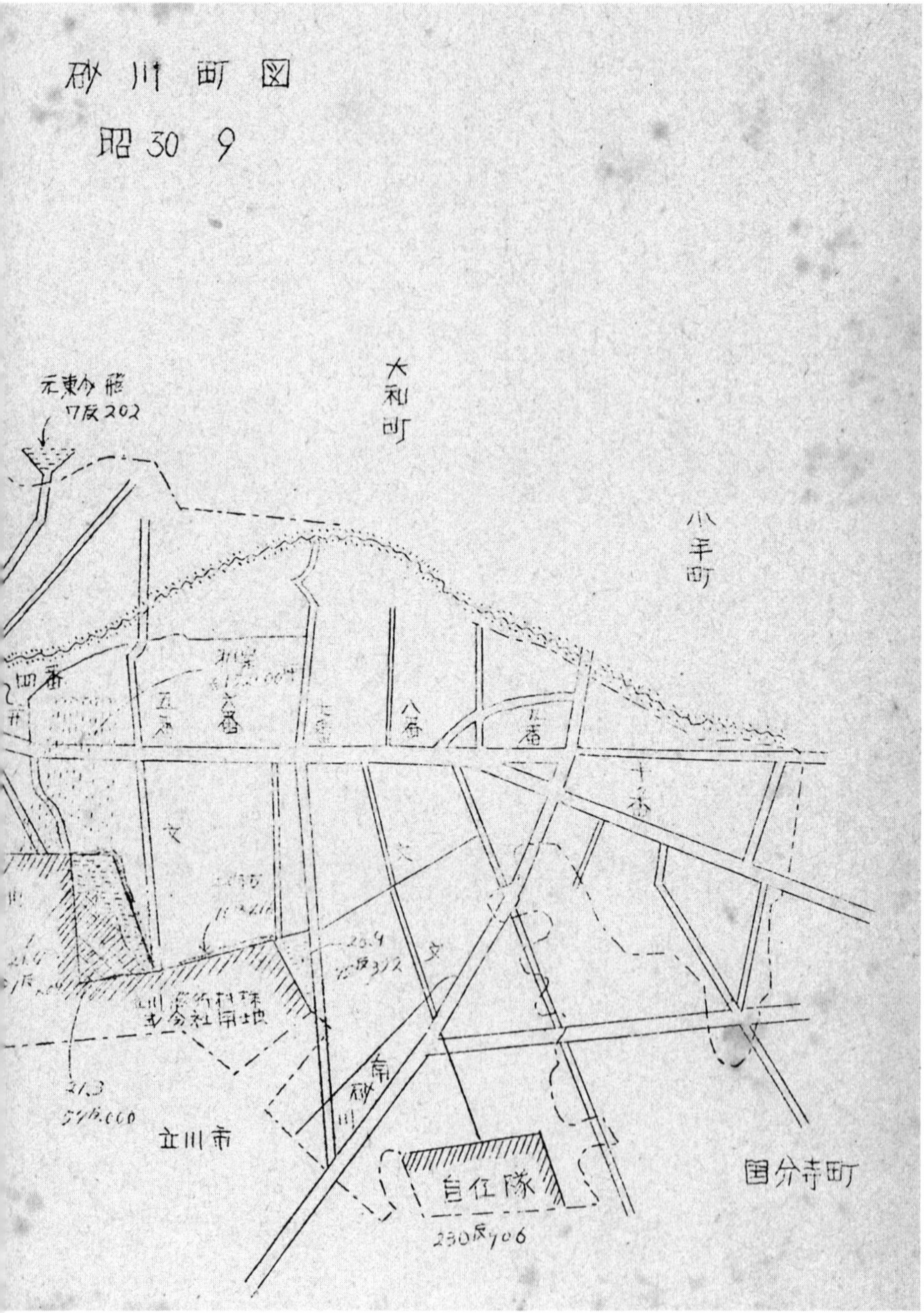
砂川町図
昭30 9
大和町
八番
立川市
国分寺町
南砂川
230反906

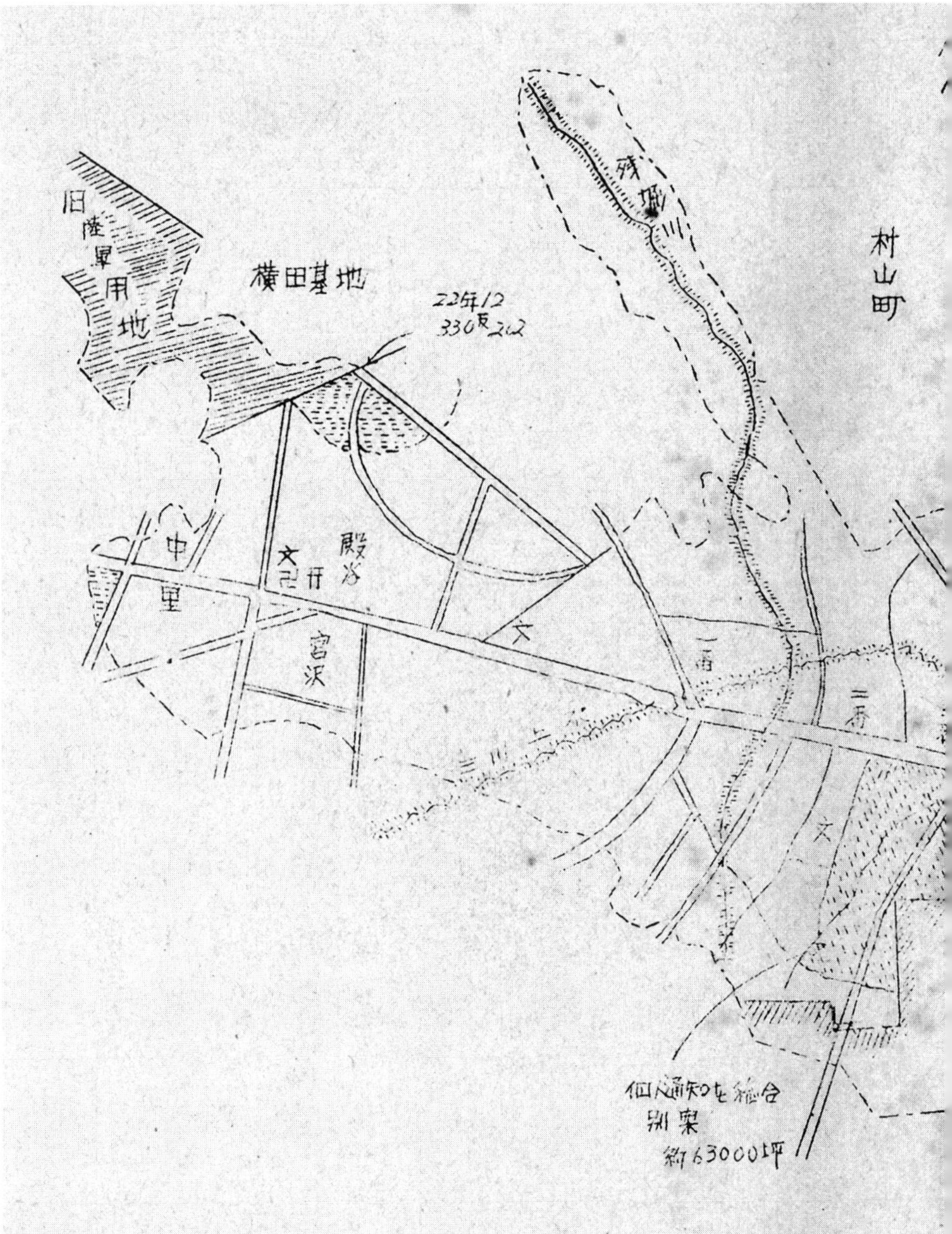
旧陸軍用地
横田基地
22年12
330反202
残堀川
村山町
中里
殿ヶ谷
宮沢
一番
二番
個人通知を総合
別案
約63000坪

組、フインカム寮、新営、第一都営、第二都営）

次に砂川町を人口、耕地面積等数字の上で、戦前戦後の状態を示すことにする。

A　人口及び世帯数

1　これは各年度共十二月末日現在調、但し昭和三十年度は六月末日現在調。

年度	人口			世帯数
	男	女	計	
昭和5年	3488	3631	7119	1424
〃6〃	3520	3665	7185	1437
〃7〃	3553	3700	7253	1450
〃8〃	3559	3706	7265	1453
〃9〃	3589	3737	7326	1465
〃10〃	3627	3776	7403	1480
〃11〃	3681	3832	7513	1503
〃12〃	3750	3905	7655	1531
〃13〃	3826	3984	7810	1560
〃14〃	4198	3724	7922	1584
〃15〃	4277	3793	8070	1614
〃16〃	4371	3878	8249	1649
〃17〃	4036	4374	8410	1680

年度	人口			世帯数
	男	女	計	
昭和18年	4121	4465	8586	1717
〃19〃	3945	4823	8768	1753
〃20〃	4005	4895	8900	1803
〃21〃	4690	5289	9979	1996
〃22〃	6538	7083	13,621	2211
〃23〃	6373	6635	13,008	2168
〃24〃	6696	6971	13,667	2278
〃25〃	5641	6112	11,753	1959
〃26〃	6307	5607	11,914	2316
〃27〃	6384	5682	12,066	2410
〃28〃	6137	6096	12,233	2434
〃29〃	6267	6332	12,599	2523
〃30〃	6306	6319	12,635	2542

2　砂川町職業別就労人員

職　業	就労人員	職　業	就労人員	職　業	就労人員
農　業	1,982	製造業	68	公務	1,826
林　〃	0	卸小売〃	185	分類不能	347
水産〃	0	金融保険〃	0	計	4,596
鉱　〃	0	運輸通信〃	0		
建設〃	93	サービス〃	95	昭和25年10月1日現在	

3　世帯主の職業別分類表

組　別	農業	建設工業	製造工業	電気ガス水道業	商業	金融業	サービス業	自由業	公務団体	その他の産業	なし	進駐軍	運通業	合計
1番組	102	6	9	5	3	1	1		15	2	9	34	2	189
2　〃	63	1	15		3				9	4	2	17	5	119
3　〃	42	6	23	3	15		3	2	11	6	13	38	4	166
4　〃	42	6	12	3	6	1			13	7	11	37	3	141
5　〃	48	1	11	2	9	5		1	15	6	26	36	3	163
6　〃	33	1	5	3	3	7	1	1	8		4	12	5	83
7　〃	50	10	24		9		1	4	4	7	9	30	2	150
8　〃	45	8	11	2	8				11	3	10	53	5	156
9　〃	35	2	9		2				3	2	3	2		58
10〃	32	1	2						6	2	1	3		47
南砂川	46	5	22		6			1	19	11	7	16	9	142

組別	農業	建設工業	製造工業	電気ガス水道業	商業	金融業	サービス業	自由業	公務団体	その他の産業	なし	進駐軍	運通業	合計
殿ヶ谷組	34	1	4					1	2	2	4	3	2	53
宮沢組	22		2		2				2		4	6		38
中里組	61		7		1				5	6	4	15	1	100
ジヤマ			1		1				1	1	4	52		60
清　水		9					1				2			12
義合祥		15									1			16
朝日会		1	5	1	2	2		1	101	1	9	18	7	148
東栄会		4	14	3	7	3	1	2	13	3	15	39	6	110
南部会		8	36	1	19	1	3	3	10	5	30	132	6	254
合　計	655	85	212	23	96	20	11	16	248	68	168	543	60	2205

B　耕地面積

1　昭和十三年砂川村土地面積細目

官有地　六十二町三反歩

民有地　宅地　二十三万七千七百二十八坪七合八勺

田　二町二反八畝廿一歩

山林　二百七十二町一反八畝廿一歩

畑　千八町四畝歩

雑種地　七畝十一歩

池沼　四反五畝廿三歩

建物

土造	二八二棟	建坪	一、七九六坪
石造	二二棟	建坪	十一坪

コンクリート造	三二棟	建坪	一三六坪
木造	二、六〇三棟	建坪	三九、八五三坪

2　利用耕地面積（昭和十三年現在）

地目	自作	小作	計
田	一三反	一〇反	二三反
畑	六、七〇六反	三、三八一反	一〇、〇八七反
計	六、七一九反	三、三九一反	一〇、一一〇反

3　農業戸数と人口

	専業			兼業		
	戸数	男（名）	女（名）	戸数	男（名）	女（名）
自作	一七一	五八二	四八八	四五	一四一	一四九
自作兼小作	八三	三七〇	二三二	四一	一二六	一一〇
小作	一六一	四七九	四四二	一〇三	二九八	二九〇
計	四一六	一、三三一	一、一六二	一八九	五六五	五四九

4　昭和二十三年～三十年耕地面積

年度	作畑		桑園		桑苗曲取		茶園		果樹園		不毛地		計	
昭和23年	6033反	322	1455	207	224	228	219	306	56	901	288	503	8277	607
24	6313	715	1594	016	281	406	219	927	42	828	201	409	8653	572
25	6277	605	1617	406	288	706	222	207	43	329	202	603	8651	926
26	6084	415	1748	107	318	017	232	905	50	228	203	611	8636	423
27	6054	611	1755	009	335	315	232	615	54	510	205	307	8637	507
28	5914	821	1775	301	393	301	230	502	71	400	211	607	8597	002
29	5773	413	1844	106	403	417	230	928	72	900	208	507	8533	411
30	5698	900	1917	800	397	603	234	610	73	827	208	101	8530	911

C　教育

現在砂川町には、

町立中学校一校　町立小学校二校

町立中学校分校一校　町立小学校分校一校

があり、幼児保導施設として、町立保育園四がある。

各学校の昭和三十年度の内容は次の通りである。

（昭和三十年五月一日現在調）

学校名	校地面積	校舎面積	教室数	職員数			児童生徒数			学級数
				男	女	計	男	女	計	
砂川中学校	五、〇四一坪	七二四〃	一八	一八	六	二四	三六七	三六五	七三二	一五
砂川中学分校	一、四七六〃	一〇六〃	三	五	一	六	四一	二七	六八	三
砂川小学校	七、〇五三〃	八四六〃	二八	一九	一一	三〇	六五八	六一二	一、二七〇	二四
西砂川小学校	二、二七五〃	三三九〃	一二	一三	六	一九	二六四	二五五	五一九	一二
西砂川小学校分校	一、二〇五〃	二一三〃	六				九五	八二	一七七	六
西部保育園	五一六〃	七三〃	三	保母 三	小使 一	四			一〇二	三
中部保育園	四八四〃	五四〃	二	二	一	三			五八	二
東部保育園	五五八〃	七三〃	三	五	一	六			二〇〇	四
西砂川保育園	三〇〇〃	二〇〃	一	二		二			四七	一

然して、これ等教育関係予算額は、全町予算の三五・三%にあたっている。

歴代の町長、町議会、教育委員会は、町の百年の計は教育にあると云う根本理念に基づき、教育面に最大の関心を払っている。この端的な具象化は、砂川町に於ける中、小学校本校に、それぞれ講堂が建築されていることによって表われている。この講堂建築は近隣町村には類を見ず、画期的なるものであり、如何に本町に於いて教育面に留意しているかがわかると思う。

学校教育と併行し、更にそれを完成化する為には、学校教育と社会教育とは車の両輪の如きものであって、相互不可分の関係があり、この両教育の振興こそ社会発展に最も寄与すると云う点より、昨廿九年八月より、公民館を設立して、その拡充をはかりつつあるのである。

二　軍事基地と砂川町の関係

前章に於いて砂川町の概況はおおむね理解されるであろう。然し乍ら砂川町の真実の姿を知ることは当町と軍事基地及び戦争との関連性を無視しては到底不可能である。この町は大正十一年立川飛行場の設置を契機として軍事基地との宿命的関係がうまれ必然的に絶えざる影響下に置かれる様になったのである。

1、立川飛行場

立川飛行場は大正十一年立川市（当時立川村）と砂川町（当時砂川村）の間に旧日本陸軍の飛行第五大隊の基地として建設された（大正十三年に第五連隊に改称）。爾後日本の軍国主義勢力の伸長と共に立川飛行場も相次いで拡張され軍国主義、帝国主義勢力が日本国民を破滅の淵に陥れたと同様に私達の郷土砂川をも窮境に追い込んで来たのである。

当時町民は軍部当局の「お国のため」と云ふ美名に隠れた圧力に憤りを感じながらも命令と否応なしの買収に耐えて来たのであった。旧日本陸軍時代立川飛行場の為に砂川町としては大正十一年、昭和十年、昭和十三年、昭和十四年、昭和十六年の五回にわたって接収されその面積は実に百弐拾一町八反一畝に及んでいる。そして家屋も約七、八十戸移転の憂目を見たのである。

日本の敗戦によって町民は今度こそはその様な事もなく、平和な生活をおくることが出来ると思っていた。然し乍ら終戦の年すなわち、昭和二十年十一月、米軍は役場及び土地所有者ならびに耕作者等に何等事前に通告することなく、ブルドーザーで作物ごと畑をけずりとり滑走路を拡張して了ったのである。次表に示されている昭和二十一年三月、四月の接収は事務上の接収であり事実上は昭和二十年秋に実行されていたのである。当時は敗戦直後であり、それも無条件降伏であったために町民は涙をのんでそれを耐えたのであった。

その面積は二十三町六反四畝九歩である。更に二十二年五月には一町四畝余が拡張になり二十八年九月には江ノ島住宅前の都道第九十三号線の西側の畑が米軍宿舎（現在兵舎工事中）として七町五反にわたり接収されたのである。昭和十六年の接収地価は宅地坪六円、畑坪四円、山林は坪三円であった。

二十八年九月の買収価格は概略坪百六十六円であった。終戦後の立川基地接収は買収ではなくて借上げであり、その賃貸料は三年位前までは坪八銭から十五銭であり、その后しばらく反一萬二千円程の賃貸料が支払われる様になったが、これも昨年の所得税の反当収益一萬七千八百円と比較しても、いかに賃貸料が安価であり不当であることがわかるのである。

飛行場周辺に特有な飛行機墜落事件も旧日本陸軍時代及び終戦後もその回数は枚挙にいとまがない。終戦後米軍のサンダージジェット機が離陸直后故障を起し農家の庭先につっこみ幸い一本の樫の木によってからくも母屋は助かったが機銃弾が散乱してその収拾に困難をきわめた。にも拘らず離着滑走路の真下で、それらの危険にさらされながらも農民は土地を愛し土地に生きるためにひたすら耕作を続けているのである。

2、東京陸軍少年飛行兵学校

昭和十三年砂川、村山間に旧日本陸軍は東京陸軍少年飛行兵学校を建設したので砂川町は北からも基地で圧迫される様な形態になった。

そして昭和二十年の敗戦まで全国の青少年の美しい空への夢を巧みに誘導し戦争に突入させて、あたら長がかるべき生命を青空に散華せしめたのであったが、その後は現在荒蕪地となり空しく見捨てられているのである。

3、横田基地

昭和十四年砂川町（当時村）の西砂川部落西北に陸軍航空審査部（将校養成の為に航空整備学校を含む）基地として新たに飛行場が建設され、文字通り三方から基地に囲まれる様になって了ったのである。これが米軍進駐後横田基地となり、米戦略空軍の基地としての役割を果すに到ったのである。加えて米軍進駐後同飛行場は更に南北に拡張され砂川町を東西に走る五日市街道はそれが為に遮断され、はるか南方を迂回するのやむなきに到り、且つそれのみか三戸の農家が移転を余儀なくされたのである。昭和二十六年当時朝鮮動乱の最中であり、横田基地、立川基地より日夜補給に或は爆撃におびただしい数の米軍飛行機が飛び立っていった。たまたま十一月十八日夜八時頃基地周辺の住民でなければ受けることのない危険きわまる事件が起ったのである。即ち当夜朝鮮爆撃に飛立とうとしたB29が離陸直後墜落し、搭載せる爆弾のうち四発が爆発し砂川町中里部落の四戸が全焼し、大破十九戸、中破十九戸、小破六九戸の大被害を受けたのであった。亦昭和二十二年より二十五年に到る間、砂川農民は飛行場に排水設備がない為降雨のつど飛行場より流出する野水に農作物を流され、尚土嚢を築いて家屋への浸入を防いだ。これ等は基地周辺でなければ夢想だに出来ぬ事例であり、基地周辺の住民がいかに基地の悪影響下にあるかを如実に示すものである。（↓）

4、資材廠

昭和十六年陸軍は当時南部方面南砂川部落地域の土地六萬九千弐百拾六坪を接収しそこへ獣医資材本廠を設置した。そしてそれは現在陸上自衛隊の駐屯地となり戦力ならざる軍隊としての不可思議な存在を住民に示している。

以上の如く砂川町は三方より基地群に侵蝕され、それを耐え忍んで現在に至ったのである。

これ等基地群に接収された砂川町の面積および年度は次の如きものである。

基地名＼年度	大正5年	大正11年	昭和10年	昭和13年	昭和14年	昭和16年	昭和21年3月	昭和21年4月	昭和22年5月	昭和22年12月	昭和25年12月	昭和28年9月	計
立川基地	13,805坪	6,765坪	14,701坪	101,015坪	79,881坪	160,908坪	16,500坪	54,429坪	3,136坪			22,613坪	460,528坪
東京少年飛行兵学校				2,159									2,159
横田基地					63,062					99,062坪	8,994坪		201,034
資材廠						69,216							69,216
計	13,805	6,765	14,701	103,174	147,943	230,124	16,500	54,429	3,136	99,062	8,994	22,613	733,000

三　戦争と砂川町

太平洋戦争が悪化し、サイパンが陥落しB29の本土爆撃が始まるや基地に囲繞された砂川町はB29の編隊群の攻撃にさらされ、尚且つ立川飛行機工場、日立航空機工場が町の南北に存在したる為、より一層爆弾の洗礼を受けなければならず次表の如く被害は甚大であった。

大東亜戦争中に於ける砂川町戦時災害調

罹災年月日	全焼	全壊	半壊	死者	負傷者	備考	部落名
昭和二十年四月四日 二十五日		五	七	二	二	爆弾に依る	一番組
〃 八月二日	三					焼夷弾に依る	四〃
〃 〃	五一			一	一	〃	五〃
〃 〃	二三			一	二	〃	六〃
〃 二月十七日 四月二十四日		一	四五	三	一	爆弾	七〃
〃 四月二十四日	九	二一	三三	一七	四	焼夷弾及爆弾	八〃
〃 四月四日			四	一	一	爆弾	九〃
〃 八月二日	一					焼夷弾	殿ヶ谷
〃 〃	二八				二	〃	中里
〃 四月四日		六	二二			爆弾	立飛社宅
計	一一五	三四	一一一	二五	一三	非居住者死者五名尚立川飛行機株式会社待避中死者数十名アリ	

公共施設の被害

昭和二十二年四月二十四日　砂川国民学校々舎（五二五坪）全焼、八番組巡査駐在所及八番組公会堂全壊、農業会作業所半壊。

昭和二十年八月二日　西砂川国民学校分教場（八五坪）及中里林泉寺全焼。

このような被害をうけ、又応召によって死の戦場にかり出された町民の中から一七四名の戦死者を出したのである。

四　基地拡張の内容

五月四日東京調達局立川事務所長から砂川町長に対して、立川基地拡張計画案なるものが通告された。そして同月九日の午後東京調達局の矢崎次長一行が来町して計画案を発表しようとしたが、地元民の強硬な反対にあってそのまま発表せずに帰った。更に十三日正午頃矢崎次長、川崎企画課長が瑞穂町に向う途中、土地接収計画書を砂川役場に置いて立去ったが、役場当局はいづれも開封せずに返送した。

地元では拡張計画など知る必要はないという態度だったので、その内容は明らかでなかったが、五月十七日にはじめて新聞紙上に立川基地拡張計画案の全容が発表された。

それによると、拡張の対象になる土地は全部で五万二千坪、五日市街道をはさみ現在の基地境界線から北方に補助滑走路四〇〇フィートと六〇〇フィートの航空障害物制限区域を設けるというもので、四番、五番地区に当り、五日市街道にはシグナルを設けて通行の安全を計るという。拡張区域内の家屋数は一四〇戸である。

六月二十二日には第二次案が通達されたが、その内容は二番、三番地区に当り、北は五日市街道に接し、西北に延びた約六万三千坪の区域である。この並木案とも言われた第二条は、八月十八日正式に廃案になったといわれている。

五　なぜ基地拡張に反対するのか

いままで述べてきたことで砂川町民がいかに基地と戦争によって甚大な被害をうけて来たかはおわかりであろう。

三百五十年前に祖先が原野を切り拓いてから今日まで、えいえいと営農にはげみ、その歴史に育くまれて来た平和な砂川町は、いま再び原子戦争への犠牲になろうとしているのである。

そもそも大正の初期から十数回の接収に次ぐ接収によって二百五十町歩の農地を奪われ、今日の農家経営は文字通りすさまじい爆音に、或いは爆風に悩まされながら、必死の努力でようやく支えている状態である。いま第一次拡張予定地に農地をもち反対同盟に所属している人々の経済的基盤をみてみよう。

右（※次頁）の表をみれば、四番五番地区に住む地元の人達の経済状態は、砂川町の平均耕作反別一町歩（勤労者一人）に比べて決して富裕だとは言えない。そして現地をみればわかるように陸稲、麦、甘藷、野菜、桑苗等何でも作れる三毛作の土地であり、その年間収入は反数万円に上るという農民の生命線であり、絶対に手放すことのできない土地である。仮に政府のいうように八百万円（最高）の補償をもらったとしても、替りの土地を得られる訳ではなく、これ以上の土地とりあげによって

（拡張予定地内に土地を持ち反対同盟に所属している人々）

	職業	耕作面積		家族数	勤労者の有無	
		自作	小作		駐留軍	その他
1	農業	2.004反	反	9	1	
2	〃	4.000	3.115	10		
3	〃	8.725	貸付地 1.228	9		1
4	〃	16.606		12	2	
5	勤労者					1
6	〃		0.710	7	2	
7	農業	8.908	貸付地 4.409	6		
8	〃	5.718	2.800	5		
9	〃	7.009				1
10	〃	5.221	4.200	9		1
11	農商	19.125		10		1
12	商業					
13	勤労者					1
14	農業	6.022	3.800	7		1
15	〃	9.425	0.813	8		
16	〃	6.625	6.100	8	2	1
17	〃	6.023	0.527	9	2	
18	〃	15.718		6		
19	〃	11.513		7		1
20	〃	14.826		6		
21	兼農	1.411				1
22	勤労者				1	
23	〃				1	
24	農業	5.604	1.103		1	
25	農商	6.221	0.815	8		2
26	勤労者			4		1
27	農業	8.012	0.500	7		
28	勤労者					1
29	農業	5.611	1.017	5		
30	〃	7.421		7	1	
31	〃	2.600		6		
32	勤労者					2

33	勤労者					1
34	農　業	3.828		7		1
35	〃	2.008		4	1	
36	〃	13.215		10		
37	〃	3.113		3		
38	〃	3.809	0.400	5		1
39	〃	8.529	0.700	8		
40	〃	10.027		8	1	
41	〃	22.314		12		1
42	〃	9.617		5		
43	〃	5.118	0.909	5	1	
44	〃	8.202		9	2	
45	〃	8.815		8	1	
46	〃	10.900		7		
47	勤労者		1.700	5		1
48	商　業	1.100		7		
49	勤労者				1	

現在の耕作システムを破壊されることは、農民に死を強制することであり、とうてい耐えられないことである。

更にいままでに基地と戦争によって受けた大きな痛手、終戦と同時にブルドーザーで作物ごとけずりとられた米軍に対する反感と憎しみは、痛憤やり方なく胸の奥に秘められている。それだけではない、今度の拡張計画は町を二つに分断し、経済的にも行政的にも根底から破滅させるような計画の押付けである。即ち交通を杜絶させることによって町の経済を根底から破壊し、併せて通勤通学等も全く困難になる。従って産業も成り立たず、砂川町の存立は危殆に瀕するのだ。あまつさえ父祖の霊がねむる墓地までも奪い去ろうとしているのだ。

これを伝統ある砂川町民の郷土を愛する崇高な精神がどうして許すだろうか。子供の教育と生活環境も耐え難いものがある。土地と生活を守り、教育と環境を守る地元農民の悲痛な叫びを、どうして一片の通知や弾圧によっておしつぶすことができよう。

五月四日（水）

地方選挙後の興奮いまださめやらぬこの日、砂川町役場に東京調達局立川事務所より川畑所長他二名が来た。宮崎町長未だ登庁して居らなかった為、自宅に行き非公式に立川基地拡張計画案を通達して帰った。この日こそ砂川町三百五拾年の歴史の中で、最大事件ともされる全町挙げての反対闘争に町民を立たしめた日である。

これからその反対闘争経過を日を追って綴って行く事にする。

五月六日（金）

午后七時より五番組公会堂に、四番五番地区の被拡張予想関係者約七十名の参集を求め、宮崎伝左衛門町長より地元の予想関係者に、四日の調達局川畑立川事務所長の来町用件即ち、四、五番地区への滑走路延長計画の実施の内示があった旨の説明をし、町民の人達の意向を質した処、満場一致、接収には絶対反対の意思を表明し、次の事を決議した。

一、測量等に関する土地立入り禁止。

二、正式の通達が来たら、反対闘争を行う。

闘争については、ブロックを定めて代表を選び、調達局職員の立入り防禦措置を完璧に行うため、各人より委任状をとり、家族全員に周知徹底させあくまで測量等の立入りの反対を行う。

三、接収に対処するために基地拡張反対同盟を結成する。

五月八日（日）

地元、四、五番組にて結成された基地拡張反対同盟は、午后七時三十分より五番組公会堂にて「砂川町基地拡張反対総蹶起大会」を開き左の通り決議し即日町長に申入れた。

決議

我等は如何なる理由による土地取り上げを伴う基地拡張は、絶対反対する。町当局もあらゆる手段を講じて、我等の意思が貫徹するよう協力願いたい。

右大会の決議によって要請する。

昭和三十年五月八日

砂川町基地拡張反対総蹶起大会　議長　志茂威

五月九日（月）
午后一時、特調より来町の通知があり、町議及び地元関係者百余人役場会議室に集合して待機、午后五時十分矢崎高儀東京調達局次長、佐伯茂之、川畑立川事務所長他一名が遅れてやってきた。
矢崎次長は、地元民全員の絶対反対の声を耳にし乍ら、何とかして地元民のすきをねらって計画案を発表しようとした。然し、地元の全員は、この接収案は地元のそして、砂川町の死活問題であり、接収を前提とする立入りについても絶対反対である旨、矢崎次長に反ばく、計画案その他の条件等には一切聞く耳を持たぬと云う　強硬なる態度に出たため矢崎次長は、地元民の郷土を守り抜く気魄に押され、すごすごと帰って行った。
その間、四拾分であった。

五月十日（火）
瑞穂町長原島治平氏他三名来町、砂川町の状況を聞くと同時に横田基地拡張について説明あり、

五月十一日（水）
午前九時立川警察署より五名来町、接収に関する実情を聴取して行く。警察側としては
一、係員を時々派遣する。
二、部落内で悪化しないように、調達局と折衝して欲しい。
旨の申入れを町当局に行った。

五月十二日（木）
砂川町議会議員選挙後の初議会が役場会議室で行われた。正副議長等各役員選出を行った後、四番、五番地区の安藤、清水、青木直、吉澤、石野議員連名による「基地拡張反対決議案」が提出され、石野議員より提案理由の説明あり。これに対し砂川町議会は全員起立を以ってこれを議決し、全議員が反対闘争委員会の委員となり、小林議長が闘争委員長となり陣頭に立ち、田中副議長が副闘争委員長となった。又同時に、既に組織されている地元関係者の砂川町基地拡張反対同盟は勿論、教育委員会、農業委員会等あらゆる公職者を含めた闘争組織をつくることを確認した。この結果、砂川町は町をあげて基地拡張反対闘争に突入したのである。

町議会決議文
立川飛行場拡張に関する反対決議
砂川町議会は、立川飛行場拡張に関して土地家屋等の取上げについて反対する。
右決議す。
五月十二日
砂川町議会

尚、同議会に於いて地元反対同盟より、左記の陳情書が提出され、志茂威氏よりこれについて、今度の問題は関係者の死活と町の浮沈をかけたもので、われわれはこれを守る以外に他意はない。移転補償の額を多くと云うような条件闘争なら、関係者から経費を取るのもよいが、今度のはそうでなくて徹底的に拒否闘争なのであるから経費をとって、団結を破るようなことのないよう町当局の支出をお願いしたい旨の説明があり、また反対運動費用支出の要請があり、同議会はその経費として差当り十万也の予算を経上しこれを可決した。即ち、啓蒙宣伝費並に看板ポスター費等三万円也、調査費五万円也、雑費二万円也。又、同日地元反対同盟より、宮崎町長に対し次の如き申入れを行い、町長はこれを了承した。即ち、

申入書
立川基地拡張の反対闘争は、絶対拒否闘争として展開されているので、五月十一日の闘争委員会議の決定に基き、次の事項を申入れ万全の協力と善処方を要望いたします。
昭和三十年五月十二日
砂川町基地拡張反対同盟
闘争委員代表　青木市五郎
砂川町長　宮崎伝左衛門殿
記
一、基地拡張を用件とす調達局係官との会見は、総て拒否せられたい。
二、万一前記により難い時は、闘争委員立合の上行われたい。
三、闘争委員立会の上会見する場合は、時間的余裕を十分考慮の上行われたい。

陳情書

今回立川飛行基地の拡張問題については目下地元関係者が一致団結絶対反対を叫びあらゆる手段を講じ拒否闘争を続けて居りますが、この問題は単に我々関係者の利害に止まらず、砂川町の浮沈に関するものと考えられますので、闘争の性格と我々の苦衷を御諒察下され、何分の御援助を賜りたく陳情いたします。

昭和三十年五月十二日

砂川町基地拡張反対同盟

闘争委員代表　青木市五郎

五月十三日（金）

正午頃、東京調達局矢崎次長、同川崎企画課長は、瑞穂町に向う途中役場により、米軍立川基地拡張に伴う砂川町の土地接収計画書を置いて立去ったが、これは去る九日来町して計画案を発表しようとして強硬なる反対に会い、ほうほうの態で帰ったため、今度は方法をかえて書面で通達しようとしたのであるが、町当局では開封することなくその儘郵便で返送した。

五月十五日附某紙は、調達局の意向を次の如く報道している。

「砂川町の土地接収については、六月中に接収予定地の立入り測量を開始して、十月一日までには接収を完了し、米軍に引渡したい。このために土地所有者と話合いで解決を図りたいので、十六日には再び宮崎町長に対し、調査測量のため接収予定地立入りに協力して貰うよう申入れを行う」と。

午後七時より役場会議室にて、緊急闘争委員会を開き、闘争委員会の組織及び人選を行った。闘争組織は左の如きものである。

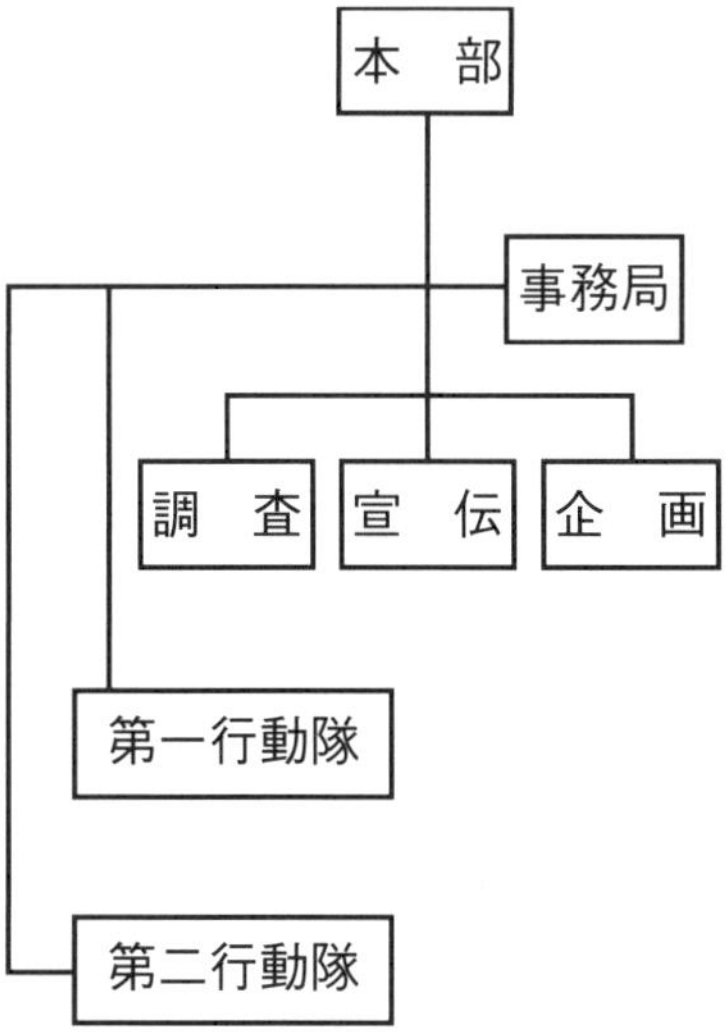

五月十四日（土）

午後八時より役場会議室にて、各部長会議を開き、今後の闘争方針を決めた。即ち、

一、調達庁の内容調査

1、調達庁の意向

2、調達庁の立川基地拡張に対する予算

二、反対闘争の意義の浸透

三、署名運動以前の反対運動意義徹底の為十七日午后一時役場に、各種団体長の召集をして説明する。

四、臨時召集の場合の権限を第一行動隊長青木市五郎に与えること。

五、妙義山反対闘争の事情聴取（五月十五日午后八時五番組公会堂）

六、警戒網の実施

五月十六日（月）

一、調達局立川調達事務所より町長に懇談したき旨の申入れがあったが、これを拒絶した。

二、午后二時、北多摩地方事務所松本総務課長等、接収に関する事情聴取の為来町。

五月十七日（火）

一、午后一時役場会議室に全町各団体の役員の参集を求め、闘争委員長より拡張反対主旨の徹底をはかり全町民の反対署名運動を依頼した処、全員認承し、こぞって協力を申出た。この結果署名は、青年団が中心となって関係地区の四番組のみならず、全町民老幼男女を問わず署名して貰うことにした。又闘争委員会では瑞穂町とは共闘の意思がない、調達庁への陳情は拒否闘争の立前から行く必要は認めないと発表した。

二、同日付の朝日新聞の都下版に、次の様に基地拡張についての調達局案がのせられている。「立川基地拡張計画の全容―東京調達局の構想を聴く」五萬二千坪が対象。買収借上げ半分ずつに。立川基地拡張の具体的な範囲については、地元砂川町の反対同盟が東京調達局の説明を拒み続けているので、その内容が明らかにされていなかったが、十六日東京調達局矢崎次長は本社記者の求めに応じて、当局側の構想を次のように述べた。

「こんどの対象となる土地は全部で五萬二千坪になる予定だ。このうち滑走路が延長されるのは、現在の基地境界線まで。その先に〝飛び残し〟のための予備滑走路が

設けられる。買収を予定されているのは、この予備滑走路の線までで、全体の約半分弱に当る地域である。残る半分強のその北方の土地は、障害を取除く意味から借上げられるだけだ。ただ高さ十尺以上の構築物は許可されないが借上げ地への立入り耕作は自由である。

五日市街道はできるだけ交通に支障のないよう関係筋との折衝に努力しているが。通行の安全を図る見地から、シグナルを設ける程度の措置は止むを得ないだろう」。

なお矢崎次長はその際、調達当局としての立場を次の様に語った。

「現地の方々の気持は察することができるが、反対されるにしても何を反対するのかその対象が分っておられなくては話にならないのではなかろうか。町並みが、二分されるのはまことにお気の毒だが、地元で心配されているような町の交通が断たれるといった事態にはならない見通しだ。当方としては実地によく調べて適正な規模を決めたいので、その調査のための立入りをお願いしている訳で、途中関係者の御希望もうかがってできるだけ善処したい気持だ。ただこれまでのように話を聞かない、立入りも断るという応対では、上部から急がれている事務局として困っている訳だ」と。そして更に立川基地拡張予定図なるものがのせられている。（※編者注＝原本では、この後に拡張予定図が掲載されているが、本書では、さらに詳細な図を「資料」二二六ページに掲載）

五月十八日（水）

一、企画部会議を開き左の事項を検討した。

1、署名対策

反対署名趣意書の出来次第（二十日正午まで出来る）闘争委員会を開き、全町に沿って二十五日まで終了する様にする。

2、日本文化放送三元録音放送の件

一、人数を多数召集するため町民に宣伝する。

二、プラカード、看板等を場内に集中する。

三、毎日ニュース、読売ニュース対策

四、新聞記者団との懇談会

町長、企画部、各部長等本部員出席、ローカル紙はオブザーバーとする。

五、陳情対策

1、人員対策―町内各団体

2、反対署名終了後国会等へ出かける。
六、内閣委員来町日時調査
七、基地拡張の実施されたケースの調査
二、本日砂川町教育委員会が開かれ、今回の基地拡張案に対する反対決議を行った。

五月二十日（金）
砂川町農業協同組合第七回通常総会に於いて基地拡張反対決議を行った。

五月二十一日（土）
1、午后役場前にて、日本文化放送の街頭録音が行われた。これは砂川、伊丹、小牧を結ぶ三元放送で、地元民約二百名が集合し、基地拡張絶対反対ののぼり、プラカードに「おらあ死んでもいやだ」と書かれたむしろ旗等がひるがえる中に、町民達は「土地取り上げは私達に死ねと云う事だ。死んでから金を貰っても、なにもならない。」「これまで砂川町民は飛行機の爆音、騒音、雑音になやまされて来た。飛行場の拡張どころか閉鎖してもらいたいと思っている」等、ぼくとつな口調の中に激しい怒りをこめて、こもごも語った。皆の様子にはあくまで墳墓の地を守る熱情にみちあふれていた。
2、録音放送と相前後して、左派社会党基地問題対策特別委員会の山花、茜ヶ久保、亀田三国会議員が来町、三氏はそれぞれ世界平和の確保という立場から基地拡張反対は最後まで勝ちぬかねばならぬと強調し、特に妙義山演習場問題の闘争委員長であった茜ヶ久保代議士はその体験を語って町民を激励した。
3、夕刻、東京調達局より地元関係者に、土地立入承諾を求める書類（※「資料」一二三ページ）を送付して来た。その内容要旨は「日米安全保障条約第三条に基く行政協定により米軍で使いたいと要望された土地を調査したいので、このための立入りを認めて貰いたい。調査期日は五月二十五日から六月三十日迄」となっている。その数六十八通であり、即刻郵送をもって調達局へ返送した。

五月二十三日（月）
1、午后二時世界平和愛好者大会三多摩準備会有志来町
2、午后五時三〇分頃、調達局より菅原不動産部副長と川崎企画課長、同佐伯事務官、川畑立川事務所長、同山

田技官等三名が来町、町長に会見を求めたが町長は不在、早速急遽集まった地元闘争委員に「砂川町民の気持は我々にもわかるが、このままではいつまでたっても話は進まないので何とか町長と話合いをねがい、戸別に折衝を開始したい」と申出たが、闘争委員の一人に、「我々はあくまで絶対拒否だから、意識してみなさんの話を聞くわけにはいかない」とすげなく断られ、役場からすごすご出て、「この様に拒否されては話は進まない。この上は町長をぬきにして直接折衝を行い了解をねがうより仕方がない」といって、その足で数軒を訪問したが、いづれも強硬な反対に合ってひきあげた。同夜闘争委員会をひらき、この対応策を協議し、その結果、今まで各戸の入口に立ててあった「立入禁止」の立看板の外に、更に「基地拡張絶対反対につき話合拒絶」と書いた張紙をする事に決定、同夜中に全戸に張った。又調達局の質問には「この問題は闘争委員会に委任してあるからそちらに話して下さい」と答える事にした。

3、左右両社、民主三党の代議士

右社　矢尾喜三郎、田原春次、鈴木義男、中村高一、
　　前田栄之助、小平忠、山下栄二、稲富稜人

左社　飛鳥田一雄、森三樹三、山花秀雄、岡本隆一、
　　石橋政嗣、渡辺惣蔵

民主　辻政信

以上十五名が立川、横田両基地を視察した。砂川町にも来ると云う連絡があったが遂に姿を見せなかった。

4、農業委員会は今回の基地拡張が、町の農民の生活を破壊するとの見地より、拡張反対決議を行った。

五月二十四日（火）

一、午后三時三十分、調達局矢崎次長、川畑立川調達事務所長他三名が来町し、町長に会見を求めたが、町長はこれを拒否したので空しくひきあげた。

二、午后七時より役場二階会議室にて闘争委員会を開き、闘争体系の検討及び廿五日に全町より集まる反対署名を携えて町内各種団体（議会、教育委員会、農業委員会、農業協同組合、消防団、婦人会、郷友会、青年団、遺族厚生会、勤労者組合等）の代表者を至急に選出し国会、政府、都議会、都知事等に基地拡張絶対反対の陳情の具体的方針を決定した。

三、砂川町基地拡張反対同盟組織

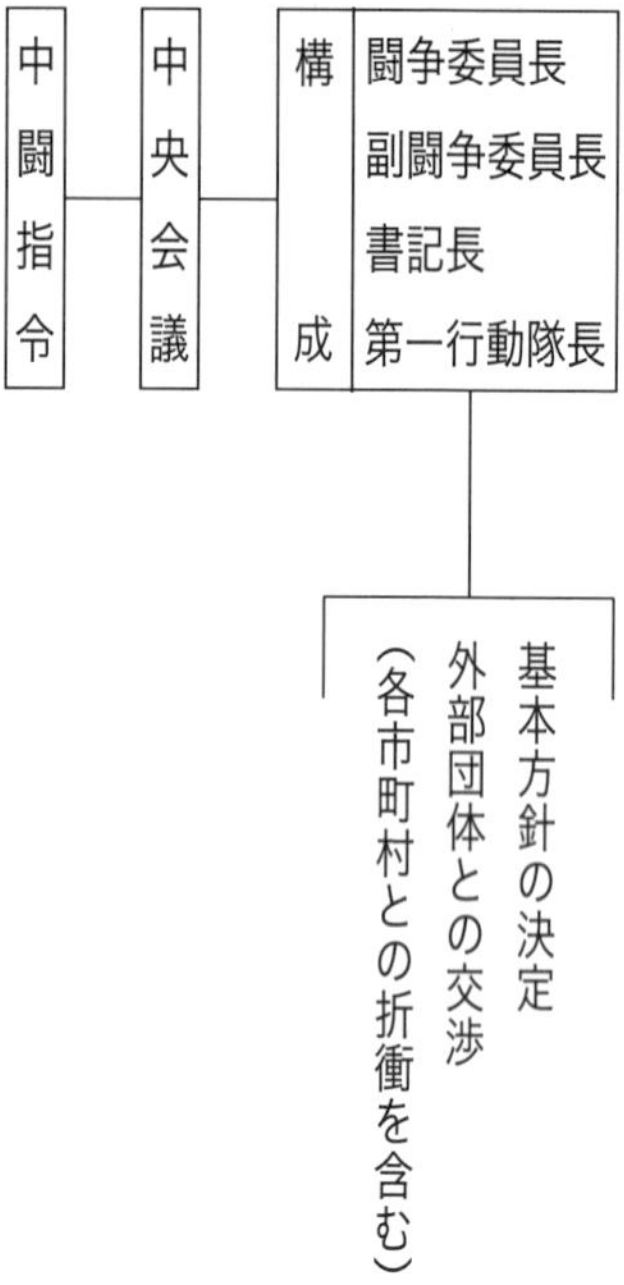

五月二十六日（木）

午后八時より役場会議室にて本部会議を開き

一、五月三十日（月）の陳情隊の編成について

二、第一行動隊の機構については、正副隊長に一任する。

三、当面の戦術として、各市町村議会、議長会等に闘争支援方を要請する。近隣の市町村即ち、立川、国立、村山、大和、昭島、国分寺等に対して、陳情後町議会を開き結論を出した後、町議会代表が右の市町村に対して援助方の要請を行う。

四、部外団体

　部外団体への援助要請は時期をみて行う。但し、闘争委員会の中へは部外団体員は加えない事を条件とする。

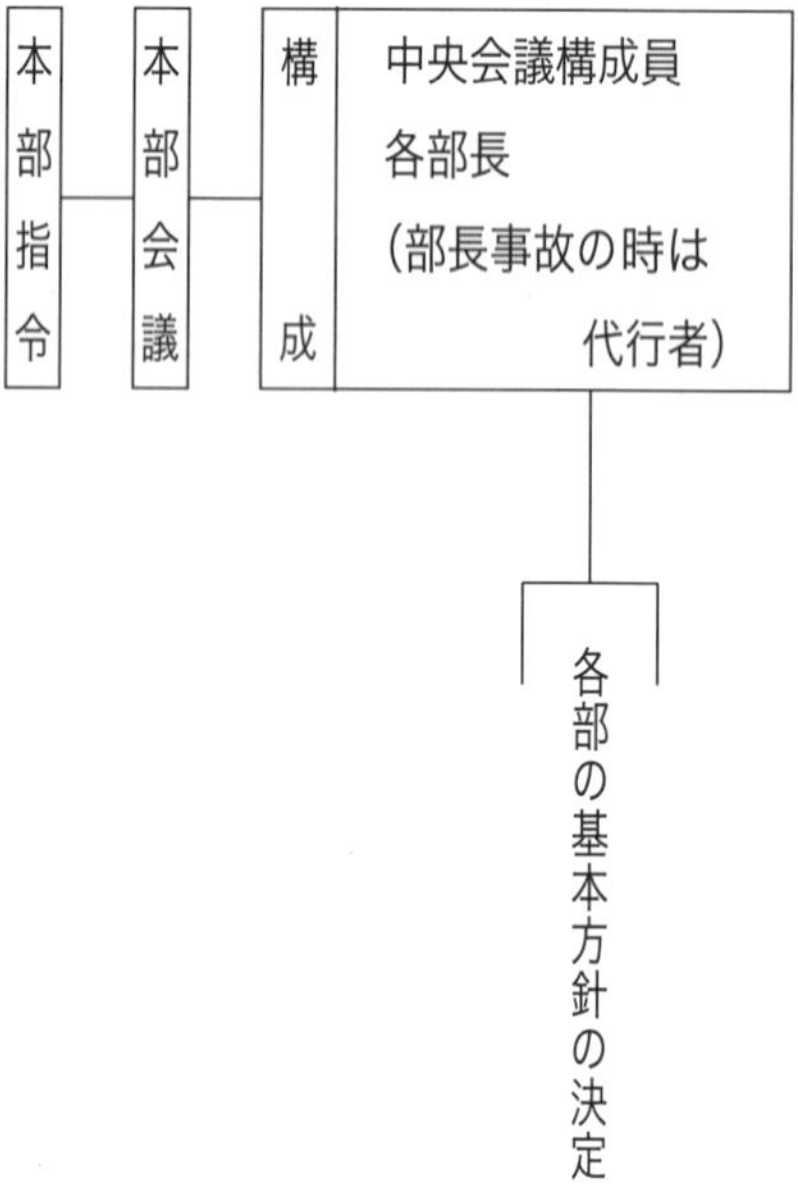

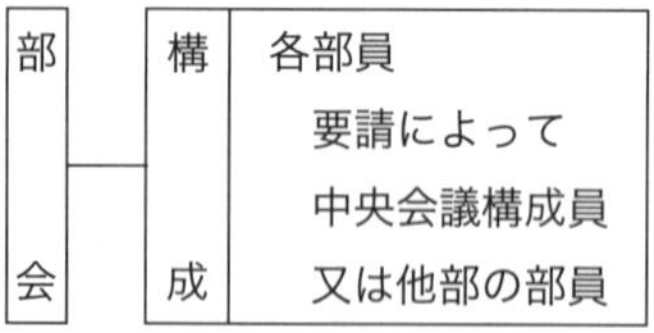

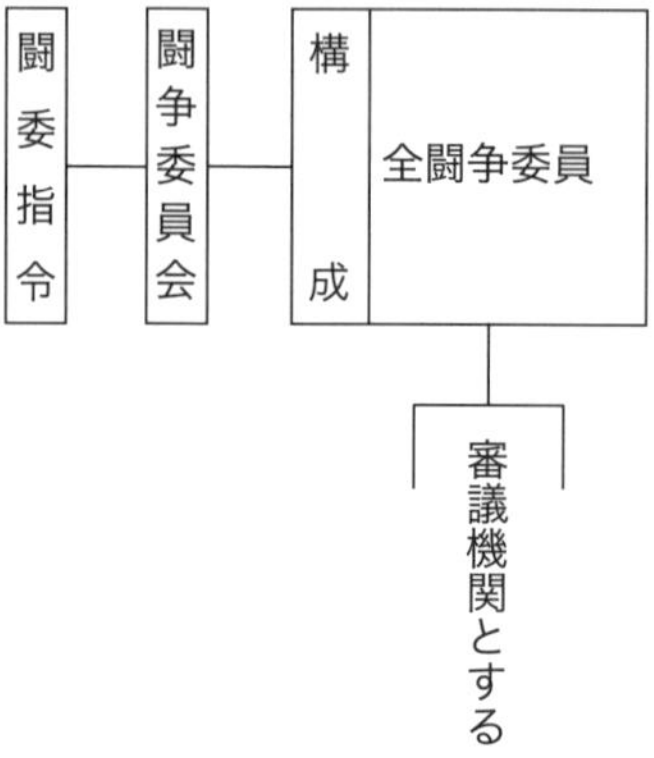

五、銀行側に対しては、我々の闘争に対して、介入する事を闘争委員会から厳重に抗議する。

六、宣伝部長、石野昇君より左記の報告があった

A、五月十六日瑞穂町代表が調達庁への陳情の際同席した山花代議士の話では、山内次長の答弁として、強制収用は考えていない。あくまで町民の納得ずくで解決したい。

その点私は自信をもっている。又砂川町の場合も同様であると云う答弁を行った。

B、五月二十四日東京都議会第三回臨時会の際、北田都議の総括質問の答弁で、高瀬外務室長は事前に話を受けている。然し都民の生活に影響するものとして、二回断った。

今后もこの点拒否して行く考えであると答弁した、と。

五月二十八日（土）

午后八時より、役場にて企画部会を開き次の事を検討した。

一、調達局よりの書類対策

二、共同闘争対策

主体性はあくまで確立し、共闘は討議の結果受け入れの諾否を決定する。

五月三十日（月）

一、午前八時、役場前に町長、全町議、教育委員、消防団、青年団、地元四番、五番組代表集合、総員、百拾七名、小林闘争委員長を総指揮者とし、三輌のバスに分乗基地拡張絶対反対の白タスキをかけて出発、十時すぎ国会到着、議員面会室にて地元選出の福田（自）、並木、木崎（民）、中村（右社）、各代議士他、吉田（参・左社）、淡谷（左社）、田原（自）、茜ヶ久保（左社）等各議員の挨拶、激励を受けた後、午前十一時二十分宮崎町長外十名の代表が院内で杉山衆議院副議長に面接して陳情し、衆議院議長宛の陳情文、反対署名簿を手交し、副議長は協力を約束してくれた。午后一時から官房長官室に於いて宮崎町長等十名の代表が重光外相、根本官房長官に会見、町内の各団体の決議文と反対署名簿を提出した。重光外相は我々の説明を黙って聴いていただけだった。

我々の代表は

（一）戦前戦後を通じ、砂川町ほど直接ひどい被害を受

けたところはない。
(二) 滑走路の拡張は町を分断するものである。
(三) 爆音、爆風により同町の教育は現在以上に破壊される。
(四) 砂川町は先祖代々の土地で飛行場の周囲に私達が住んだのではなく、常に飛行場の方から我々の町を侵蝕してきているのであって町の死活問題である。

等を詳細に説明善処を望んだ。

これに対し、根本官房長官は「国防上どうしても必要だから拡張は避けられまい」と強硬な態度に出て来た。我々の代表はこれに対し、「我々はどんな条件でなどとは考えていない。町を守り生活権を守るために絶対反対だ」と口々に詰め寄れば長官は「絶対反対を伝えに来たのであれば、私はそれを聴いて首相に伝えるとお答えするほかはない」と真赤な顔で言い、約二十分で色をなして席を立った。

この何らかの条件を出すと言うなら話合いの余地はあろうが、「絶対反対」では問題にならぬと言う態度に、我々の代表達は「分った。政府のハラがこれなら、誰が現地に来ても追い返す」と語り合いながらひき上げた。

早速この旨待機の全員に報告した。又文部大臣には文教委員を通じて反対の趣旨を伝えて貰う事を依頼して、直ちに都庁に向った。

都庁では、都下選出の山川、実川、川端下、山崎、中島、小泉等各都議の立合の下に知事、副知事不在のため、高瀬外務室長に会見、各団体の決議文及び署名簿を手交し、反対陳情を行ったが、外務室長は「都庁の立場はみなさんと対立しているものではなくて、地元と並んで都民の幸福、利益を守る方向に進む立場にある。そして、できるだけ地元民の要求が通る様に、日本政府、米軍側関係当局に連絡善処する事を確約する。この問題は昨年から、米軍側ジェット機の関係から滑走路の拡張を必要として急に表面化することに原因するが、都としては狭い土地であるし、耕地をこれ以上取上げることには反対で政府にもこの旨回答して来たが、四月頃から国際情勢の変化と外交政策の点から全国で五基地の拡張がとくに要請され、なかでも、立川、横田両基地はどうしても必要だから協力する様政府から申入れがあった。その時、直接現地に連絡して、希望をきくべきであったが、いまだ接収条件がわからないので手を尽せなかっただけで他意はなかった。都としては現地の方々と協力して都民全体の利益防衛の為に、対政府対米軍に向って交渉して行くつもりだ。亦、強硬なる反対交渉をしたものが平和的交渉したものより、より悪い結果を得ることのない様努力する」と言う旨の発言があった。代表達は此の発言を一応諒として、今後の協力方を要望して会見を終り帰途についた。

二、陳情隊解散後、議員協議会を開き、隣接市町村への支援方依頼の代表を次の如く選出した。

(一) 小林、宿谷、砂川 ― 小平、国分寺、国立

(二) 田中、安藤、加藤 ― 立川、昭島、福生

(三) 萩原、荒井、鳴島 ― 村山、大和、瑞穂

六月三日（金）

一、衆議院内閣委員会に於て、午前十一時半より基地拡張問題をとりあげて、砂川、瑞穂、新潟、小牧、木更津、大高根、小倉、築城より各二名の出席を求めて参考意見を聴取した。砂川町からは地元四五番地区より青木市五郎第一行動隊長、天城仁朗企画部員両名を派遣した。青木氏は主として農民の立場から、天城氏は非農家の立場からそれぞれ反対理由を述べた。

即ち青木氏の発言要旨は

「拡張予定地内の農家は終戦後三分の一の土地を無断で接収され、作物もろともブルドーザーで削り去られている。最近どうやら食べられる様になったらまた拡張では、生きる途がない。いままでさえ爆音やほこりで悩まされているのに、これ以上大きくなったらどうしたらよいか。無断接収の土地を買ってやると調達庁は云っているが、地元民は金には目をくれないといきり立っている。子供だましのやり方は心外に耐えない。一坪の土地でも接収はまっぴらごめんだ。むしろわれわれは接収農地を返してもらいたいと思っている。東西二里半の細長い砂川町は、中央を滑走路が横断すると、交通が制限されて不便になり、農民がたよりとする農協はつぶれ、農地は遠くなり、立川、東京への農産物の出荷もできなくなる。農家の気持をくみとり、是非とも拡張をさしとめてもらいたい。万一拡張されたら、政府は我々の命とりと思う。死を賭しても絶対反対する」

と。又、天城氏は

「砂川町民は農家も非農家もこれ以上飛行場のため犠牲

にされることを拒否する決心である。従来の補償のやり方からみても応じられない。中学校の防音施設をつけなければいけないといいながら、拡張反対の地元の意向がわかってから基礎調査を始める状況である。爆音、危険に子供だけでなく、大人も落ち着きのない不安感をもっているが、被害を受けながらもなぜここに住まねばならぬかと云うと、それは郷土愛からだ。町の存立を危くする拡張には、平和を守るため、町民は絶対に反対する」

二、参考意見陳述後、各基地の代表は第一議員会館に集り、懇談会を開き、今後　各基地協力して反対闘争を続ける為、「全国基地拡張反対連絡協議会」を結成した。

六月四日（土）

一、町議会代表、隣接市町村に拡張反対支援方を依頼に行く。

二、砂川町勤労者組合は、その第七回定期大会に於いて、基地拡張反対を決議する。

六月五日（日）

午后八時より役場会議室に於いて本部会議を開き、

一、総評弁護士依頼の件

二、都知事、都議会に反対陳情する件

等をそれぞれ決定した。

六月六日（月）

一、基地拡張反対同盟闘争委員加入方を町内各団体、即ち、婦人会（三）、農協、各学校ＰＴＡ、教育委員（全員）、青年団、消防団、勤労者組合、郷友会、遺族会等に対し依頼する。

二、都知事及び都議会へ陳情のための斡旋依頼状を五市三郡選出の都議、及び都議会正副議長に送付する。

三、東京調達局長より都知事宛、収用法第十一条の規定に基づき土地立入り通知をなす。

六月七日（火）

町議会代表、小平、国分寺、国立、大和、瑞穂等各町村に協力方を懇請する。

六月八日（水）

宮崎町長、小林闘争委員長等十一名、都庁におもむき都議会に於いても基地拡張反対を議決して町民に協力して貰いたい旨、強く申入れた。これに対し、四宮議長は、「早速各派幹事長会にはかった上協力する」と回答した。更に町代表は、安井都知事に面会を求めて「町民を守る努力をしてくれ」と要望した。知事はこれに対して「都外務室長から基地拡張問題をきいたので、同室長を通じて〝都としては反対だから拡張は困る〟と調達庁へ申入れておいた。地元の皆様の気持はよくわかるので今後心を一つにして協力しましょう」と答えた。その後代表は都議会の各党を回り、都下選出都議にも協力を要望した。陳情を受けた都議会は同日午后三時から総務委員会を開いて検討した結果、地元民の要望を入れることになった。

六月九日（木）

一、都議会に於いては、都議会議員百二十名全員の提案に依って基地拡張反対意見書を採決し、政府に手交する事に決定した。

同日都議会に赴いた町代表四名は都議会、公正クラブ控室に於いて高瀬外務室長と面会、調達局より都知事に対し、土地立入通知書が送達されて来た事を聞く。

二、北多摩町村議会議長会に於いて、基地拡張問題がとり上げられ、これが反対決議がなされた。

三、午后八時からの闘争本部会議に於いて

1、調達局の強制土地立入測量に対しては実力を以って拒否する。

2、外部団体の応援、共同闘争は原則として受入れる事等を決定した。

六月十日（金）

午前、東京調達局矢崎次長、川畑立川事務所長等三名来町し、宮崎町長に「拡張計画を進めるために立入り調査を今後もお願いしたり、また局長自身で出向いて町長や他の幹部に御説明したいから、その機会を与えて貰いたい」旨申入れたが、町長はこれを拒絶した。

六月十一日（土）

一、東京都知事安井誠一郎氏は、調達局よりの土地立入通知を公告し同日付の都広報で公示した。

二、地元接収予定地区に第一行動隊員によって、立入拒否の有刺鉄線を張りめぐらす。

六月十三日（月）
一、北多摩郡町村長会に於いて、立川基地拡張反対決議を行った。
二、東京都町村長会に於いても、立川基地拡張反対決議を行った。
三、小金井町議会に於いて、立川基地拡張に対し、反対決議をすると共に、砂川町に対する激励文を送って来る。
四、午后一時三十分より、役場会議室で、闘争本部会を開き、六月十八日午后一時より阿豆佐味天神社（雨天の際は、砂川中学校講堂）に於いて立川基地拡張反対町民総蹶起大会を開くことに決定した。
五、第一行動隊地区より十二名の脱落者が出、彼等より闘争委員会にその声明書を持って来る。

六月十四日（火）
一、午前九時二十分頃、東京調達局川崎不動産部企画課長、同課長補佐清水仙吉、立川調達事務所長川畑綱夫等三名が来町し、宮崎町長に面会を求めた。即ち川畑所長が「本日は国家公務員として国の執行機関たる町長さんに面会をしたい」と述べたが、町長は二階に待たせ、闘争委員に集ってもらった。集合したもの十一名であったが全員で協議した後でなければ会えぬと云う意見であった。調達局の一行は十時五分頃、町長室に入って来て「要件は書類であるが、郵送してもよいのであるが、一応儀礼的に来た」と言ったが町長は応答しなかった為、空しく帰って行った。
二、配達証明書によって、東京調達局長より町長宛の土地立入通知書（※「資料」一三四ページ）を送達してきた。これは午前中来町した目的を達しなかった為である。
三、午后八時より、役場会議室にて、拡大闘争委員会を開き、六月十八日の町民大会開催について、その主旨徹底をはかった。

六月十五日（水）
一、町民大会準備委員会を開く。
二、北多摩町村議長会は立川市に於いて午后二時から開かれ基地拡張反対決議を行った。

六月十六日（木）
一、午前八時から、緊急町議会が開かれ、町長より、調達局よりの土地立入通知書に対する町長の態度を議会に諮ったが、砂川町議会は全員一致を以って、この土地立入通知に対する町長の公告は拒否すべしと決定、町長にこれを申入れた。

　宮崎町長は、議会の議決に従って、公告拒否に決定した。
二、国立町議会に於いては、当町の基地反対闘争への支援決議を行った。
六月十七日（金）
一、先に反対決議を要請していた立川市議会に対し、これが促進の為本日開かれた立川市臨時議会に小林委員長、安藤、内野各議員が赴いた。市議会は調査会を設置する事に決めた。
二、三多摩労協は国鉄八王子集会所に各地区労と主要労組の代表十二名が集り、当町からは石野町議を派遣し、闘争経過を報告した後、協議の結果、当町の組織とは別に、基地拡張反対共闘会議を早急に結成し、三労、各地区労協、主要単産の代表でこれを構成、地元の闘争委員会と連絡し、町側の受け入れ易い方法によって具体的に行動することに決定した。
六月十八日（土）
　午后一時三十分より、阿豆佐味天神社境内に於いて、「立川基地拡張絶対反対町民総蹶起大会」が開かれた。集合したもの約千三百名、町長の挨拶から始まり、町長は「立入通告を拒否して公告はしないが、これは全国初の町長の拒否権であります。……砂川はこれまでも幾度か飛行場周辺として大きな犠牲を払った。再びこのテツを踏まないよう、最後まで反対を頑張り通して、今日集ってくれた近隣や支援者の協力に応えたい」と述べて満場の声援、拍手をあびた。
　このあと、来賓挨拶として、中村（右社）並木（民）山花（代理・左社）西村（左社）各代議士の挨拶、次いで、山川、小泉、田山各都議、隣接町村代表として北多摩町村長会長番場憲隆の挨拶がそれぞれ行われた。
　小林闘争委員長挨拶、宮岡政雄第一行動隊副隊長の経過報告、佐藤清太郎議員団代表、青木市五郎第一行動隊長の決意表明、町内各団体決意表明等、外部団体の激励のあった後、大会の名に於いての基地拡張反対闘争をあくまでつらぬく決議を議決し、大会万歳を参唱して午后四時散会した。

六月二十日（月）

一、六月二十一日よりの調達局の強制土地立入に際して、警察力の動員も予想されたので、宮崎町長、小林町議会議長の連名によって警視庁第八方面本部長高乗釈得氏宛に左の如き要請書を、役場吏員鷹林君を第八方面本部に派遣した、即ち、

警視庁第八方面本部
部長　高乗釈得殿

砂川町長　宮崎伝左衛門
砂川町議会議長　小林皆吉

砂川町基地拡張反対運動のため隊員派遣について

標記反対運動について警備のため貴隊を派遣致す計画との事を仄聞致しましたが派遣に当りましては、特に住民の心を刺戟せしめない様、特に拳銃、鉄帽及警棒等の携行については差し控え下さるよう御配慮賜り度い。

との文書であった。これに対し高乗第八方面隊長は「これはどういうことだ。町長、議長は、とくに短銃うんぬんなどとさし出がましい事を云う権利があるのか。本部長というものは町長あるいは、調達局などの指図で動くべきものではない。本部長の使命によって動くのような状態はつかんでいる。町長、議長などによって動くと思うかバカ者が」と、どなり、さらに「俺は少くとも三多摩の警視総監だ。それが何だ、このようなさし出がましい事を。俺は住民の立場に立って同情はしているが、外部団体の応援者の中には分らぬものが予想される。住民が自分の郷土を守るためにやる場合には警官が出動する事はない」などといったあと「この文書は証拠として取っておいてもよいが、今度は返してやる」と、つき返して来た。

二、新潟市議渡辺氏外二名、基地拡張反対闘争状況実情調査に来町。

三、午后四時十五分、立川調達事務所の渡辺某より役場に「明二十一日測量に行く予定であったが、準備その他の都合により中止する事になった。町当局でも右に対する準備等で色々御迷惑をおかけしていますが、以上の次第につき連絡します」旨の電話があった。

六月二十二日（水）
一、午前十時頃、調達局より二番三番地区の土地所有者三十五名に拡張計画第二案なるものを通達して来る。第二案地区関係者も絶対反対の意思を表明し、第二行動隊を編成する。
二、調達局不動産部清水企画課長代理及び、川畑立川事務所長等が来町し、別紙の如き手紙を置いて帰る。
三、午后六時頃、北多摩地方事務所より、佐藤副知事が町長に会いたい旨の電話があった。町長は明日相談の上回答すると答える。

六月二十三日（木）
一、第二案について、二、三番の代表約三十名は町長に対し左記の申入れをした。
（一）都知事の公示に対して前回同様握りつぶして貰いたい。
（二）闘争費用は町費より支弁してもらう。
（三）第二案の拡張反対の為の緊急臨時議会を召集すること。
二、調達局より土地立入通知書が個人宛に来た。
三、流泉寺住職本田大義氏、檀家総代、第二案反対の申入れに来る。
四、安井都知事は第二案地区の土地立入公告を行った。

六月二十四日（金）
　午后二時二十分より国分寺町自治会館に於いて、宮崎町長、小林、田中正副闘争委員長の三名と、佐藤副知事、外務室山田主事、関根北郡事務所長が会見し、副知事より町長に町内関係者に土地立入公告を行って貰いたい旨の安井都知事から町長宛の要望書を提出したが、町長は受取るわけにはいかないとこれを断り、会議は何等の結論もなく約五十五分で終わった。

六月二十五日（土）
一、定例町議会に於いて、第二案地区の反対闘争資金をふくめた十万円の支出を決定する。
二、都より、昨二十四日、町代表によって拒絶された都知事よりの土地立入公告要請書を郵送してきた。町議会協議会に於いてはこれを返送する事を満場一致で決定した。
　安井知事の要望書は左記の如きものである。

拝啓、立川飛行場の拡張問題については種々の困難な事情もあり御苦慮されていることと拝察、まことに感激の念に耐えない次第である。さて土地収用法第十二条第一項の規定に基き去る六月十四日に寄せられた東京調達局からの土地立入り通知書については、この度、同局長から別紙写のとおり申越があった次第もあり、同法に定められた手続に従い、土地占有者に通知または、公告されたい。なお、本問題の平和的円満解決を図る様、事態の収拾に関し貴職の特別の御配慮を切にお願いする。

敬具

安井誠一郎

宮崎町長殿

三、午后一時、立川市議会の立川基地拡張調査特別委員会委員沢木議員外八名来町、基地拡張反対の実態を聞いて帰る。

四、国分寺町議会は九時から開かれ、立川基地拡張反対の決議を満場一致で行った。

五、村山町議会は立川基地拡張反対決議をする。

六月二十七日（月）

午后六時、東京都外務室長高瀬侍郎氏来町、六時三十分より役場二階会議室で町長、町議と会見、高瀬外務室長は、重ねて土地立入公告をする様に町に申入れた。町では善後策を協議した結果、回答を保留すると返答し、会見は九時半終了した。

六月二十八日（火）

一、高瀬外務室長より、小林委員長（議長）宛に午后二時二十分「昨日約束された件、本日（二十八日）午后から明日午前中迄に回答されたい。一時も早くそして、できるだけ当庁の申入れに沿って欲しい。返答は電話でもよいし又出向いてもよい」旨の電話があった。

二、脱落者十二名に対する声明を発表する。

六月二十九日（水）

一、午后一時五十分、都外務室石井主事に、「議長から電話があり、先日の申入れに対し本朝より町内を飛び回わり現在努力中である旨、室長に申し伝えてほしい」と電話すれば先方より「次の報せは何時頃になりますか？」

との問いに対し、こちらからは「議長が町内を奔走中につき、時間については何とも申上げられない」旨返答する。
二、午前中、第一、第二行動隊立入りにそなえて待機。
三、淡谷代議士他一名来町。
四、地方事務所より松本総務課長、荒井係長、三田主事、来町する。

六月三十日（木）
一、高瀬外務室長より町長に電話があり、昨二十九日夜九時三十分、町長、議長宅へ行ったが、両者とも不在で帰宅したと言って来る。
二、午前十一時東京調達局清水課長補佐、渡辺立川事務所員来町し、第二案に対する立入通知書（※「資料」二三四ページ）を持参したが、町長不在のため帰り、午后三時三十分配達証明にて送達してくる。午后一時十五分、調達局川畑事務所長より電話があり、「本日の午后から調査させて貰いますから、予め連絡します。時間等は内部との関係もあるので申上げられない」とのこと。早速動員態勢をとり、待つ内に、午后四時昭島市中神道より中型ジープで彼等は五日市街道に来、石野町議宅前に止まり、矢崎調達局次長、川崎企画課長、川畑所長等約十名が降り立ち、早速作業にかかったが、半鐘の知らせにより、集合した労組、地元民のスクラムに遂に測量出来ず四時四十分退散した。

七月一日（金）
一、午前十時久留米村議会佐藤議長等来町、基地拡張反対決議文を町長に手交した。
又久留米村議会は同様決議文を東京調達局にも送った。
二、午前八時三十分より町議会全員協議会を開き、先月二十七日、高瀬外務室長から示された都知事の第三次あっせんは黙殺することに全員一致で決定した。
三、午後一時総評弁護士三名（鈴木紀男、松崎勝一、鎌形寛之）来町。
四、午後一時三十分、関東公安調査局三多摩支局、法務事務官山崎君雄なる者が来町し、町長に求めたが、主旨がよくわからぬ為、つっこめば不得要領のまま帰った。
五、一時五十分、山花、淡谷、細迫各代議士、応援のため来町。

六、三時四十分頃、調達局のジープが七番方面より侵入し来り五番組田中喜一郎氏前道路に止まるや、待機して居った地元民労組員三百人にとりかこまれ、彼等はジープから降りることも出来ず、山田不動産部長、川崎企画課長等は応援の淡谷、山花、細迫、中村各代議士より測量中止を勧告され、押し問答の結果、遂に測量できず、四時三十分、地元、労組のスクラムの歓声と罵声に送られ、ジープを押し戻され引上げて行った。

七、五時より神社境内で報告大会を開き、益々団結を固め、政府の野望を粉砕する事を誓い合って解散した。

七月二日（土）

一、午前十時三十五分。調達局のジープ、乗用車二台の三台が村山方面を通り現地に入って来る。半鐘が鳴り、三百名のスクラムが、ジープ、自動車を包囲、一歩も砂川の土を踏ませぬ様に人垣がくまれた。その日のジープの中には測量器が積まれて居らず、これを知った地元民は「調達局はわれわれを挑発するのか」と怒りジープを乱打し、ゆすり激怒の情を示した。この強烈な郷土愛のために調達局は何等の処置なく、約十分にして敗走して行った。この間、調達局山田不動産部長自ら砂川分水に落ちた一幕もあった。

二、調達局の退散した後、連日数十名の私服を動員して、我々町民の動勢をうかがっていた警察は、役場二階会議室で、闘争委員会に不祥事の発生することのない様十分注意する様申入れをして来たが、この警視庁山下警備第一係長、横山立川署警備係警部らに対し、小林闘争委員長、青木第一行動隊長等は「車を三台も連ねて来ながら測量用具を持って来ていない。しかもいきなり測量もせずクイを打つのは乱暴だ。これは明白に調達局側の地元民に対する挑発行為と思う。等々」本日の責任は調達局側にある旨を逆に反対抗議した。

三、その後、小林闘争委員長、青木市五郎第一行動隊長、鳴島勇副闘争委員長等三名は中村高一（右社）、吉田法晴（左社）、各代議士に伴なわれ東京調達局及び特に警視庁警備課を午后五時頃訪ね、「地元の実情を無視して警官が反対闘争に不当干渉するな」と左記の抗議文を提出した。即ち

抗議文

本日福島調達庁長官は新聞紙を通じて「負傷者を出すことがあっても飽くまで測量を強行する決心だ」と語った。而もこれを裏書きするかの如く本日午前多数の警官に援護された東京調達局員は測量器も持たず、対挑発のために砂川町に入って来た。

然しながら右の如きは、福島長官の「地元民の多数が反対するならば強行しない」という従来の言明並びに「町長の告示なき立入りは違法である」との言明にも反し、政府自ら冷静を失し法を蹂躙するに至った暴挙と言わざるを得ない。

吾々砂川町民は、調達庁と警察のかくの如き暴挙と挑発行為に対し厳重抗議する。

昭和三十年七月二日

砂川町基地拡張反対同盟闘争委員長　小林皆吉

調達庁長官　福島慎太郎殿

東京調達局長　河崎正殿

警視総監　江口見登留殿

四、闘争委員会にてかねて準備中の「私有地立入禁止仮処分申請」を東京地方裁判所へ申請した。

五、闘争の長期化にそなえ、闘争本部を阿豆佐味天神社社務所に移す。

七月四日（月）

一、地元代表、宮崎町長、小林闘争委員長、若松貞次郎前町長等十二名は、中村高一、山花秀雄両代議士紹介で午前十一時、国会内で根本官房長官と会見、第二案地区の拡張反対陳情を行い、反対請願書と反対署名簿を手交した。その後代表は都議会に赴き、中沢副議長に面会、前回の都議会の反対意見書採択に謝意を表すると同時に、第二案の拡張反対への都議会の協力を要請した。

二、現地では、調達局の立入にそなえて待機した。

七月五日（火）

一、東京地裁に於いて午后一時より、三宅裁判長係りで、二日に提出された「私有地立入禁止仮処分申請」の審尋が行われた。政府側からは法務局の豊水訟務局第四課長等が、地元側からは総評弁護団鈴木弁護士等三代理人がそれぞれ出席して、意見を述べたが、決定は出されなかった。

二、参議院内閣委員会に於いて、立川基地拡張問題について、吉田法晴（左社）、堀真琴（労農）、加瀬完（左社）、成瀬幡治（左社）、各代議士から福島調達庁長官に質問があった。

七月六日（水）

（一部欠落・判読不能）

一、午后一時より阿豆佐味天神社境内にて、ラヂオ東京の街頭録音「伸びる基地」が行われた。これは我々と同じ立場にある新潟との二元放送であり、「あくまで反対であり、死んでもいやだ」と強い町民の意志を吹込んだ。

七月七日（木）

午后六時四十分より役場会議室にて闘争本部会議を開き、共同闘争の主旨の徹底浸透、及び今後の警戒態勢等を検討する。

七月八日（金）

東京調達局より、土地立入期日を七月十六日から八月二十一日までとする変更通知が送達されたが、同様文面のはがきが第一、第二案地区の各戸に送られて来た。これ等の文書は返送するに決定された。

七月九日（土）

三多摩地区労働組合協議会代表約三十人が調達局立川事務所に川畑所長を訪ねて、不測の事態が起るかも知れぬから善処すべきである旨の警告的申入れを行った。

七月十日（日）

夜七時三十分より緊急町議会を招集し、政府、東京地裁所長等へ、農業経営上から、六、七、八、九、の四ヶ月間、農地に立入ることを禁止されたき旨の陳情をする事を議決する。

七月十一日（月）

一、午后三多摩労協共闘会議谷合副議長等幹部七名は、立川調達事務所に於いて、全調達職員労組の白山忠国執行委員長等と会合し、砂川の基地拡張反対闘争について協議した結果次の如き結論を得た。

1、両者は共闘態勢をとる。

2、トラブルを避ける様に、互いに最善の努力をする。

3、三労共闘会議は統制のある行動をとり暴力行為は慎む。
4、調達庁労組は長官に測量拒否を申入れる。
二、都町村議長会の臨時会が国分寺町北郡自治会館に於いて開かれ、基地拡張反対請願を採決した。

七月十三日（水）
一、午后七時より闘争本部会議を役場会議室にて開き、地元の団結強化策を検討した。
二、続いて八時十五分より緊急闘争委員会を開き、闘争をより強めあくまで勝利の日まで闘い抜くことを誓い合った。
三、更に地元総会が持たれ、同様闘争の強力化を叫び、団結を固めることを共に話し合った。

七月十四日（木）
一、衆議院外務委員会に於いて、基地問題がとりあげられ、立川、小牧両基地拡張の被害をを受ける砂川、小牧市、北里村、春日井市、よりそれぞれ参考人を呼んだ。砂川からは平井武兵衛、砂川昌平の両闘争委員が出席し、午前十時三十分より、各参考人の陳述を行った。両代表はそれぞれ、砂川町の蒙る犠牲を述べ、拡張中止を要望した。

その後質問に移り、政府側からは、福島調達庁長官、根本官房長官、安田調達庁次長、立川外務省政府委員が出席した。
二、亦同日、参議院内閣委員会に於いても、基地問題がとりあげられ、砂川からは第一行動隊長青木市五郎氏が出席、反対主旨を熱烈に述べて闘って来た。
三、参議院外務委員会の佐藤尚武（緑風会）後藤文夫（同）岡田宗司（左社）佐多忠隆（左社）羽生三七（左社）の五委員は午前十一時、米軍立川基地司令部で、極東兵たん空軍ルストー司令官等から同飛行場の拡張計画等をきき、基地内を視察した後、三時岡田宗司、佐多忠隆両氏のみが来町し、宮崎町長、小林、田中正副委員長闘争委員等から町の実情をきいて四時退町した。

七月十五日（金）
一、午前九時四十分から闘争本部会議を開き、七月十六日以降の闘争体系について検討した。

二、午後二時より共闘会議が役場会議室に於いて開かれ、今後の闘争、動員態勢等についての検討が行われ、共闘会議事務局長に三労事務局長関口和氏が選任された。

七月十六日（土）

田無町議会議長藤宮長寿郎氏等、田無町代表七名が闘争本部を来訪、激励文及び資金カンパを持参し実情をきき激励して帰る。

七月十七日（日）

午後立川市議会代表が、中島立川市長他二十九名の市議の資金カンパ及び署（欠落）

七月十九日（火）

午後六時より本部会議、情報網の確立、地元の強化、町民大会開催その他を決定した。

七月二十日（水）

午後八時より拡大闘争委員会。

各部長よりの中間報告の後、二十日午後三時から阿豆佐味天神社境内に於いて、町民大会を開き、闘争経過の中間報告を行うことを最終決定し、動員態勢についての検討を行い、十時十五分散会。

七月二十一日（木）

一、午後、東京地裁民事九部三宅裁判長は、第一案地区より、地裁に提出してあった私有地立入禁止仮処分申請について「公権力の行使を阻止するには行政事件訴訟特別法第二項の規定による執行停止の方法によるべきであって、民事訴訟法の仮処分に関する規定によるべきでない」との趣旨から、本仮処分申請を却下した。

二、調達局より、仮処分申請却下の結果、調達局側に合法性ありと無理に理由づけて、地元に対し、文書によって切崩し工作に出て来た。

七月二十二日（金）

午前九時三十分より、緊急本部会を開き、

一、仮処分申請却下に対する近隣町村への態度表明について検討した結果、

①声明書を作成し、これを手交並びに却下理由を説明

する。

②宣伝部に於いて、全町内に却下に対する誤解釈明の為に宣伝を行う。

③近隣市町村訪問を二班に分けて行う。

二、先般来、不可解な行動を起こして、反対闘争の妨害になっていた南部会金子忠士氏に対する申入書を企画部に於いて起草し、二十三日これを手交すことにする等を決定した。

七月二十三日（土）

午前八時より、第一班田中、青木（直）、須崎、第二班、吉沢、内野、砂川、の二班により、第一班は立川、国立、国分寺、小金井、小平、福生、昭島、第二班は村山、東村山、大和、久留米、清瀬、田無の各市町村を訪問し、二十一日の仮処分申請却下の内容について説明し、今後の協力方を要請した。

七月二十四日（日）

午后三時より阿豆佐味天神社境内に於いて基地拡張反対町民大会を聞き、闘争経過の中間報告を行い、大会宣言を起草発表した。即ち、

宣　言

米軍立川飛行基地拡張反対闘争が始ってより二ヶ月半、我等は終始一貫闘争の基本的信念を変えていない。然るに調達庁は故意にこれを曲解し悪辣な内部崩壊工作のみに供している。我等はここに闘争の真意を公表し、全国民の支持を得て初志の貫徹に飽くまで闘うことを決意する。我等の闘争は生活権の擁護であり、思想的なものではない。従って巷間伝えられる如き反米的政治闘争では断じてないことを明らかにする。

地方自治を根底から破壊するが如き計画を一方的に発表し、強行せんとする調達庁は小牧基地の北里村長の衆院に於ける証言の如く国民を欺瞞し、地方自治を否認している。其の上日本国憲法を無視して、正当な権利を主張する我等の行為を権力によって押切らんとするが如きは本末転倒も甚だしいものである。

一方既成の事例を殊更に曲解し、住民を刺激し事態をこのんで悪化させている。斯様な行為によって生じる事態の責任は一切調達庁が負うべきものであることを明ら

かにし、我等町民一丸となって、最後まで断固闘うものである。

昭和三十年七月二十四日

砂川町基地拡張反対同盟

七月二十六日（火）

一、本日の参議院内閣委員会に於いて、鳩山首相の出席を求め防衛関係三法案の審議を行ったが、この際、右社田畑金光氏の「米軍基地拡張問題に政府はどう対処するか」の質問に対し、首相は「政府としては米軍の基地拡張が日本国の防衛を逸脱するような場合は反対したい。たとえば日本の基地から爆撃機が飛び立つような基地には反対だが、戦闘機が（不明）出す程度の最小限度の拡張には同意して米軍の要求に応ずる義務がある。」と答えた。

二、午后六時二十分より本部会議を開き、当面の問題について検討する。

三、石川祐常、闘争本部に闘争委員の辞表を提出条件派に移る。

七月二十七日（水）

一、町内配達の朝刊各新聞に、調達局より左記の如きパンフレットを入れて来た。

砂川町の皆さんへ

立川飛行場拡張計画準備のための立入調査について

このたび立川飛行場拡張計画に伴う立入調査につきましては、町当局や基地拡張反対期成同盟の方々を通じ、或いは直接御関係の皆様にお目にかかってお願い申上げ、御理解が得られるよう、私共の出来ます限りの努力をして参った次第であります。

私共と致しましては、先般已むを得ず、「法」の定めるところによって立入調査をする旨お知らせ致しましたが、立入の際には私共は充分注意を致しまして皆様に御損害を御掛けしない様努力致しますし、先般御関係の皆様がなされました立入禁止の仮処分の申請も御承知の通り、去る七月二十一日東京地方裁判所で却下の決定がなされましたことでもあり、又政府としても去る七月二十二日の閣議で如何ようにしても所有者の承諾が得られない場合は日米安保条約の目的達成のため緊急の必要ありと認める場合は已むを得ず、法により、使用又は収用を行うという方針を決定して居ります。

こういう事情ですが、私共は今でも尚、御関係の皆様の御了解の下に円満に立入調査を実施したいという念願には変りはありません。この問題は、皆様御自身の問題でありますので、充分御考え下さいまして御承諾を頂きたいものと存じて居ります。

つきましては上記のような事情と私共の意のあるところを御賢察下さいまして、もう一度御懇談願いたいと存じますので、何卒宜敷く御協力をお願い致します。

昭和三十年七月二十六日

東京調達局

これに対し闘争本部は黙殺することにした。

二、信濃町日本青年会館に於いて開かれた、総評大会に午后四時、代表として萩原一治、宿谷孫四郎、砂川昌平の三町議、平井武兵衛、馬場幸蔵、青木一郎の三闘争委員が出席、今までの支援を感謝すると同時に今後の協力方を平井氏より述べられた。

七月二十八日（木）

一、昨日に引続いて、総評大会へ、小沢毅平、青木良一両闘争委員、衆議院第二議員会館第一食堂に於いて開かれた全国基地拡張反対協議会の会合に宮崎光治、師田義雄両闘争委員が出席、情報交換等を行った後、午前十一時半、吉田法晴氏と共に根本官房長官を訪ね反対陳情を行った。

二、調達庁よりの文書一六〇通返送する。

三、午后八時より企画部会を開く。

七月二十九日（金）

一、二十七日朝刊折込の調達局のビラに反駁する為「全町民の皆さんへ」なる反駁文を作する。即ち、

全町民の皆さんへ

◎七月二十六日新聞折込によって、東京調達局が配布した「立川飛行場拡張計画準備のための立入調査について」反駁する。

このたび無謀な立川飛行場拡張計画が砂川町民の意志を全然考慮に入れず一方的に突然発表されました。

調達庁は当初から地元民の死活を度外視して、土地収用法を最上の威嚇の武器として強圧を加えて来ました。

然し地元民は、

「生活権擁護」を腹の底から叫び、全町民は故郷の町を愛する熱情で結集されそれが、町（一部欠落・判読不能）われ、強制測量の実行を不可能とさせました。

（一部欠落・判読不能）調査を行いたいと言い出した。したいとは「あくらつな手段で切崩しをやる（一部欠落・判読不能）

調達庁は今、豊臣時代大阪夏の陣の古い戦法をジェット機の飛行場を作るために用いようとしています。

一方福島長官が衆参両院で行った答弁も私共に取っては嚇したりすかしたりする文句以外には受け取れません。即ち、

「立入測量はそのまま基地拡張を意味するものでない」と強調し、次には「夜中でも警官隊の援助で強行測量する」と嚇かし「たとえ負傷者を出しても強行測量をする」と弾圧をほのめかし「立入調査を行ったものは例外なし基地となっている」と本音を吐き「大多数が反対ならば土地収用法は適用できない」と化の皮をはいでいます。

然も立入禁止の仮処分申請が却下されるや時を移さず「却下」と云う法廷用語を悪用して、立入権の合法性が判決によって明確にされ私共の闘争が完全に敗北に終ったかの如き印象を与えるに努めていることは、如何に血迷ったとは云え自ら立法司法行政の三権を無視し裁判所を侮辱するも甚だしいと云わざるを得ないし司法権の破壊であろう。然も責任ある政府の長官がこのような言辞を吐くに至っては言語道断であり、国民の名においてその責任を追及されなければなりません。

現在「町長の告示がなくても立入権は成立している」と云う調達庁と、「町長の告示がない以上法的手続に欠陥がある」と主張する私共とは依然として対立したままで、裁判所は良いとも悪いとも一言も云っていません。次に調達庁は「此の問題は皆様自身の問題である。」と再三云っている。確かにその通りである。私共は最も民主主義な方法によって各人の意志表示を願い、その基本に従って闘争を続けて居ります。同一意志を持つ人々が集って同一行動を取ることに何等の不思議もないし極めて当然な姿でありましょう。

調達庁は各人の自由の意志をききたいと云うが何等の

権力的、欺瞞的言辞を用いないで、その充分な目的を達するると思うことが一方的な独善的思い過しであると云わなければなりません。それは現在まで行われた如く一部の人々をそそのかし利用し、あらゆる甘言を以て各人の自由意志を曲げようと策動している事実がよくそのことを証明しているのであります。今日の社会は決して自己主義だけで成立するものではない。地方自治体の根元は、地域社会の幸福のために民主主義の原則に従って行われる行為と信ずるものであります。

私共の勝利は目前にあります。然し生易しいことではこの勝利を握ることはできません。鉄の如き意志と団結、これが目的完遂即ち勝利に通ずる唯一無二の道であります。

全町民の皆様互に手を取り合って前進しましょう。

昭和三十年七月三十一日

砂川町基地拡張反対同盟

七月三十日（土）

一、条件派約十五名、石川祐常宅に参集協議する。砂川町基地問題臨時処理懇談会を結成。

二、地元總会を開き、百数名集り団結を強固にし、調達庁に切崩されない様申合せた。

七月三十一日（日）

午前十一時より本部会議を開き、条件闘争派石川祐常に説得しに行った結果報告があった。

八月一日（月）

町議会全員協議会に於いて拒否闘争の基本方針をつらぬくことを再確認した。

八月二日（火）

支援共闘会議は午后一時から阿豆佐味天神社境内にて第四回会議を開いた。

支援共闘会議議長に重盛寿治（参議院・東京地評議長）、副議長長谷緑也、事務局長関口和のほか常任闘争委員十三名を選出。

調達局の強制測量にそなえ四日反対同盟、共闘会議、革新議員団の三者で五十名の代表を結成、政府、関係行政官庁、警視庁らに測量立入絶対反対の申し入れを行うことになった。

八月三日（水）

午后八時三十分より本部定例会議

一、町報発行の件、発効日は八月十二日

二、調達局抗議　八月四日

本部　小林皆吉　吉沢義秋　石野昇

第一行動隊　青木市五郎　宮崎力

第二行動隊　宮野卯一　梅田幸

全町　内野茂雄　以上八名参加

三、政府声明に対する反駁文の作成

その他を決定する

八月四日（木）

反対同盟代表七名は左社山花代議士、重盛参院議員・支援共闘会議代表と共に首相官邸に田中官房副長官、警視庁は片岡警備第一部長、東京調達局河崎局長等を訪れ、拡張を前提とした政府声明の取り止め、拡張計画の中止、警備力に依る干渉反対を申入れた。調達局に於いて河崎局長は「戦争中には赤紙一枚で生命を棄てたのだから今回の拡張も我慢しろ」と云う様な暴言を吐いた。これに対し代表らは憤然と席をけって立って帰った。

八月五日（金）

一、政府は午前の閣議で基地問題に関する左記の声明を発表した。

声　明

政府はかねて在日米軍から在日米軍の使用飛行場拡張のための用地の提供要求に接し慎重に検討中であったが、次の事情を考慮し最小限度の飛行場拡張計画はわが国のため不可欠のものであるとの結論に達するに至った。

1、現在世界各国は進歩したジェット機の充実に依りその防衛力を強化しつつあるのがその大勢であり、わが国に於いても今会計年度中に航空自衛隊が実用ジェット機を保有する予定となっている。このような大勢に於いて世界各国はジェット機離着陸のための飛行場の滑走路の距離はいずれも九〇〇〇フィート以上に達している実情である。

2、現在在日米空軍が使用中の飛行場は、全て旧式のプロペラ用飛行機のために建設されたものであり、将来の進歩したジェット機はいうに及ばず、現在在日米軍が使用しているF86ジェット機の離着陸にも不十分なため、在日空軍は燃料の積載量を減ずる等の方法を講じて辛うじて離着陸をなしている実情であり、滑走路の距離が不足するため各地の飛行場で事故を引き起こしているという状況である。すなわち右により明らかなごとく、今回の拡張計画は世界的な大勢と歩調を同じくし、日米安全保障条約に基きわが国の防衛を全うすることを目的とするものであり、いわゆる日本に原水爆基地を設けることを目的とするものでないことはいうまでもない。よって政府はすでに立入調査を完了した小牧飛行場の外に立川、横田、木更津、新潟など四飛行場の隣接区域につき早急に立入調査を完了する所在である。

3、これ等の調査の結果に基き拡張することと決定する場合には、政府はその拡張が一般民衆におよぼす影響について周到な考慮を払い、拡張に伴う土地所有者その他に対する補償についても、できうる限り十分な処置をとる方針である。かつまた拡張の具体的計画の立案に際しては、その範囲方法等は必要の最小限度に止める方針であることはもちろんであるが、このことについては米軍当局もできうる限りの協力を約束している次第である。この拡張工事は米軍の負担において総額約千五百万ドル（邦貸約五十五億円）の経費で行うこととなっているが、この拡張施設は将来在日米空軍が日本から引揚げた後においては、わが国の施設として利用されるものである。なお、本計画が実現することによって、相当数の米軍使用飛行場の日本側への返還が促進されることとなり、たとえば立川飛行場の拡張が完成することとなっている（原文ママ）。以上のような事情であるので政府としては一般国民はもちろん地元関係のものにおかれても本計画に十分な理解と協力を寄せられることを希望する。

二、これに対し、反対同盟では、正午過ぎ、声明を発表して反駁した。「本日政府は全国の基地拡張に関する声明書を発表したと唯今のラジオで発表があったが、その内容については発表がなかったので詳細は不明であるが、過日の仮処分申請に対する政府の答弁書の内容からみて本質的な態度を変更したとは考えられない。我々は憲法で保障された基本的な権利を守るために飽くまでも全町を挙げて闘う決意は政府の計画が解除されるまで毫も変するものではない。
右声明する。
昭和三十年八月五日　十二時三十分
砂川町基地拡張反対同盟
委員長　小林皆吉

三、共闘会議との八月五日以降の動員態勢の打合せ会が四番組公会堂にて行われた。

八月六日（土）
一、東村山八坂小学校に於いて午后五時より開かれた平和擁護大会に宮岡政雄第一行動隊副隊長、平井武兵衛闘争委員が参加、闘争の実態を訴えた。
二、午后一時よりの岩波書店労組の平和大会に砂川昌平調査部長が赴き、闘争経過報告を行った。
三、午後六時からの国立駅前に於ける「原水爆禁止くにたち大会」へ田中副闘争委員長、天城仁朗企画部員が出席、今までの協力を感謝し、今後のより強力な支援を切望した。
四、清瀬町主催の平和大会に、青木市五郎第一行動隊長、石野昇宣伝部長が出席、闘争の実態を報告した。

八月七日（日）
東京調達局より五日附にて、立入調査の協力依頼状来る。

八月九日（火）
条件派三十六名は立川市料亭三幸にて、河崎東京調達局長と会談。

八月十日（水）
一、午后八時四十五分より本部会議。八月十五日以降の動員態勢、宣伝について検討。
二、午前十時十分、東京調達局不動産企画課、清水課長補佐より電話あり、「近く町長にお会いしたいが、日時を知らせてほしい」と、これに対し町長は、会う必要ないと返答する。

八月十二日（金）

調達局長より町長宛往復葉書が来る。

八月十三日（土）

一、午前八時二十分より町議会協議会、全員協議会を開き、第一行動隊より提出された誓約書について協議の結果、左記の声明書を出すことに決定した。

声明書

砂川町議会は去る五月十二日地元関係者諸君から要請された基地拡張絶対反対の趣旨に対して満場一致これを採択、以来議会を中心にいわゆる町ぐるみの闘争を展開し加えてこの闘争は全国から大きな世論の支持を受け闘って来た。

然るに地元関係者の中から少数の脱落者を出したことは誠に遺憾に堪えざるところである。然し乍ら今回地元の諸君が自発的に、この闘いの陣列から離れることなく最後まで闘う強固な意志のもとに誓約書を提出されたことについて、議会は八月十三日全員協議会において協議の結果満場一致これに答えて地元の諸君と共に最後まで闘うことを決議した。

茲に町議会は地元関係者諸君の意に応えると共に深刻の度合を増した闘争の実情に鑑み町民諸君も益々その結束を固めて目的完遂の日まで更に闘われんことを切望する次第である。

右声明する。

昭和三十年八月十三日

砂川町議会

二、午后一時より町議会に警視庁片岡警備第一部長、井出第八方面本部長、立川署長等が来、「政府の立入測量は適法のものであり、それが妨害された場合警視庁としては取締らざるを得ない。ぜひ合法的にやって貰いたい。」と発言した。これに対し地元としては町長の公告がなされていないから調達庁の立入権は成立しない、と反駁すれば、警視庁側は有権解釈によって適法であると云う。町側は「不法と思う立入りを阻止するため合法、非合法すれすれの行動をとることは止むを得ない。」と述べて警察の一方的態度を攻撃すれば、片岡隊長は「砂川の皆さんがいくらいきり立っても警視庁にはかのメーデーの様な大がかりな暴動を鎮圧した機動力があるので、警視庁二万三千人に対抗しても勝てないのだから政府の方針に従え、とか生活権、生活権と主張されれば、例えば朝鮮人部落のドブロクの密造をとりしまった時、生活権を主張されたらどうにもならない、と死活の問題をドブロクと例える等の暴言を町議会の席上で敢てしたのである。この暴言に対し町議は議会を侮辱するものなり、失言だ、と追及すれば片岡は失言であった旨を認めて取消した。

又片岡はこの闘争を或る政党が党勢拡張のために利用しているとか、終始虎の威をかる狐、威嚇的、弾圧的言辞を弄して、単なる一地方議会は威嚇、恫喝で小さくなるだろうと云う軽侮の表情でその口から弾圧をほのめかしていた。結局「威嚇としか受取れない、このまま続けていても無意味だ」と会談は打切られた。

三、若松貞次郎前町長は「私見」なるものを発表した。これは条件派の人達の同席の処で発表されたものである。

町議会より田中副議長他三名が発表中止を申入れに行ったが結局無駄に終った。

四、「砂川町広報基地闘争特集号」を配布する。

五、午后八時三十分より本部会議を開く。

（1）第一行動隊長より提出された誓約書及び、これに対する町議会声明。

（2）若松氏の私見発表に対する件。

（3）調達局長より町長宛の面接依頼文書の件。

（4）警視庁片岡部長来町会談の件、その他。

等を審議する。

八月十四日（日）

一、地元闘争委員会。

二、拡大闘争委員会を開く。

八月十五日（月）

一、十三日来町し、恫喝的言辞を吐いて帰った警視庁片岡部長談話に対し、正午、小林闘争委員長の談話を発表抗議する。

談　話

去る十三日警視庁片岡部長は砂川町の基地拡張反対闘争に対し次の様な弾圧的言辞をはいた。

1、砂川町民がいかに反対しても警察力には勝てない。

警察はかのメーデーの際のあれほど大がかりな暴動を鎮圧した。
2、砂川町の住民が生活権をかけて闘っているのに、ドブロク密造と同一視してこれを取締ると発言した。
3、純粋の生活権擁護の闘いに対し、一部政党や労組が闘争を扇動しているとの見解を取って取締ろうとしている言葉をはいて脅かした。
以上の三点から明らかに我々の闘いを誤解、調達局側と同調し当局の無謀な計画を援助する意思を明白にした片岡警備第一部長の発表は挑発的なものである。ここに闘争委員の名において抗議する。
二、午后一時加藤、川端下、山川の三都議が警視庁に江口総監を訪問、「警視庁は民主的行動をとるべきだ」と抗議した。
これに対し総監は「挑発するつもりはなかった。不詳事件が起った時は警察は独自の立場で取締る。制服の警官をいきなり出すことはなく、適当な場所に待機させる。これまで関係官庁から数度にわたり鉄カブト隊を出してスクラムの中で安全に測量できる様にして貰いたいと頼まれたが、その都度断っている」と回答した。
その後三氏来町、会談の報告を行った。

八月十六日（火）
午后二時三十分より役場二階にて共闘会議。

八月十七日（水）
午后八時より広島の原爆被災者四名来町し原爆の恐ろしさについての伝あり、涙してきく。九時三十分終了。

八月十八日（木）
一、午前十時より東京駅国鉄労働会館にて開かれる東京地評第五回大会に吉沢、清水（度）、萩原、砂川四町議、第一・第二行動隊より各三名出席、砂川町議より過去の支援感謝と今后の協力を要請する。
二、重盛地評議長にともなわれ清水（度）議員、宮岡副行動隊長、青木（久）、村野各闘争委員、調達庁訪問。重盛氏と宮岡副行動隊長、福島長官と面会、第二案廃案を確めた結果廃案を確認。

八月十九日（金）

荒井長吉氏外二十二名より内容証明にて委任状解任の文書が来る。

八月二十日（土）

一、先月二十一日東京地裁にて却下された「私有地土地立入禁止仮処分申請」を東京高裁に抗告する。と同時に「測量のための立入り」公告をした安井都知事を相手どり行政処分取消し訴訟を東京地裁に提訴した。

二、午后二時十五分より共闘会議主催の「基地拡張反対闘争支援総蹶起大会」が神社境内にて行われた。集合したもの二千五百名、支援共闘会議議長重盛氏、国立町長田島氏、山花・中村各代議士のあいさつ激励があり、宮崎町長、小林闘争委員長、青木第一行動隊長、砂川ちよ氏等から感謝と決意の表明があり闘争支援決議、大会宣言を決議し万歳参唱の声が鎮守の森にひびきわたった。

大会終了后延々長蛇のデモ行進の列が五日市街道に続き盛会裏に幕を閉じた。

三、東京調達局長河崎正名で第二案取消しの通知が役場及び個人宛に来る。

八月二十二日（月）

一、午后一時より共闘会議が開かれる。

二、午后五時、立入調査実施の通知来る。

三、午后八時より拡大闘争委員会に於いて、都副知事よりの会談申入れには二十五日、午后一時町に於いて会う旨決定。

二十四日以降の動員態勢を検討する。

八月二十三日（火）

一、明二十四日の立入にそなえ、午后八時より地元総会をひらき団結を固めてあたることを誓う。

二、共闘会議役員四十名、砂川町議宅他に分宿する。

三、午后八時、調達局清水課長補佐より局長が会いたい旨の電話があった。

八月二十四日（水）

午前七時半、半鐘を打ち警戒態勢をととのえる。

午前九時十五分頃、調達局は山田不動産部長が総指揮をとり立川基地第三ゲートより町に入って来る。共闘労組のスクラムに阻止され、現地で山花、山川氏等の交渉団と話合ったがまとまらず、午前十時二十分より役場二階会議室にて交渉を始めたが交渉は妥協点にいたらず、正午一旦休憩。調達局側は休憩中本庁と連絡をとり午后一時半再開したが、三時すぎ交渉決裂し、三時十六分測量再開を山田部長は叫んだがスクラムによって完全に阻止される。午后四時二十分頃トラック三台に警視庁予備隊が分乗して到着、ついで四十分頃五台が到着、五時十分前頃警察は実力行使で無抵抗のピケを破り、第三ゲートに来た。しかしその時、山田部長は測量の中止を叫んでゲートの中に退去して行った。町民は権力で民衆を弾圧する政府の実態をその純心な胸の底にきざみつけたのだった。しかし勝った。阿豆佐味天神社境内で報告大会を開き、万歳参唱の後明日の闘いにそなえて解散した。

又同盟では次のごとき声明文を発表した。

声　明

本日の調達庁は地元民の意思を無視して、強制測量を強行せんとした。われわれは最悪の事態に対しても、無用のマサツを極力回避すべく努力し、調達庁長官との話合いによって自体を収拾する機会をつくるべく申し出たにもかかわらず、一方的にこれを拒否、みずからその機会を放棄したことはまことに遺憾とする。この行為に依って生ずる一切の責任は調達庁が負うべきであり、好んで事態を悪化させる悪意の現われである。われわれはさらに決意を明らかにして最后まで闘うものである。右声明する。

八月二十四日

砂川町基地拡張反対同盟

八月二十五日（木）

一、午前九時より本部会議を吉田町議宅で開く

二、十時十五分浅沼書記長来町

三、午后一時十五分より砂川中学校講堂にて安井都知事と会談、知事に実情を訴え接収中止方尽力を懇請、知事は善処する旨を答えた。

四、午后四時五十分より二階教室にて福島長官、都知事、高瀬外務室長等と地元交渉団との交渉開始、午后九時三十分終了。

福島長官は外郭測量をさせて欲しい旨の所謂拡張する線はゆずらず、地元側は拡張反対をゆずらず、明二十六

日の会談を約し測量は行われないことになった。

八月二十六日（金）

一、九時十分より役場で闘争委員会を開き昨日の会談の報告を行った。また七時三十分からの地元第一行動隊の会合に於いては拡張絶対拒否の結論が出た。

二、共闘会議では第八方面隊へ抗議することに決定し地元よりも清水町議、宮崎力氏が同行した。十時三十分出発。

三、十一時十分より共闘会議開く

四、午后一時十五分より福島長官との第二次会談開始

福島長官の提案した条件はこれを拒否する。結局会談は平行線をたどり十時三十分に終ったが明日の測量は行わず、又交渉は打切ったわけではないと云う結論を得た。

八月二十七日（土）

一、午前九時昨日の会談内容報告を神社境内にて行う

二、十一時より拡大闘争委員会を開き今後の態勢につき協議する

三、安井都知事、鳩山首相と砂川問題のため早朝軽井沢に出発したが会見は明二十八日となる。

四、十二時十分より共闘会議との懇談会を開き、互にきたんのない意見を発表し合う。

五、午后一時十分、田中、平井両代表、和田（左社）、浅沼（右社）両書記長、藤田総評議長等と西田労相と会見する。

八月二十八日（日）

一、午前九時十分より本部会議に於いて情勢分析を行う。政府の申入れにより二十九日午后一時より役場会議室に於いて会談を行う旨決定電報打つ。

二、午后五時五十分林労働局長来町し都知事が明日以后について心配していると鳩山首相との会談報告をしたいので知事公館で待っているから来て欲しい旨伝える。協議の結果小林、田中正副委員長、青木市五郎、石野昇の四名と総評の塩谷副議長同行し八時出発十一時二十五分……（欠落）

三、午后十一時三十三分、福島長官より明日一時、町役場に来る旨電話あり。

八月二十九日（月）
一、八時より地元会議
二、九時四十分より闘争委員会
三、十一時四十分より地元と共闘との合同会議
四、午后一時二十二分より第三次会談が始められたが、結局妥協点なく、午后六時十分会談は打切りとなった。
五、会談終了後、共闘、本部合同会議を開く。

八月三十日（火）
一、都知事に再公告しない様、陳情のため、町長、田中副委員長、清水町議、東京都庁に出向く。
二、午前九時より本部会

八月三十一日（水）
八時より地元会議を開き、九月よりの第二段階に団結を固めることを申合せた。

後　記

COMME ÇA COMMENCE, COMME ÇA CONTINUE
（斯く始まり、斯く続いている）

闘争も第二段階に入り、来る十三日より亦、政府、調達庁の無謀な強制立入をひかえて、一時を見つけ闘争資料第二輯をつくる。

闘争はより深刻になり、より激烈になる。

町の平和を守る闘い、そして日本の、世界の平和を守る闘いは続く。農民と労働省がガッチリくんだスクラムの前にいつか、権力政治は滅んで行くことだろう。この砂川町、我々の郷土に、労農提携の花が咲き始めた。そしてその花はやがて全国に咲き乱れることだろう。

我々は闘う最後まで。闘いの後をふり返って、来るべき新しき闘いの資とするために、雑駁ながら第二輯として我々の足跡をたどってみた。そして勝利のかちどきを、この頁に記すことを心から望んでいる。

一九五五年九月十一日　砂川平和祭の日

砂川町基地拡張反対同盟

調査部（文責　砂川昌平）

▼追補――九月一日以降を星 紀市が補記

一九五五年

九月一日

福島調達庁長官、土地立入りの再公告手続きをして、強制測量を行うと発表。

九月五日

砂川町基地拡張反対支援労組協議会結成。

九月六日

安井東京都知事は、土地立入公告を行う。

九月八日

宮崎町長、町議会の決議通り公告を拒否する。

九月十三日

反対同盟は、午前五時半集合配置につく。

警官隊は支援労組員を阻止するために、立川駅と南砂川で逆ピケを張ったため、支援労組員の到着が遅れた。

警官隊一七二五名、支援労組三〇〇〇名、三人逮捕、一〇〇名余の負傷者を出す。この日初めて、五日市街道上に測量の杭が打たれた。阿豆佐味天神社の集会で、青木市五郎行動隊長は、**「土地に杭は打たれても心に杭は打たれない」**と叫ぶ。

九月十四日

強制測量二日目、警官隊一八〇〇名、鉄カブトで武装し、午前七時五十分実力行使に入る。

町議会副議長の田中君典さんと副行動隊長の宮岡政雄さんら、二十七名が不当逮捕される。多数の負傷者を出した。

十三・十四日の両日、警察当局と地元民、各労組のもみ合いの際、往来妨害並びに、公務執行妨害現行犯で、警視庁に検挙、武蔵野署に留置されたものは、総計三十名に上った。その中には闘争副委員長で町議会副議長の田中君典氏、全町行動隊長で町議の内野茂男氏の二人も混じっているが、十四日午後一時過ぎ、宮崎町長、小林町議長が、安井都知事と会見の際、宮崎町長から都知事に、同日は条件闘争に切り替わる重大な町議会を開くため、田中、内野両町議他、町民十三名の釈放を斡旋依頼した。同知事から要請を受けた江口警視総監は異例の措置として、町議会開催中だけは、私服警官付き添いで、町議会場に出席することを許可。同十三名は武蔵野署から同日午後六時半、護送車で砂川町に運ばれ、町議会終了後、再び同署に留置された。緊急町議会は、十四日の夜十時三十五分に終わったが、条件闘争についての討議は全く行われず、かえって強力な闘争継続の決意が次々と述べられ、結論は持ち越しとなった。

九月十七日

十三、十四日には、逮捕者三十名。負傷者二〇〇名余を出し、二日間で二十本の杭を打たれ、骨格測量は完了した。条件派の町議たちは「話合いによる条件交渉に切り替えよ。」と宮崎町長に臨時町議会の開催を要求し、十七日午後七時より始まった。

十八日午前三時二十五分、小林議長のもとに、鈴木、加藤、五明、鳴島、荒井、安藤、須崎、浅見の八町議より提案が出された。すぐこの採決に移った。案文は、「現在の情勢から判断して、基地拡張絶対反対のみを固執するには、砂川町全般の利益を確保する所以ではないと考える。我々は闘争委員を辞任し、独自の立場で収拾を図るものである。」これに対し、反対派の荻原、内野、宿谷、青木、佐藤、石野、豊泉、吉沢、清水の九名の議員が条件闘争に反対し、副議長の田中君典議員と、砂川昌平議員が保留にまわった。砂川、田中両議員が保留にまわったため、一票差で条件闘争移行の提案は否決された。

【参考】

（砂川の母と子らの文集「麦はふまれても」全日本婦人団体連合会、昭和三十一年二月二十二日発行より。本人転載承諾）

分裂町議会を傍聴して

（非農家）石井良子（三十歳）

九月十七日夜、緊急町議会がひらかれるときいて、私は夕食のあと片つけもそこそこに役場へかけつけた。役場の二階に報道陣がぎっしりつまり、もうもうと部屋いっぱいのタバコのけむりの中でフラッシュのひかりがあちこちでひらめく。傍聴席は身動きもできないほどの人数で、その半分以上が女だったのにはおどろいた。みんながどんなに一生懸命な気持で、今夜の臨時町議会を見守っているかがよく分る。私はツバをのみこむのも忘れる思いで、両派の議員の発言に聴き入った。

町の運命がこれでハッキリときめられる議会なのだ。全町あげて町ぐるみの闘いが、いまここで割られようとしている。日本全国の目と耳が砂川に集中しているときに、何という悲しく、恥ずかしいことが、いま起ろうとしているのだろうか――。

一部の条件派の人たちの行動はさておき、私たちは町議会の絶対反対の決議を信じて疑わず、心からこの郷土を守る闘いを支持していた。それが、去る八月十三日の朝、配達された新聞をあけたとたんに、びっくりしてしまった。一枚の新聞折りこみビラ――それは若松前町長の「私見」と題するもので、「基地拡張は政府の国策だから、国策に従うのは国民の義務である。それを強硬に突っぱるのは、国際的な信義に反することだ」というような意味で、条件派を支持する文句だった。まさかこのようなビラが、全町へ配られるとは夢にも思わなかった。地元の人たちの固い結束に対しても、町議会はますます一致団結して、この町ぐるみの闘いを進めてゆかねばならない責任をもっているのに……。

その後八月二十四日、九月十三、十四日の測量隊との衝突のとき、一部の町会議員が、警官隊の出動を見るや自らの立場も忘れて逃げ廻ったことや、また、ある町議は、郵便局の中へ逃げこんで、私たちが真剣にスクラムを組んでいるのを、平気な顔でのぞいているのを見た。そのとき、私は何ともいえず情けない気持をおぼえた。そして、つくづくと、こんな人たちに大事なことをまかせておいたら、この先どうなるだろうという不安な気持でいっぱいになった。

かねてから、この基地拡張反対運動を、宮崎町長失脚の手段にしようと狙っている一部の町議がいることは知っていたが、その動きの山が、いよいよ今夜来たという緊張が、議場はもとより、傍聴者のみんなの表情を硬ばらせているようだ。

はじめのうちは、「九月十三、十四日の激突でケガ人や検束者を出したのは町長の責任だ」とか、「十四日に、宮崎町長、小林闘争委員長が安井都知事に会ったのは、議会決議を無視した越権行為である」とかいって、町長攻撃の火の手を上げていたが、そのうちに論法がまったく百八十度転換してしまって、「この際条件闘争に切りかえた方が町のためだ」と、主張しはじめた。

このメチャクチャな発言に対して、真に反対運動を支持する町会議員は、「地元民が真剣に反対しているのに、町議会が条件に切りかえるわけにはゆかない」と、まるで子供にものをさとすように、繰返し何べんも何ぺんも言っても、その人たちは馬耳東風という感じで、耳を傾けようともしない。「反対を続けるべきだ」「いや、条件だ」といっているうちに、夜中の十二時になってしまった。そのとき、町会議員の人たちには夜食が出された。

傍聴の地元民の中から、皆を待たせて平気で夜食を食べている議員にむけて、鋭い野次がとんだ。反対を主張している議員の中で数名の人たちは、地元民の気持を思ってか、箸をとろうとしなかった。

それから、何と二時半まで休憩し、やっと二時四十分頃、再開された。

間もなく、条件を唱えてゆずらない議員から採決が出されて取り上げられた。その結果、反対九名、条件八名、保留二名という数が出た。

私たちは、そのとき息もつかずに、どうなるかと思って立ち上る議員の人たちを見つめていた。そして思わず泣いた。私たち地元民の味方である議員の人たちに、心から感謝の涙があふれてくるのだった。

時計を見ると、午前三時。

そして、閉会後八人の議員から闘争委員の辞表が出された。しかし過半数の十二名の議員（議長、保留をふくむ）たちが、私たちとともに反対を続けてくれるのだ。

悲しい中にも、ホッとした気分で役場から表へ出ると、明け方の冷たい空気を胸いっぱいに私は吸いこんだ。

九月二十二日

条件派は、「砂川町基地対策連盟」を結成（会長若松貞次郎氏）。

九月二十四日

「砂川町青年郷土愛好会」結成。

十月十四日

九月の強制測量は「事業認定のための立入測量」（土地収用法十一条）であった。

これは骨格測量と言われたように、この土地が基地拡張に適するかどうかを検討するための、大雑把な下調べであった。その結果接収が決定した。鳩山首相が「収用認定」に署名し、接収を前提としての一筆測量（精密測量）にやってくる。
「収用認定」とは、「行政協定の実施に伴う土地等の使用等に関する特別措置法」という長い名前の法律によるもので、手っ取り早く言えば、駐留軍が土地を必要とする場合、差し出した方が、「適正且つ合理的だ」と思えば、首相がこれを認める訳だ。鳩山首相がこれに署名したのは、左右社会党が合同した翌日で、十月十四日である。この第一次収用認定は、青木市五郎さんら三十三名の地主と無縁仏一件の一万九九九四坪の土地に対して行われた。十八日には各戸に通知された。

十月二十二日
反対同盟は内閣総理大臣の収用認定取消し請求の行政訴訟を起こす。

十月二十四日
阿豆佐味天神社で、砂川町民総決起集会を開く。

十月二十五日
宮崎町長、調達庁立入調査の立合人要請拒否する。

十一月一日
私有地の強制測量始まる

十一月五日
武装警官一二〇〇名、実力行使する。支援の国鉄労組新橋支部の木田忠氏が逮捕された。この木田氏を奪還しようとした同僚の矢吹昭三氏も逮捕される。警官をののしり、人糞のついたわらを投げた地元の娘さんが警官に追われつまずいた、すぐ起き上がり必死に逃げてきた。青年が大手を広げて警官に立ちふさがった。逮捕妨害だと言ってこの青年に手錠をかけて青年を連れていった。社会党文京支部の平林嘉次郎さん。しかし、労組の攻撃も散発的に行われただけで統制も失われ、到底訓練された警官の敵ではなかった。夕刻には十六本の杭を打たれ、一〇〇名余の負傷者を出して闘いは終わった。

十一月六日
五日の衝突のあと、社会党の軍事基地対策委員長加藤勘十氏らは五日夜、田園調布の西田労相邸を訪ね、流血の惨事を避けて解決に近づけたい。社会党は、総評や地元を説得するから政府も警官の動員をやめて欲しい。そして説得するために二日間の猶予をもらいたいと申し入れた。西田氏もこれを承諾したので、六、七両日は測量が中止された。八日に加藤勘十氏は再び西田氏と会見した。「労組は動員をやめるから、政府も警官を出さないで欲しい。」と要請、しかし労相の返事はすげなかった。「労組が出なくても妨害されれば警官は出す。」と言った。

十一月九日

支援労組の応援はなく地元民一五〇名だけで、警官隊と闘う。形式だけの一筆測量が行われた。

反対同盟は、午前十一時十五分、左記の声明を発表した。

社会党の申入れの主旨を尊重し、地元行動隊は隠忍自重して今日の事態を迎えた。

然るに調達局は正面に体裁をかざり乍ら背後に剣をかくし、武装警官六百数十名と多数の私服警官を伴って私有地に不法侵入し、あまつさえ「農地を踏み荒さないでほしい」と泣いて哀願するか弱い女子を足蹴にかけ、暴力をもって測量を強行しつつある。

このような挑発的行為をくりかえすことは断じて許せない。

われわれは即時暴力測量を中止するよう調達局と警察に対し、強く反省を要求する。

また、支援労協も左記の声明を発表。

社会党の政府に対する申入れを尊重して、本日労組は動員を中止して事態の推移を監視していたが、政府は警察官六百数十名を大動員して、無抵抗な農民、殊に婦女子を足蹴にして暴力を加え、農作物を踏みにじり測量を強行している。

われわれはかかる急迫した事態に際し、憤激を新たにするとともに地元農民の要請に応えるため、明十日八王子裁判所の現地検証を援護し、警官と調達吏員の妨害を排除するため、再び断固として組織力をもって地元の闘いを支援する。

十一月十日
阿豆佐味天神社で総決起集会。社会党加藤勘十、淡谷悠蔵、塩谷総評副議長、小山政治部長ら参加。今後も支援労組においてもより以上の支援を誓う。
十一月二十二日
西田労相辞任、倉石忠雄就任。
十二月十二日
日本山妙法寺砂川道場開堂法要。
十二月十六日
福島調達庁長官辞任。
十二月十七日
評論家、教授、作家、詩人、映画人など、文化人グループ八十名が、大挙して砂川来訪。清水幾太郎、徳川夢声、平林たい子、久野収、中野好夫、安部公房、山本薩夫、五所平之助、滝沢修、木村功氏ら。
十二月二十三日
三多摩地区労の事務局長をしていた関口和さんは、「砂川支援共闘会議」が発足以来「砂川支援労組協議会」に改名してからも事務局長を勤めてきたが、十二月四日をもって、職場の国鉄西国立機関区に戻ることになり、地元の吉沢副闘争委員長から感謝状を贈られる。
十二月二十七日
地検八王子支部は、十一月五日公務執行妨害、傷害の現行犯として逮捕した国鉄労組新橋支部木田忠、矢吹昭三の両氏を起訴した。砂川闘争で起訴されたのはこれが初めてである。

一九五六年
一月一日
除夜の鐘を待ち構えた地元民はそろって阿豆佐味天神社へ初詣をし、基地拡張反対成就の祈願をこめ、団結を固くすることを誓い、新春の挨拶を交し合った。
一月十日

文化人第二弾、田中澄江、中本たか子、佐多稲子、松岡洋子氏ら七十名来町。

一月二十五日
安井都知事と宮崎砂川町長会談。

四月二十七日
青木市五郎氏、他七名、米軍が使用中の基地内の土地、一万一六〇〇坪の明渡し請求を提訴する。

七月十二日
東京調達局は、青木市五郎さん他、十五名の土地の収用裁決申請書を東京都収用委員会に提出。

七月十六日
宮崎町長、東京都収用委員会の申請の公告縦覧を拒否する。

七月二十一日
安井都知事、宮崎町長に対して砂川収用申請書の公告縦覧の手続きを行えと行政命令する。

九月十三日
第一次収用認定関係者五名、第二次収用認定関係者十二名に対し、「十月一日から十六日までの間に、測量を実施する。」と通知がある。
全学連は、「毎日三〇〇〇名を動員して砂川を支援する」と発表。

十月三日
暴力測量反対、総決起大会一五〇〇名参加。

十月四日
側量隊が五回に渡って出動、社会党国会議員が先頭に立って阻止。

十月十二日
午後二時装甲車二台、トラック五十台に分乗し、乱闘服の武装警官一四〇〇名来る。全学連一一〇〇名、支援協二七〇〇名、社会党五〇〇名、平和団体三〇〇名、地元二〇〇名、合計四八〇〇名と衝突。二六〇名の重軽傷者を出す。団結の力は固く、測量を阻止する。

十月十三日

雨。午前十時三十分、鉄兜の武装警官、二〇〇〇名出動、闘争本部は動員数六五〇〇名と発表。十六名が逮捕された。測量隊の打った杭は六本。測量を終えたとした土地は、一一二八坪、今度の測量の五分の二の面積にあたる。これだけの土地を測量するために一〇〇〇名の重軽傷者を出し、おびただしい血が流された。

十月十四日

政府首脳は、負傷者が多かったので、とりあえず十四日の測量を中止すると発表。新聞も十四日の朝刊各紙と一斉に報道する。このまま測量を続ければ世論の総攻撃にあって政府の命取りにもなりかねないと判断し、船田防衛庁長官、石井警察庁長官ら首脳が協議した結果、十四日午後八時になって「十五日以降の砂川での測量を全面的に打ち切る」と発表した。

「暴徒のような警官隊」「無抵抗のスクラムに警棒の雨」

十月十五日

「砂川基地反対闘争勝利国民総決起大会」阿豆佐味天神社で開かれる。三五〇〇名参加。

十月十五日ビラ

大会宣言

砂川の闘いの勝利の日がきた。鉄カブトと警棒を振って暴れ狂った二千の武装警官の前にも、一歩もしりぞくことなく、民族の独立と、愛する祖国の平和のためにガッチリと団結した労働者、学生、農民と、これを支持して、全国の到るところからかけつけたあらゆる層の人々の広範な民族の闘いは、米国の利益のためには国民の権利と生活を蹂躙して毫も反省することなき政府をして遂に今後の残された一万二千坪の測量を断念させるに至った。

この事は、砂川基地反対闘争の輝ける勝利を意味するものである。十二日、十三日の闘いで暴徒と化した武装警官隊によって傷ついた千名を超える犠牲者の尊い血は平和と独立のための民族の闘いの歴史の中で永遠に記録されるであろう。

われわれはこの闘いの中で今までのあらゆる闘いに見られなかった多くの教訓を得た。

その第一は、労働者と学生、農市民の心と心が結び合い、手と手がガッチリと結ばれたことである。この事は、今後のあらゆる闘いの場で何よりの力として生かされてゆくであろう。その第二は、この闘いが単に一砂川を中心とする局地的な闘いに止まらず全国の基地闘争の天目山としてあらゆる国民の広汎なる支持のもとに闘われた事である。

この事はまた政府の如何なる宣伝にも拘らず愛する祖国が米国原水爆軍事基地と化される事にすべての国民が如何に激しい怒りと反対の決意を持っているかを示すものである。

その第三は社会党を先頭とするすべての革新政党が院内のみならず、現地に於いてもその総力を傾注して闘いを進めた事である。この事は日本の階級政党の成長と前進のために、輝ける根を国民の中に植えつけるであろう。

われわれは今後更に団結を固め体制を整理し政府当局が再度強制測量によって農民の土地を取上げ米国のために国土を提供しようとする挙にでるときはこれまでに数倍する大動員によってあくまでも守り抜くであろうことを確認するものである。そしてこの砂川の闘いの勝利を全国の基地反対闘争の中に生かしてゆくと共に犠牲者の救援に万全を期し、警官隊の不当な暴力行使に対する責任の追及を今後あくまでも国民の公正な世論を背景として推進するものである。

労働者、学生、農市民の団結と友情万歳!

砂川の測量阻止万歳!

右宣言する。

一九五六年十月十五日

砂川基地反対闘争の勝利への国民総蹶起大会

【参考】

（「砂川―文集―」法政大学砂川問題対策委員会、一九五六年十一月二日発行より）

「非暴力の抵抗」ということ

村岡宏（社・三）

―十月十二日―その日は前日の晴天とは打って変って、朝から小雨がぱらついていた。今日も、午前六時には戦闘配置についた。私はこの闘争に参加するために、私なりの考えを持っていた。初めは、農民が先祖代々、受け継いで来た土地を奪われることに反対するのは当然であり、そのための生活権擁護の闘いを、支援するのだと考えていた。しかし農民と接しているうちに、この砂川の闘いが単なる生活権擁護の闘いではないことを、理解するようになった。ある農民は「私達は、昨年あたりは私達だけの問題だと思っていました。だが今は違います。私達の間には、いくら応援の人達が来てくれても、政府には負けると思っている人がありましたが、砂川が原爆基地になるのは絶対に反対です。この砂川の闘いが負けたら、新潟、木更津、小牧などの基地も拡張されるでしょう。日本を原爆基地にしないために、そして日本の平和を守り抜くために、私達は例えブルドーザーの下敷になっても闘い抜く覚悟です」と決意を語っていた。私はこの農民の決意を聞いて、私の問題の把握の狭さを恥かしく思った。世界の情勢は平和の方向へ強力に進んでいるのに、なぜ日本だけが原爆基地を慌てゝ設置する必要があるのか。基地問題を解決するには、屈辱条約である、日米行政協定と安保条約を破棄することが絶対に必要であることが、私の胸に刻み込まれた。

「今日は、予備隊（警察）が出動されるらしいな」とピケに立っていたO君は、やゝ緊張した面持で私に言った。「うん、そうらしいな。出動の理由を見つけ出したらしいからな」私は警視庁が独自の判断で予備隊を出動させるということが、道路交通取締法、軽犯罪法及び土地収用法などを適用させることで、十月十六日の立入通告に間に合わせようとしていることに、憤りを感じていた。小雨は止んで、どんよりと雨雲がたれこめている。午后三時半頃。「火の見やぐら」の半鐘がけたたましく鳴り響いた。千二百の予備隊が案の定出動したのだ。O君は「俺達もスクラムの中に入ろうじゃないか」と怒りを込めて私の顔を見つめる。「しかし俺達は、ピケを命じられているのだから本部の指令を待とう」私は犠牲者の少いことを祈りながら、団結小屋の前に立っている、子供を背負ったおばさん達の顔を見つめていた。このおばさん達は、昨年鬼畜のような予備隊員に踏んだり、蹴られたりして非暴力の抵抗を成しとげたのだ。〝非暴力の抵抗〟予備隊の暴力がいかに激しくとも、我々にはスクラムを固める以外に抵抗する手段はないのだ。

私やO君その他のピケ隊員は十二日の衝突には、スクラムの中へ入れなかったが、十三日の衝突には、全員が最後まで闘い抜いた。十四日の午后九時、ラジオ・ニュースは、政府が測量を中止したことを報じた。遂にスクラムは勝った。この夜の阿豆佐味天神の境内は勝利で湧きかえった。労働者も農民もそして学生も勝利の涙にぬれながら今後の闘いのために「民独の歌」を合唱した。この喜びは私の生涯を通じて初めてのものであった。そして私はこの闘いを通じて日本民族をアメリカ帝国主義に売り渡した真の敵を知った。

―一九五六・一〇・二六―

「砂川の母たち」に思う

石川皐月（二社・三）

あの日の――、雨の中でスクラムをくんだ労働者や学生が棍棒で頭をなぐられ、鉄カブトのふちで目をつゝかれ、軍靴で下腹をけられながら二千の武装警官に抵抗したあの十二、十三日の闘いを経て「強制測量中止」をかちとったいま、砂川の母たちはどんな思いで荒らされた畠の土をほりおこしているだろうか。五十歳にしてはじめて世の中のことを考えるようになったと語っていたあのおばさんは、血が流された激しい歴史の最先端の中でいったいどんな思いで目がしらをあつくしているだろうか。

農村に育った私は、農村の母たちといえば細いあぜ道を黙々と歩く姿でしか知らなかった。しかし砂川の母たちはスクラムを組んでワッショイワッショイと蛇行デモをやりながら阿豆佐味天神に集ってきた。言葉もなく、身ぶりもなく、苦難にみちた生活史を綴ってきた日本の母たち、とりわけ農村の母たちが、死んだってこの土地を守るとスクラムを組んだその姿を私は胸をあつくしないではあおぎ見ることができなかった。

「百姓にとっては土地は生命ですよ。むざむざ渡せるもんですか。でもね、わたしらの気持は土地をとられたら生活できない。祖先代々の土地は手放なせないというだけじゃないんですよ。人殺しのための原爆基地なんかにこの砂川をすることはできない。この砂川の土地はそんなことのためには一歩だってゆずれないですよ」

はじめは土地をとられたくないばっかりに基地拡張に反対したのだが、いまでは違う。平和のためにみんなと頑張るんだと歴然と言いきる砂川の母たち。

しかし、そうなるまでにはどんな思いが積み重ねられたことだろう。四十年、五十年の月日の中では思いも及ばなかった憤りやつらさに幾夜眠られぬ夜を重ねたことだろうか。そして、その思いの中で強くなった砂川の母たち。

昨秋、自分たちを守ってくれるものとばかり思っていた武装警官が、おばさん達に襲いかゝってきた時、くやしくてくやしくて泣くにも泣けなかったと、その時のつらさに眉をひそめて語ってくれたおばさんは『わたしらがこんな真けんに反対をつゞけているのに耳もかさない安井都知事はいったい誰のための知事さんなのかと腹も立ちますよ』と唇をふるわせて語る。『今年は学生さんたちもきていてくれるし本当に心づよい。こんなに多くの人が〃砂川〃を守っているんだということをアメリカさんや政府の役人に見せつけてやりたいもんだ』そういって白いエプロンで目がしらをおさえたおばさんは昨年の測量の時はみじめなものだった。労組の応援隊もひきあげていたし、わたしら地元だけで測量隊をむかえた時のあの気持はおそらく死ぬまで忘れられないとつけ加えた。

「今度という今度は、誰が味方で誰が敵なのかよくわかりましたよ。はじめの頃はどうしてこんなに多くの人が応援してくれるのか納得がいかなかったけど、わたしらもこのトオソウの中でいろいろベンキョウしましたよ……。人生五十からですよ」

私たちは知らねばならないと思った。人生はこれからだと明るく語ってくれる「五十歳の母」を知らねばならないと思った。砂川の母たちは今日の歴史の最前衛に立っている。最前衛でスクラムを組んでいる。黙々と生きてきた母たちの歴史を知っているから、その母たちの息子、娘である私たちは胸をあつくして砂川の母たちをあおぎ見る——。

荒らされた畠をほりおこしながら砂川の母たちは歯をくいしばってこれからの闘いを考えているだろう。さつまいもが掘り出され、やがて麦もまかれるだろう。闘いにそなえて、砂川の土に新しい種がまかれていく——。私たちも、私たちの「畠」に種をまかねばなるまい。砂川の母たちが五十歳にして生まれ変わらねばならなかった歴史のきびしさにたえ得るように。

（一九五六・一〇・二五）

十月二十日

団結じぃさん馬場源八さん（七十四歳）は、午前二時四十分亡くなった。町民葬が行われ、額に「団結」と赤く染め抜いた鉢巻、肩からは「砂川町基地拡張反対同盟」のたすきをかけてお棺におさめられた。馬場家の墓は収用地域のど真ん中にある。基地が拡張されれば、滑走路の真下になるが、しかし「ご先祖様のいるあの墓に葬ってくれ」というのが、じぃさんの遺言だった。

【参考】

（砂川の母と子らの文集「麦はふまれても」全日本婦人団体連合会、昭和三十一年二月二十二日発行より。ご遺族転載承諾）

日本じゅうの年寄りへ

（農業）馬場源八（七十四歳）

「わしがこの決死の鉢巻をしめて、ムシロ張りの掛小屋にこうして一日中すわっていると、よそから来て下さった人たちが、みんな『御苦労さま、頭張って下さい』と声をかけていってくれます。気はしっかりしているつもりでも、もう足が思うようになりませんで……。それに神経痛が痛んで、どうにもならない。それでも若い連中といっしょにスクラム組んで、歌も歌いました。だがやっぱり齢は齢だ。わしのような老人は、こうして、鉢巻をしめて、タスキかけて、この街道筋の基地反対の掛小屋に、いちんち中すわっているのが、一番みんなの役に立つことかもしれねえと思って朝めしすますとすぐここさ来て、日が暮れるまですわっています。

わしは土地改革で、やっと代々の小作人から、一町ほどの自作になりました。わしはどんなことがあっても、自分の土地を手放すことはない。札束はいくら積んでもいらない。土地さえあれば食えるんだ。五代六代もつづいて百姓だった。百姓よりほかにわしらにできる仕事はない。うちじゃァ、今までに三回も土地を接収されている。わずかばかりの土地だが……。もうこんどは石にかじりついても、この土地を守るんだ。自分の土地だと思うと力がはいる。土地は血がかよっている。今度の拡張にあうと、わしんとこでは、宅地も家も、畑の一部も、先祖代々の墓地まで取られることになる。御先祖さまはこの土地に眠っていての御先祖さまなのだ。なんにも知らない御先祖さまを掘りかえして、何の馴染みもない知らない土地に埋めることができるかい。それに今度の拡張は、原爆を積む飛行機のためだというが、わしは戦争は絶対反対だ。むかし、日露戦争にも行ったが、あのときの死者や傷ついた人たちの姿がいまだに眼に残っている。戦争ときいただけでも、ぞーッとする。わしは戦争は反対だから、今度の基地拡張にも、もし自分の土地が取られなかったとしても、やっぱり反対するだ。

今度は労働組合というものがほんとうにわかった。赤い旗を見ると、以前は子供にお化けがでるとおしえこんでいたほどおっかなかった。今じゃ赤旗がないと火が消えたようだ。労働組合はわしたちと同じ考えだ。これからみんな腹まで赤くなるんだなァ。はじめは土地を取られてはと、それぱかり考えていたが、今じゃこの土地を守って基地に反対することが、日本中を平和にするために、大事なことだと、砂川の者なら誰でもわかってきている。

この掘割りの水の上に組み立てた掛小屋にふきつける木枯しは、めっぽう冷たく腹の中まで沁み通るね。ムシロをパタパタさせて、冷たい風が吹いてきても、わしは、『何くそ』とここに坐るのをやめねえ。

わしと同じ年頃の、日本全国の年寄りたちに、わしのこの気持をわかって貰いたいと思うんです。そして砂川の町に、頑張れという励ましの声をかけてほしいんです。いやいや砂川ばかりじゃない。日本中にある基地の町や村の衆にも――。」

十月二十一日

警視庁第四予備隊（機動隊）井戸浩巡査（二十六歳）が、鎌倉の旅館で睡眠薬を飲んで自殺した。遺書には「砂川問題から私の人生観が変わりました。このような手段をとったことを深くお詫びします。」と書かれてあった。

十月二十二日

地元住民は、内閣総理大臣の土地収用認定に対して収用認定取消を求めて提訴する。

十二月八日

反対同盟の加藤兼雄さん（二十九歳・駐留軍勤務）は、勤め先の米軍グリンパーク基地内で、傷害罪で逮捕される。

十二月十日

鈴木昇一さん（三十八歳）警視庁に出頭。

一九五七年

六月二十五日

米軍立川基地内測量始まる。

七月八日

基地内測量阻止闘争で学生、労働者、警官と激突。デモ隊、基地内立入り。

九月二十一日

基地立入りは日米安保条約に基く刑事特別法違反であるとして二十三名の労働者・学生が逮捕され、日本鋼管川鉄労組の坂田茂、菅野勝之、高野保太郎、国鉄労組の椎野徳蔵、都学連委員長土屋源太郎、日医大江田文雄、東京農工大武藤軍一郎氏ら七名が起訴された。

十月十日

立川基地の輸送機が師田順さんの貸家に墜落。

一九五九年

三月三十日

東京地裁刑事第十九部の伊達秋雄裁判長は、「安保条約と行政協定に基づく、米軍の駐留は憲法に違反する」と全員に無罪を言い渡した。検察側は、四月三日最高裁判所に飛躍上告した。

十二月十六日

最高裁の判決は伊達判決破棄、地裁へ差し戻した。

一九六一年

三月二十七日

東京地裁刑事十部で再審判決「被告人らいずれも罰金二千円に処す」

一九六二年

十二月五日

宮崎伝左衛門砂川町長亡くなる。

一九六三年

一月二十七日

砂川町長選挙。砂川三三氏が反対同盟の推した萩原一治氏を破って当選。

四月六日

砂川町長は土地収用を公告。

五月一日

砂川町、立川市に合併。

五月十九日

砂川町合併に伴う立川市議会増員選挙（定数十）に反対同盟から青木市五郎、石野昇両氏が立候補、当選する。

一九六四年

四月二十七日

東京都収用委員会、土地収用のための審理をはじめる。

（六六年末まで十三回開会）

一九六五年

五月十八日

「砂川基地拡張反対・収用委員会の審理粉砕。ベトナム侵略反対決起集会」が反対同盟と三多摩労協の共催で砂川で開かれる。

八月

反対同盟は東京都収用委員会を相手どって「収用の審理権限不存在確認訴訟」を起こす。

一九六六年

三月六日

米軍機砂川でオーバーランをし、畑に突入。

五月二十六日

最高裁は、木田忠氏懲役八ヶ月（執行猶予三年）、矢田昭三氏懲役五ヶ月（執行猶予二年）の判決。

九月十二日

米軍機二五〇メートルオーバーランし、民家の庭先で炎上する。

十月十七日

防衛施設庁、地元に対し、国有地の耕作禁止、鉄条網での囲い込みを通告する。

一九六七年

一月十七日

三派全学連砂川に来る。

二月二十六日
　三多摩反戦青年委員会砂川集会。
四月十五日
　東京都知事に美濃部亮吉氏当選。
五月二十八日
　安保破棄中央実行委員会大集会。
　これとは別に、三派全学連、反戦青年委員会の砂川集会。
　全学連、反戦委のデモに機動隊が襲いかかり、重軽傷者数百人出す。

一九六八年

十二月十六日
　砂川に「平和供養塔」建立する。
十二月十九日
　立川基地滑走路拡張計画を中止すると米軍司令官発表。

一九六九年

二月二日
　沖縄のB52撤去。2・4ゼネストに呼応して、三多摩反戦、砂川青年の家などによる反戦塹壕行動起こる。
四月十八日
　閣議は、米軍の立川基地拡張の中止により、土地収用認定の取消しを決定。
六月一日
　砂川町基地拡張反対同盟主催「砂川闘争勝利報告集会」を開く。
十二月一日
　米軍立川基地の飛行活動停止する。
　立川飛行場から飛行機の姿が消えるのは、一九二二年(大正十一年)に旧陸軍飛行場が開設されてから四十七年ぶりのことである。

一九七一年

六月二十五日
日米合同委員会は、自衛隊の一部共同使用を合意する。

八月二十二日
「米軍基地撤去、自衛隊移駐反対」を訴えた阿部行蔵氏、第十代立川市長に当選。

八月二十九日
反戦放送塔建設。

一九七二年
三月七日
立川基地に、陸上自衛隊東部方面航空隊が強行移駐。

一九七五年
五月三日
砂川町基地拡張反対同盟は、砂川闘争二十周年記念の「平和の礎」を建立。

八月三十一日
現職市長を破って、岸中史良氏、第十一代立川市長に当選。

一九七六年
七月三十一日
終戦後、米軍に強制接収されていた青木市五郎さんら五人が所有する土地一万六八〇〇平方メートルが三十一年ぶりに返還された。

一九七七年
十一月三十日
米軍立川基地全面返還される。

一九七九年
十一月十九日
国有財産中央審議会は、「立川飛行場返還国有地の処理について」を答申し「大綱」が決定。

一九八二年
三月一日

新立川飛行場運用開始。

五月二十九日

自衛隊は新立川駐屯地に移駐を完了した。

一九八三年

十月二十六日

天皇在位五十年国営昭和記念公園開園。

一九八七年

八月三十一日

青木久氏、第十四代立川市長に当選。

一九九六年

三月二日

大蔵省と立川市は砂川公民館で、旧米軍立川基地拡張予定地の跡地利用について地権者と初めて話し合う。

二〇〇一年

九月

地元住民による「砂川中央地区まちづくり推進協議会」は、旧拡張予定地（国有地一六ヘクタール）の跡地利用案として「砂川平和祈念公園」等の平和利用案を立川市に要望した。

寄稿

半世紀前の砂川闘争から学んだこと

吉川勇一

タイムマシーンではないが、半世紀も前の自分に出会うというのは妙な気持ちだ。

一九五〇年代に書いていた日記帳が出てきたのだ。その一九五六年の一〇月のところに、砂川闘争に参加したときのことが書かれている。もちろん、他人に見せるつもりなどまったくなく書いたものだから、プライバシーに関わる記述もあり、いくら若いころのことだからと言っても公開は恥ずかしいのだが、当時二五歳の一青年活動家が、どんなふうに砂川闘争に参加し、どんなように感じていたかを、そのときの時点で記録したものとして、なにがしかの資料的意味もあろうかと思い直して、その部分の公開に同意した（本書二一三頁より別掲）。

当時、私は、日本平和委員会の常任事務局員をしており、日本共産党の党籍もあった（その後、一九六五年に除名処分を受けたが）。そして、五六年の一〇月初旬から一週間、砂川に泊り込んで、拡張のための測量阻止闘争に加わった。五五年九月にも、測量阻止のための闘争、警官隊との激しい衝突があったのだが、この日記の記述は、その翌年の二度目の激突のときのものだ。若者特有の思い込みの激しさから、評価の誤りなども、もちろんある。社会党や労組幹部への不信感も露骨だし、民族主義的感情の表現など、今からすれば恥ずかしい限りだ。でも、当時の感情としては、嘘を書いたつもりはない。一〇月一六日の記述を読み返してみると、測量を中止させたときの高揚した気分が、今でもよみがえってくる思いがする。

そのなかに、当時恋愛中だった祐子のことも出てくる。私は、彼女とその二年後に結婚した。四七年連れ添ったその妻も、つい先月七四歳で死去した。その葬儀のときの挨拶で、私は、この五六年秋の砂川闘争のことにもふれたのだった。

さて、この闘争で、次は安保条約だ、という方向が、少なくとも私たち、平和委員会の仲間の間では、共通の目標となった。砂川基地の拡張は阻止したものの、根本は日米安保条約とそれに基づく行政協定にあり、これをなくさぬ限り、問題の解決にはならないという理解である。こうして、五七年の日教組の反勤務評定闘争、五八年の警察官職務執行法（警職法）闘争を経て、六〇年の安保闘争につながることになる。五九年には、かの有名な砂川裁判、伊達判決も出る。

だが、「次は安保だ」ということは、当時、運動の中ではあまり支持されなかった。とくに労働組合運動の主流は、「日米安保条約」などというむつかしい条約問題は一般労働者の理解は得られない、合理化反対や賃上げなど、日常要求や経済的要求と結びつけない限り、安保は闘争課題になりえない、という意見が強かったのだ。だが、実際の展開はそうではなかった。安保はまさに安保として、人びとの関心事となり、あの大規模な六〇年安保闘争が展開されることになったのである。

最近、「イスラム原理主義」だの「キリスト教原理主義」など、「原理主義」という言葉が広がっている。それを借りるなら、私は「反戦原理主義者」か、などと思うこともある。原理として、諸悪の根源である日米安保条約をなくさない限り、問題の解決にはなり得ないと思っているからだ。今、憲法第九条の改変を阻止することが大きな課題となっており、そのためには、九条改悪阻止のために大きく力を結集することが大切だとされる。その点に異論はないのだが、しかし、その結集のためには、反戦運動の中で、自衛隊が違憲か合憲かとか、自衛力、自衛権は必要なのか否か、ましてや日米安保体制などの問題で、あまり詰めた議論をすることは、対立や分裂を招く恐れがあるので、好ましくないという風潮が生まれてきているように、私には思える。これには、私は賛成できない。憲法九条がある中で、すでに自衛隊は世界第二位の強力な軍隊となり、海外派遣までされている。九条さえ変えなければ、それでいいということにはならない。さし当たっては、九条を変えようとする動きを阻止することが必要であることを前提にしたうえで、しかし、より根本的に、この憲法前文と九条の精神にまったく反する自衛隊をどのように解体し、日米安保条約をなくして、日米平和友好条約に変えさせてゆくのかという、原理の問題をたえず考え、結びつける努力が運動には必要だろう。砂川から遠くないところにある米軍横田基地は、ベトナム戦争でも、対アフガン、対イラク戦争でも、重要な役割を果し続けたのだから。砂川闘争から、私はその原理を学んだと思っている。日本の国際貢献とは、日本国憲法を実現し、非戦・非武装の独自の立場から、新しい国際秩序を作り出す努力をすることにある。

もう一つ、砂川闘争と関連して、学んだことを記しておきたい。このことはすでに『週刊金曜日』などにも書いたことがあるので、新しいことではないのだが……。

それは、デモなど、運動の効果に関することである。いくらデモを繰り返しても、署名や集会を重ねても、その政治的影響がなかなか見えず、たえず政治によって無視されてゆくように思えて、運動の効果が空しいように思えることがある。しかし、運動の効果というものは、いつでもそう即時的に目に見えるものではない。長い時間の後に、思いがけないところでそれに出会って目を開かされることもあるのだ。私はいくつか、そういう体験をしたが、その一つが砂川闘争と関係がある。

一九九八年冬、音楽家の喜納昌吉さんが主催する反戦運動の記者会見に出たときのことだ。その場には、アメリカからデニス・バンクスさんも参加していた。彼は、会員三〇万人、原住民への差別に強い抗議運動を続けている「ＡＩＭ――アメリカ・インディアン運動」の設立者だ。

日本人記者から、いつからこのような運動に関心を持つようになったのかと質問されたバンクスさんはこう答えた。

「一九歳の時でした。駐留米軍の一兵士として立川基地に配属されていました。そのとき、砂川町の基地拡張反対運動が起こり、私のいたフェンスの目の前で、主婦や学生、労働者たちが機動隊と激突しました。殴られても蹴られてもひるまない主婦や学生、そして棍棒の下で頭を割られ、血を流しながら、なおも非暴力でお経を唱え続ける僧侶たち。

それを目にして、自分はここでいったい何をやっているのだろうか、と考えさせられました。それがきっかけで、軍隊や戦争、そして政治や差別の問題に関心を持つようになったのです。私をこのような道に進ませる契機は砂川町での日本人の非暴力の闘いでした……」。

記者会見には、婦人民主クラブの山口泰子さんもいたが、私も山口さんもそれを聞いて驚いた。二人とも、まさにそのフェンスの外で殴られていた中にいたのだったから。

砂川町での激突は一九五五～六年の秋だったのだから、五〇年も前のことだ。デモの一つの結果は、こんな形で国境、人種、そして時代をこえて知らされたのだった。

連れ合いに死なれて、だいぶ気落ちしている私だが、それでも、「反戦原理主義者」として、できる限りの運動を続けてゆきたいと思っている。

（よしかわ・ゆういち、「市民の意見30の会・東京」）

一九五六年・吉川勇一さんの日記

十月四日（木）曇
今日から砂川の強制測量、社会党の腰抜け戦術。遂に第一日目から杭が砂川の土地にうちこまれたという。調達庁長官の談話をラジオで聞いたが、彼らの意図はハッキリしているではないか。「全学連もいたことはいたが、しかしわれわれは社会党議員団と話し合って平穏裡に事を運ぼうとした」と！

社会党、彼らは砂川を実力で守る意志がない。もちろんわれわれも平穏を望む。いたずらに暴力を好みはしない。しかし必要とあらば、われわれは断乎として後へひかない。日曜の夜から砂川へ泊りこむことにした。

闘い！　日本の、祖国の土を守る闘い！　祖国の土地、この闘いの中から、祖国の実体、祖国の実質、それを掴みたい。

フランス人はフランスを愛し、フランスを護る。イタリア人はイタリアを愛しイタリアを護る。その闘いと祖国の間にはいささかも間隙がない。「フランスの進軍ラッパ」「神を信ずる者も信じない者も」、「無防備都市」……　日本人はもちろん、僕らも日本を愛し日本を護る。ところで、この間隙、この寂寞、この疲労、誰の顔にも浮ぶ、あの黄色い嘘偽は何かで、これを埋めること、嘘偽を追放すること。砂川の闘い。祖国の土地を守る闘い。泊り込み。僕の存在の投入。一致するか？

馬車馬の眼隠しをはずすことが、どうして腐敗なんだ？　武藤の馬鹿め！　僕は今、食欲があるんだ。何でも食う。それが腐敗か？　もちろん腐ったものも食うかも知らん。少しは腹が痛くなるかも知らん。しかし僕は腐らない。あゝ、たゞ、どうしても今の仕事にはあんまり食欲がないんだ。

十月十四日（日）晴

砂川へ丁度一週間泊りこんだ。今のニュースでは明日からの測量は中止になったという。

砂川の町はきれいだ。真直ぐに走る白い往還――これが五日市街道である。立川からのバスが七番で左に折れ、この街道を走るとすぐ右手には少し白く濁った小川が野菜の切れ端を浮べて急ぎ足に流れている。両側の藁葺き屋根を真直ぐにのびたけやきの大木の葉がやわらかくやさしく包んでいる。道の左右に所々立並ぶ「ＯＦＦ　ＬＩＭＩＴＳ　警官隊・測量隊立入禁止」とか「心に杭は打たれない」といった立板がなければ、そして、あゝ、あのすさまじいグローブマスターやジェット機の轟音さえなければ、何の変ったところもない普通の武蔵野の特徴をもった一農村なのだ。

夜、飛び立つ飛行機の騒音も途絶え、小川のせゝらぎと虫の音だけになった砂川町は、静けさそのものだ。ところが、その夜の砂川町も、一度道を左に折れて数丁畠の中の間道を歩けば、突然日本の現実につき当ることになる。地平線一帯に、向うの丘陵の麓まで、一画光の海である。その光に照らされて銀色にジェット機、輸送機、双胴の爆撃機が並んでいるのが目に入る。その間に赤、青の標識燈が明滅し、探照燈が二本の光芒を放っている。一本は垂直に登って夜空の雲を射抜き、一本は水平にのびて円形を描いて廻る。その不気味な明るさは悪魔の住む城を思わせ、その怪異な動きは触手をうごめかす巨大なアミーバを聯想させる。エンジンの試動の爆音だけが、その渦の中から地鳴りの如くひびいてくる。

TACHIKAWA・AIR・BASE！

昼は耳をつんざくばかりに空気を振動させ、基地の鉄條網すれすれに飛行機がとびたち、人々の頭上をかすめ、五日市街道のけやきの小枝をざわざわとゆすぶってゆく。青色の鉄かぶとをかぶり、自動小銃を肩にかけた米兵が柵のうち側からそれを見守っている。

今、その滑走路を、原爆搭載用ジェット爆撃機が飛び立てるようにするため、多くの民家と畠を奪いとろうとするのだ。「私達ァね、何も自分の生活だとか土地だとか、そんなものが惜しくて反対してるんじゃないですだ。こゝが原爆基地になるちゅうことが一番の問題でさァね」ある農民の婦人はこう話してくれた。

十二日は雨こそ降っていなかったが三番ゲート前の泥濘の道で僕らと警官隊が衝突した。無抵抗でたゞスクラムを組んでいた僕らに腕をねぢ上げ、靴で蹴り胸を突くの暴行を加える。僕の上衣はひきさかれ、下半分がちぎれ飛んだ。あゝ、前日の晩、遅くまでかゝってこしらえ上げ、雨中の立哨の時も手にして覚えていた中国語の単語帖がポケットと一緒に泥水の中にふみにじられた。向うずねは蹴られた時のすり傷が赤くはれて残った。

でも僕らは勇敢だった。もちろん労働者の中にも立派な人はいた。しかし、幹部の悪質な裏切り、サボタージュで彼らの戦意は極度に喪失され、闘いのエネルギーの能率はわるかった。全学連と僕ら平和委員会の部隊は不屈そのものだった。なぐられ、けられ、突かれ、倒されても、尚スクラムの中へとびこんだ。警官のけだものの様な壁を二回くぐって三度目に隊列の最前線に立った時、警官隊は引揚げた。涙がポロポロとこぼれた。どこかの映画社がそんな僕をニュースに撮っていたようだった。泥にまみれた顔を、闘いの間中離さなかったハンカチ、祐子（※注1）からもらったハンカチでふいたら、祐子の匂いがした。ハンカチにそっと接吻をしたらまた涙が出て来た。

十三日、この日は物凄かった。朝から予想はしていたものの、雨の中の大乱闘となった。この日の警官隊は乱闘服に青鉄兜、棍棒。スクラムを組んで警官隊とぶつかる。もちろん僕らは何ももっていない。左胸のポケットにはあのハンカチが二つ。右の胸のポケットには祐子の写真の入った革の定期入。それだけが彼らの棍棒の突き上げを防ぐ武器だ。目茶苦茶に棍棒で突きあげる。軍手をはめた拳が眼といわず口といわずなぐりとばす。スクラムはちぎられ、隣の同志が横倒しに倒れる。だき起す暇もない。あっという間に胃のあたりを蹴られて前のめりになった。痛かった。ウッという叫び声をあげたと思う。後から来た同志がだいてくれたが、もう警官隊の人垣の中に放り込まれていて、二人だけがかたまってきりきり舞いをする。一体僕一人に何人の警官が襲いかかったのだろう? 足、脚、腰、胸、背、肩、頭、顔、一斉に拳と棍棒の雨が降って、眼もあけられない。倒れそうになって右側の警官にぶつかると「何だ貴様、抵抗するか!」とばかりに突きとばす。突きとばされて左の警官にぶつかると「まだ来るか!」と蹴上げる。警官隊の一団からようやくはいだした時は完全に参っている。畜生! 看護隊の女子学生が大丈夫ですかとかけよってくれるが、そういわれると意地でもいや大丈夫、何でもありませんと答えてしまう。再び後へ廻って隊列に入るが数は少い。都労連はだらしない。お義理に一回警官隊にぶつかるともうバラバラに崩れてお終いだ。全学連と僕らの隊、国鉄、私鉄、金属の各労組がよく頑張る。二度目に栗原さん宅付近で衝突した時は負傷者が続出した。眼から血をふく者、唇が裂けた者、顔が紫色にはれ上った者、頭を割られる者、……「救急車です、通して下さい、重傷者が乗っています」スピーカーが鳴っても警官隊は道をあけない。数十分の乱闘の間、救急車はそこに立止ってしまう。

闘い半ばで、指揮系統が崩れた。僕らがそれにとって代る。しかしもう遅い。全学連と僕らだけの僅かの部隊では圧倒的に多い警官隊を破るわけにはいかない。労組は完全に戦意を失っている。またしてもダラ幹の裏切り!

測量のポールは立てられ、巻尺の線がふみつぶされた藷畠の上をのびてゆく。もう今日は涙も出ない。全身に痛みを感じながら、スクラムを組んで雨中に歌をうたって立っていた。雨が身体までしみ通って背中を流れた。「祐子、僕は二人分以上働いたよ。だけど、今日は勝てなかったよ。」

僕らは最後に勝つまでは、いつも負けているものなんだね。僕は杉浦民平の言葉を思いだしていた。

今日、十四日はビックリした。各単産団体代表者会議から帰って阿豆佐味天神社へ戻ったら鳥居の脇に親父

（※注2）と祐子がいるではないか！　心配でやってきたという。祐子は夕べは殆ど眠れなかったと。赤旗、組合旗がなびき、革命歌がどよめく阿豆佐味天神社の境内にいた祐子は、「あ、、こ、にずっといたい」とため息をついていた。火焔瓶を投げに帰ってきた（※注3）つもりだったという彼女。健康さえ許せばだ。早く丈夫になり給え。そう怒りたまうな。

山六老（※注4）にあった。関西地方議員団の帯を肩からかけている。「山六さん、八・六が終ってから俺少しわけがわからなくなっちゃったんだ。それで砂川へやってくれって頼んで来たんだけど、事務所にいるよりずっと元気がでるね」こういう僕に、老人は大きくうなずいて「そうだ、そうだ。人に会い、人が何を考えているかがわかる。日本人の考えていることが判るだろう。それがいちばん大切だ」といった。

昨日のクラス会はとうというけなかった。何年皆と会わないだろう。小林先生、幸田、加藤、佐藤、石川、大平、明石……、その日の昼まで行くつもりだったけれど、二時頃から始まった乱闘ではぬけるどころではない。血しぶきの隊伍の中で、僕は小学校の親友にあやまっていた。ごめんよ。その次の時にはきっと行くから。

十月十六日（火）快晴

真青な空に薄く浮ぶ雲。五日市街道に立ってまだ痛む腰をうんとこさと思いきり伸ばしてのびをすると、深い青空が目にしみる。

「あーあ、ほんとにこういうのを秋晴れ、日本晴れって云うんだろうなァ」

今日の砂川を歩く人々の顔は生気に満ち溢れている。自転車に乗ってくる人の腕章だけはまだよれよれのものでも、そのワイシャツは白く洗ってある。街道にはためく組合旗もすっかり泥を落されており、小川では全学連の学生が農家から借りていたリヤカーを秋の日射しを背に一ぱい受けながら鼻歌をうたいつ、たわしでこすっている。そのうしろを毛布やかっぱを肩にかついで砂川からそれぞれの自宅にもどる人々が「ごくろうさん、お先きに帰ります」と声をかけて通る。バスの中からも「さよならー、ごくろうさんでしたー」という声がかけられる。

街道一ぱい、町一ぱいに、測量は自分達の力で阻止させたんだ、闘いは勝利したんだという意気がみなぎり、太陽の下でピチピチとはねかえっているようだ。

宿舎の近隣の人々、地元反対同盟、団結小屋、全学連、炊事を担当してくれた婦団連の小母さんたち、町役場と宮崎町長、青木行動隊長…お世話になった人々にお別れの挨拶とお礼をして十日間の闘争のこの町を離れる。泥だらけの作業衣を脱いで背広に着換えたら、かえって本当の姿でないような妙な気さえしたのだった。

（当時の記述のままだが、「水直」→「垂直」など明瞭な誤字を一部訂正したり、「斗争」といった表記を「闘争」になおしたりした。）

※注1　この二年後、一九五八年に祐子と結婚。祐子は二〇〇五年六月、七十四歳で死去しました。

※注2　父は十年ほど前に死去いたしました。

※注3　祐子は中国・大連で幼少時を過ごし、一家は八路軍に徴用されて解放戦争に組み込まれ、戦後の北京大学に日本人として初めて入学、一九五三年に帰国しました。

※注4　山六老＝元日本共産党関西地方委員会幹部の故山本六左衛門さん。

砂川闘争50周年と伊達判決

榎本信行

1

今日、日米安保条約の存在は当然とされているような状況である。しかも日米安保条約体制などというよりも日米同盟といった方が早いという様相を呈している。しかし、今から45年前、現在の安保条約が成立する前夜（1959年3月）、日米安保条約（旧安保）が憲法に違反するという判決が言い渡された（いわゆる伊達判決）。このことを知る人も少なくなったが、この判決を読むと現在の日本の置かれた危険な状況を予言していたことが分かる。この判決は、その後最高裁で棄却されたが、その最高裁さえ、安保条約が合憲であると言い切ることはできず、今日に至っているのである。現在の目からこの判決を振り返り、現在の状況の異常さを認識することも無駄ではないと思う。

2

判決というものは、具体的な事件に対しての判断であって、その点、学者の論文とは違う。その事件の背景も影響する。それでは、伊達判決の対象となった事件とはどんなものであったか、その時代的背景はどんな状況であったかが問題となる。

1955年5月、東京都北多摩郡砂川町（現立川市砂川町）に対して、当時の米軍立川基地を北側に拡張するという計画が通告された。基地北側に拡張というと砂川町を分断する形になる。砂川町長は基地拡張反対を表明、町議会も全会一致で拡張反対を決議する。そしてただちに基地拡張反対同盟が結成される。ここからいわゆる「砂川闘争」が始まるのである。

砂川町は、東西に走る五日市街道に沿って発展した農業中心の町であった。五日市街道の両側に民家が並んでいた。その民家の裏側にそれぞれが耕している農地が南北に短冊形に伸びていた。したがって、拡張予定地内の農家は、基地が拡張されれば、家屋敷は勿論、農地もほとんど収用されることになるのである。必死に反対せざるをえない。なお、立川基地は過去にも北側に拡張されたことがあり、米軍占領直後の米軍の圧力で土地を国に賃貸させられた農家もあった。

拡張計画を実行するためには、当局側はまず予定地内に立ち入って測量しなければならない。測量図を作って土地収用手続きを進めなければならないのである。測量のための土地立ち入りに対して、激しい抵抗闘争が始まる。これが「激突の砂川」と呼ばれる闘争である。労働者、農民、学生が団結して測量隊を守る警官隊と対峙した。この闘いで何度も激突がくりかえされたが、結局56年10月に測量は中止された。しかし測量が中止されただけで、拡張計画は続けられていた。57年に入って、前述の、すでに基地内になっている賃貸地を強制的に借り上げようとして、当局は6月からその測量を始めた。その測量を中止させようと反対同盟などの運動が始まったが、7月8日、労働者、学生ら多数が基地内に入り、その後23名が逮捕された。これが、伊達判決の対象になった事件である。この行為が、日米行政協定（現地位協定）に基づく刑事特別法に違反するというので起訴されたのである。日米行政協定というのは安保条約に基づくものであるから、安保条約が違憲であれば、被告人らは無罪と

米軍基地のフェンスに詰めかけた労働者、学生

なる道理である。安保条約をめぐる憲法論争が行われることになったのである。

立川基地の拡張計画は、その後、脱落者を出したりしながらも、青木市五郎、宮岡政雄両氏を始め少数の人々の地を這うような闘いの後、68年12月、基地拡張は中止された。立川基地は、その後返還され、現在一部自衛隊が使っているが、多くの土地は国営昭和公園や自治大学校、病院など平和利用されている。

3

砂川闘争の背景は何であったかを次に考えてみる。私が、学生時代、砂川の現地に入り砂川の農民たちと話をしたとき、農民たちの口から出た言葉は、「新憲法には、軍事基地など許されないと書いてある」ということであった。まだ憲法に「新」が付けられていた時代である。憲法の平和主義が新鮮な感覚で受け入れられていた。戦争体験者がまだ現役で働いていた時代でもあった。砂川闘争の思想的な背景には、明らかに憲法の平和主義があった。単なる土地取り上げ反対闘争では、あれだけの大きな運動にはならなかっただろう。労働者、農民、学生の固い団結もなかっただろう。軍事基地のための土地取り上げは、憲法前文にいう「恐怖と欠乏から免れ、平和のうちに生存する権利」を侵害するものであった。

砂川闘争では、実力闘争の外に、多くの裁判闘争が進められた。土地取り上げというのは、法的には土地収用法の特別法である特別措置法に基づいた手続きであるが、この法律による内閣総理大臣の土地収用認定の効力を争そうというのが主流の裁判であった。東京都知事は、土地測量図の縦覧公示を宮崎砂川町長に命じたが、町長はこれを拒否した。このため、知事は町長を相手取って訴訟を提起した。これらの行政訴訟においても安保条約の違憲論が闘わされた。さらに当時、いわゆる60年安保改定反対闘争が盛んであり、全国的に基地闘争が闘われ、沖縄でも復帰前であったが、基地大拡張に対する反対の闘いが展開されていた。こうした時代背景も無論重要である。

4

伊達判決は、安保条約を違憲であると断じ、被告人らに無罪を言い渡した。

判決は、まず憲法9条解釈から説き起こす。

「日本国憲法はその第九条において、国家の政策の手段としての戦争、武力による威嚇又は武力の行使を永久に放棄したのみならず、国家が戦争を行う権利を一切認めず、且つその実質的裏付けとして陸海空軍その他の戦力を一切保持しないと規定している。」

そして、憲法の趣旨は、「従来のわが国の軍国主義的、侵略主義的政策についての反省の実を示さんとするに止まらず、正義と秩序を基調とする世界永遠の平和を実現するための先駆たらんとする高邁な理想と悲壮な決意を示すものといわなければならない。従って憲法第九条の解釈は、かような憲法の理念を十分考慮した上でなさるべきであって、単に文言の形式的、概念的把握に止まってはならないばかりでなく、合衆国軍隊のわが国への駐留は、平和条約が発効し連合国の占領軍が撤収した後の軍備なき真空状態からわが国の安全と生存を維持するため必要であり、自衛上やむをえないとする政策論によって左右されてはならないことは当然である。」としたうえで次のようにいう。

「わが国に駐留する合衆国軍隊はただ単にわが国に加え

られる武力攻撃に対する防衛若しくは内乱等の鎮圧の援助にのみ使用されるものではなく、合衆国が極東における国際の平和と安全の維持のために事態が武力攻撃に発展する場合であるとして、戦略上必要と判断した際にも当然日本区域外にその軍隊を出動しうるのであって、その際にわが国が提供した国内の施設、区域は勿論この合衆国軍隊の軍事行動のために使用されるわけであり、わが国が自国と直接関係のない武力紛争の渦中に巻き込まれ、戦争の惨禍がわが国に及ぶ虞は必ずしも絶無ではない」と指摘している。

このくだりは、その後のベトナム戦争をめぐる事態、そして現在の「周辺事態法」や「テロ特別措置法」をめぐる論争を予知している。

そして判決は、「日米安全保障条約によってかかる危険をもたらす可能性を包蔵する合衆国軍隊の駐留を許容したわが国政府の行為は、『政府の行為によって再び戦争の惨禍が起こらないやうにすることを決意』した日本国憲法の精神に悖るのではないかとする疑念も生ずるのである。」として憲法論に入っているのである。

安保違憲判断の決め手になっているのは、次の点である。すなわち、「わが国が外部からの武力攻撃に対する自衛に使用する目的で合衆国軍隊の駐留を許容していることは、指揮権の有無、合衆国軍隊の出動義務の有無に拘らず、日本国憲法第九条第二項前段によって禁止されている陸海空軍その他の戦力の保持に該当するものといわざるを得ず、結局わが国内に駐留する合衆国軍隊は憲法上その存在を許すべからざるものといわざるを得ないものである。」という点である。要するに、米軍を駐留させるということは、「その他の戦力」の保持にあたり、違憲であるということである。米軍を「許すべからざるもの」と断じている裁判官の心意気が伝わってくる。

5

伊達判決は、飛躍上告され、最高裁で破棄されたが、最高裁は統治行為論を使って、安保条約は「一見明白には違憲といえない」として、合憲判断はさけて現在に至っている。最高裁も安保条約を合憲とまではいえなかったのである。伊達判決は、翌年の60年安保闘争の大きな励ましになり、支えになった。

今日の時点で伊達判決を読むと、砂川闘争の情熱と当時の時代状況を反映して東京地方裁判所の３人の裁判官が憲法を清明な目で解釈していることがよくわかる。

安保条約が、憲法に違反し、日本を危険な方向に向わせるものであるという伊達判決の先見性は無視され、日本は、ますます深みにはまっているといえる。

現在、政府の外交はアメリカに追随する日米同盟が主軸になっている。日米同盟の法的根拠は、無論日米安保条約である。本来の安保条約の適用範囲は極東の平和と安全ということになっているが、日米新ガイドラインから周辺事態法、テロ特措法などを経て、その適用範囲は、極東を超えて中東にまで及ぼうという勢いである。安保条約の解釈さえ改悪されているのである。伊達判決が危惧していた日本が戦争に巻き込まれる危険、いやすでに巻き込まれている情況が現出している。われわれは、砂川の闘いに結集した労働者、農民、学生たちの精神、伊達判決の精神にたちもどって考え、行動していく必要を痛感している。


（えのもと・のぶゆき、弁護士）

※本稿は、市民の意見30の会・東京発行の「市民の意見30・東京」に掲載した論稿に加筆したものである。

資料

毎日新聞
号外
昭和三十年九月十三日（火曜日）
砂川町強制測量を開始
警官隊、実力で妨害突破
地もと民と随所で混戦つづく
警官隊ともみ合う地もとピケ隊－砂川町五番付近でけさ写す－（砂川電送）

1955年9月13日警視庁予備隊が出動。号外が出る（毎日新聞社提供）

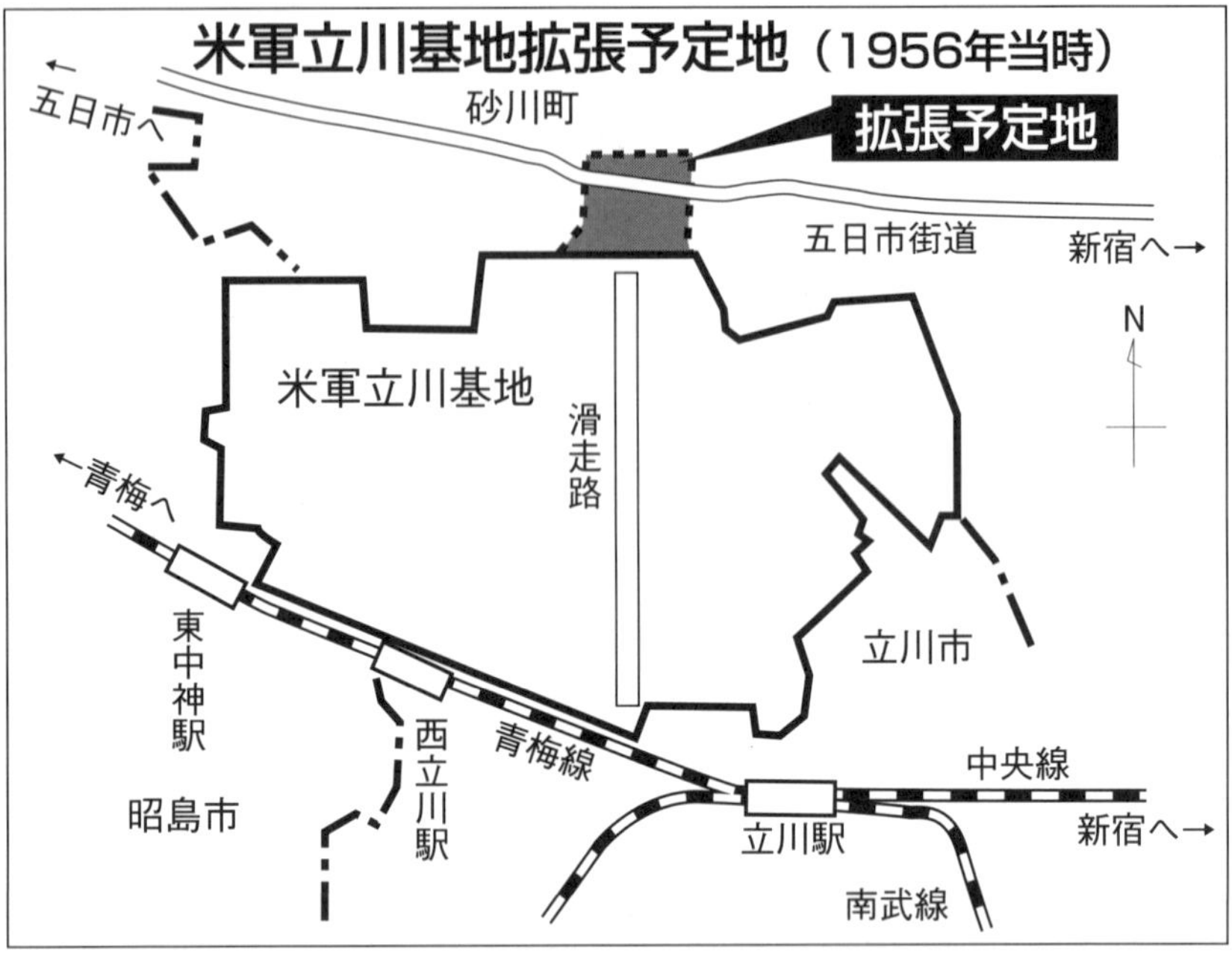
米軍立川基地拡張予定地（1956年当時）
拡張予定地
砂川町
五日市へ
五日市街道
新宿へ→
N
米軍立川基地
滑走路
←青梅へ
東中神駅
西立川駅
青梅線
立川市
昭島市
中央線
立川駅
新宿へ→
南武線

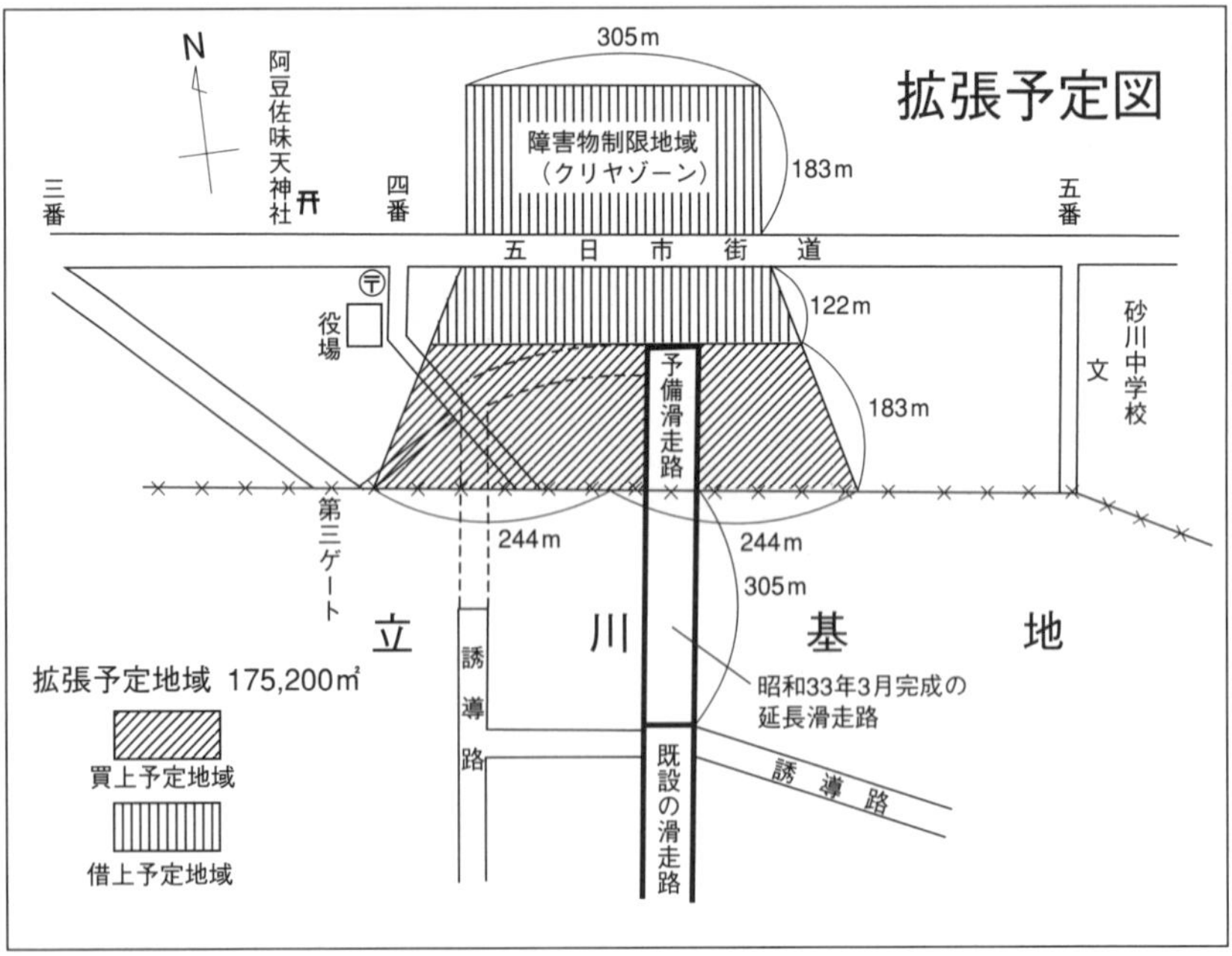
拡張予定図
N
305m
阿豆佐味天神社
障害物制限地域
（クリヤゾーン）
183m
三番
四番
五番
五日市街道
役場
122m
予備滑走路
183m
砂川中学校
文
第三ゲート
244m
244m
305m
立川基地
誘導路
拡張予定地域 175,200㎡
買上予定地域
借上予定地域
昭和33年3月完成の延長滑走路
既設の滑走路
誘導路

砂川町基地拡張反対同盟

役員

闘争委員長	小林皆吉
副闘争委員長	田中君典
〃	鳴島　勇
事務局長	吉沢義秋
事務局書記	志茂　威
〃	宮崎光治
〃	網代　孝
〃	篠田治助
〃	鷹林良政
企画部長	荒井久義
企画部員	須崎志摩
〃	志茂　威（兼任）
〃	天城仁朗
〃	萩原一治
〃	宿谷孫四郎
宣伝部長	石野　昇
宣伝部員	佐藤清太郎
〃	安藤慶次郎
〃	平井武兵衛
〃	馬場幸蔵
〃	小沢毅平
調査部長	砂川昌平
調査部員	青木直助
〃	清水度三郎
〃	石川祐常
〃	網代　孝（兼任）
〃	宮崎光治（〃）
第一行動隊長	青木市五郎
第一副行動隊長	宮岡政雄
全町行動隊長	内野茂雄

（昭和三十年五月十五日）

極東軍司令部が1953年3月31日付で作成した
「立川フィンカム（極東空軍資材司令部）
空軍基地複合体拡張計画」（部分）

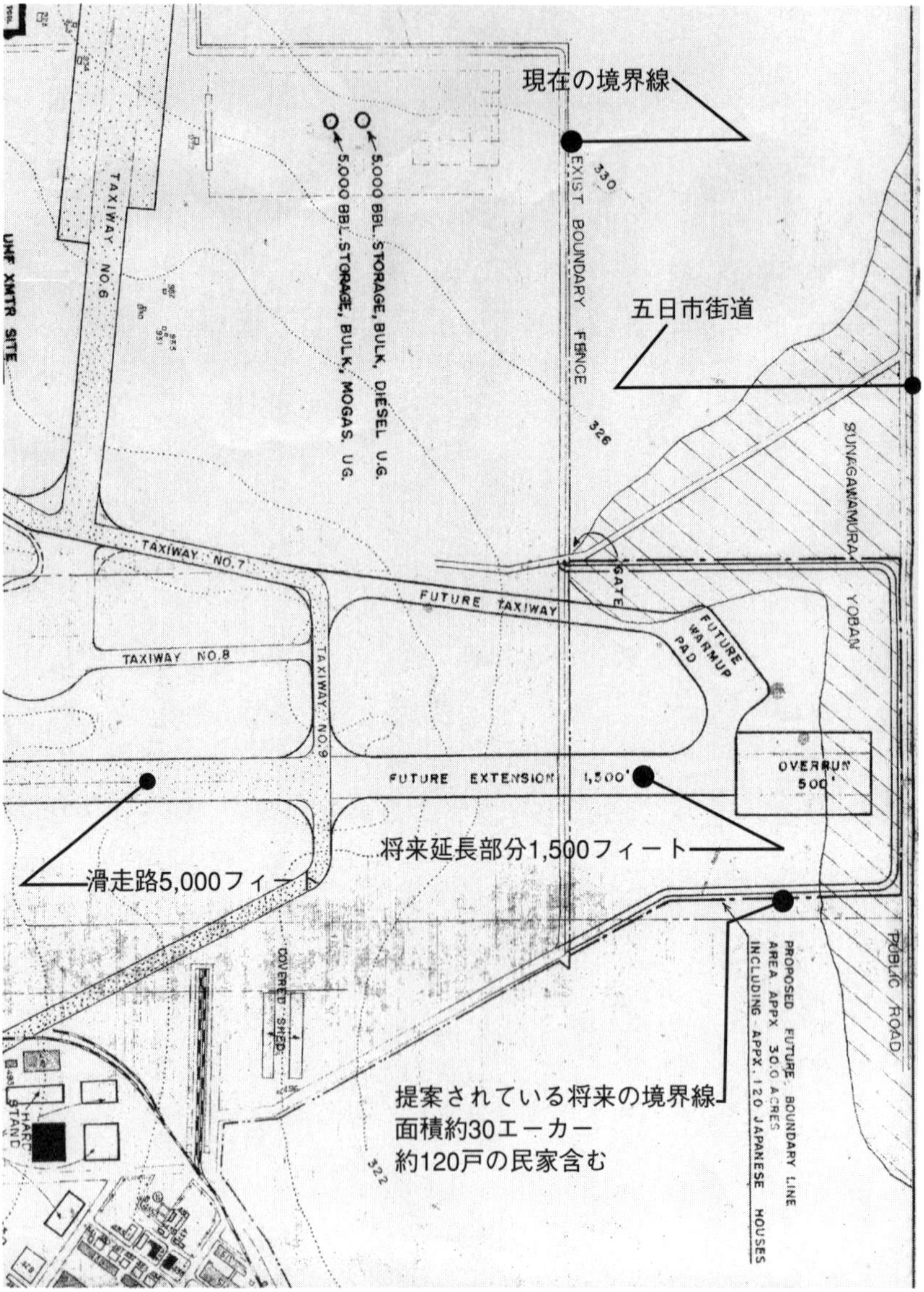

立川極東空軍資材司令部・空軍基地複合体拡張計画

極東空軍司令部

HEADQUARTERS
FAR EAST AIR FORCES
JOHN W. KING ASSOCIATES TOKYO, JAPAN
DEVELOPMENT PLAN
TACHIKAWA - FEAMCOM AB COMPLEX
TACHIKAWA, TOKYO
HONSHU, JAPAN
TAB F BASIC MISSION PLAN
SUBMITTED BY: Frank A. Hopkins
DATE: 3.31.53 JOHN W. KING ASSOCIATES
SCALE 1"=400' DWG. NO. TAC-MP-19
FAR EAST AIR FORCES
AIR FORCE PLANNING BOARD
C.L. MONROE COL. USAF. INSTALLATION PLANNING BOARD

提出日　1953年3月31日

※1953年には、すでに米軍・極東軍司令部は
拡張予定図を作成していた
※日本語訳は編者が付した。

アメリカ大統領アイゼンハワー殿

日本国東京都下砂川町立川基地拡張反対同盟

母親一同より

日本国に存在するアメリカ軍基地立川飛行場の拡張について、その拡張の予定地である東京都下砂川町はあなたの国の基地拡張のため、過去、現在においても、およそ日本国中において最大の犠牲を負っている町であります。そのため、地元の住民はあくまで基地拡張反対をとなえて、日本政府に一歩も譲りません。その理由を私達地元の母親は地元民を代表して、直接、大統領、あなたに訴えさせていただきます。

この基地拡張は、『寝耳に水』のたとえのごとく非民主的に、日本政府より砂川町に通告されました。五月の初旬、砂川町の議会は地元の意志を尊重して全町一丸となって反対闘争にあたることを決議しました。それ以来、私達町民は何回となく東京都知事をはじめ、調達庁はいうに及ばず、日本国鳩山首相じきじきに苦衷を訴え、何らかの方法で善処を歎願したのでしたが、その都度、『アメリカの命令で止むを得ない』とあえなくことわれてしまいました。今は万策尽きて、あなたに直接歎願するのでございます。

私達の砂川町は、日本政府の身から出た錆とはいえ、第二次世界大戦の傷手をいやというほど受けた町でございます。愛する息子や夫を数多く戦死させたうえに、立川飛行場に接するという宿命で何回となく爆弾攻撃や焼夷弾攻撃を受け、全焼はおろか一家全滅という憂き目にも遭った家もありました。そのうえ、終戦後は、あなたの国の基地として地元農民の命である尊い土地を、全耕地の三分の一も削りとられてしまいました。

今までは歯をくいしばって泣き寝入りの形でがまんをして来ましたが、今度という今度は、もうがまんができません。それは、今度の拡張が実現されれば、この町は中心部で真二つに切断される事になるからです。また、その予定地内には、三百五十年余の父祖の血と汗のしみこんだ農地はもちろん、家屋、かてて加えて祖先の墳墓が点在して居ります。

もし、拡張が実現されれば、地元の農民の生活はもとより、精神的打撃はいかばかりか。そのうえ、町を切断された暁は、町の産業、文化、教育、経済も等しく破壊され、砂川町は町の中央より切り崩されてしまいます。農民は過去の体験によって土地の尊さをひしひしと知らされています。農民より土地を奪うことは死を宣告するも同然です。

こうした農民の感情を無視し、さらに、日本国民の心の動揺を度外視して、我意、我欲を通そうとするまで、あなたの国は盲目になっているのでございましょうか。私達地元の母親達は、あなたの国を信じたいからこそ、このような『天に向って唾する』言動はご反省なさるようご忠言させていただくのでございます。

ご存じでしょうか。この立川基地拡張反対問題は、今や日本の全国的な問題となり、怒りと変りつつありますことを。日本人一人一人の心の動揺が日に日に増せば、やがてはあなたの国の致命傷となるのではないかと、私達地元の母親は、あなたの国を愛したいがゆえにかなしみます。そこで直接あなたにこのようなお手紙を差し上げる事を考えついたのでございます。

今は日本政府はあなたの国の命令のままに動いているようですが、行政協定が不変の憲章ではないということをあなたの国でも自覚し、日本政府にも教えてやって下さい。私達地元の母親は、わが政府を恨む前に、平和憲法と民主主義を指導してくれたあなたの国に対して、不信と不満と憤りをいだくようになった事に気づき、恐しい予感を禁じ得ません。あなたの国では自国のご都合主義で私の国の戦争を放棄させたり、戦争の準備をさせようとしたりしていますね。あまりにも日本国を愚弄しています。

敗戦後の十年の間にあなたの国より示された新教育法で、真に平和を愛し、民主主義の人間に教育されつつある日本の子供達が、あなたの国の日本に対する政策を何と批判し、攻撃の限を向けつつあるか、あなたはご存じでしょうか。このままの事態を反省もなくつづけていられたら、今に、大変な事態が起こる事は必然でしょう。

当地中学校の二、三年の生徒二百五十余名の作文の中で、この基地拡張に賛成する子は一人もおりませんでした。僅か二、三人の子が、父親があなたの国の基地に勤めている関係上、中立で、あと全部は絶対反対を唱えて怒りを覚えているそうです。このように戦後十年の新教育は、子供達を民主的にそして平和愛好へと進ませてくれています。

しかし今日、あまりにも矛盾の多いあなたの国の日本政府に対する政策が、日本国民、ことに第二の国民のうえにどんなに恐しく影響するようになるかという事をあなたの国では今こそお考えになってみていただきたいと思います。これは直接、この青少年男女の言動をこの眼で見、この耳で聞く事のできる日本の母親でなければわからないと思います。

それから、つよく申し上げねばならぬ事がございます。私達母親にとって戦争ほどいやなものはありません。これは全世界の母親の心でございましょう。ことに、長崎、広島、ビキニの惨状は、私達日本人にとって忘れようとしても忘れることのできない出来事でございます。あなたの国ではこうした惨事を身をもって味わってはいらっしゃいません。しかし、『天に向って唾するもの』のたとえの如く、勢いあまった暁は、必ずやわざわいは身にふりかかってくる事をどうかよくよくご反省下さいませ。

わが日本政府の歩いた道がそれだったのでございます。私達母親は、あくまで前非を悔い、世界の平和のために一役買わせていただきたいとそれだけ願って戦後を過して参りました。私達は、世界の平和のために、人類の幸福のために寄与する事が日本民族の世界史的大使命であると自負しています。

あなたの国で教えられた民主教育により、いつかは、第二の子供達はすばらしい平和郷を築いてくれることでしょう。私達母親はそれのみ渇望しています。しかし今、ここに至って、こうした手紙をアメリカの大指導者、あなたに送ろうとは夢にも考えなかった事でした。

なお、申添えます。

日本の真の独立のための自衛なら、決して今さらこの飛行場の拡張など必要はありません。その事は日本人がよく知っています。真の独立国として責任を持たせていただければ、日本人はあくまであなたの国を含めた全世界のために、国連憲章にもまさる日本国憲法に従って責任を果たし得る民族であることを保証できると思います。

世界は今や四巨頭会談まで開いて平和の息吹がみなぎろうとしているではありませんか。あなたはアメリカの大指導者として、いや、全世界の大指導者として、神の怒りにふれぬうち、すみやかにご反省なさって下さいませ。私達立川基地拡張反対の砂川町地元の母親は、日本中の母親に代って、あなたの国を愛するがゆえに、このような手紙をしたためました。
重ねてお願い致します。あなたの国の政策によって日本各所に実現しつつある飛行場の基地拡張、ことにこの稀に見る犠牲の地、砂川町の基地拡張をまず第一におもいとどまって下さいますようお願い致します。
(『砂川・私の戦後史―ごまめのはぎしり』砂川ちよ著・けやき出版・昭和六十二年六月十二日復刻一刷発行より転載。ご遺族転載承諾)

＊　＊

【通知書等】

立川調事第481号
昭和30・5・21

殿

立川調達事務所
所長　川畑綱夫
総理府技官

土地等立入通知書

貴下所有に依る土地等を日本国と「アメリカ」合衆国との間の安全保障条約第三条に基く行政協定により「アメリカ」合衆國駐留軍の用に供することを要請されたので下記のとおり調査致したいのでご承諾願いたく通知します。

追って承諾の有無を別紙承諾書に記入の上回答されると共に土地等調書作成の日には立会願います。

記

1、立入予定の土地等の所在地　東京都北多摩郡砂川町字所沢道東2060‐3
2、立入予定の土地等の種類及範囲　宅地45坪
3、立入予定年月日　自昭和30年5月25日
至　6月30日
4、土地等調書作成年月日　昭和　年　月　日
5、土地等調書作成のため立会の場所　現地
6、土地等調書作成をする職員の官職氏名　総理府技官　山田幸夫
7、その他参考となる事項
備考1、代人をして土地等の調書作成のための立会を

させる時は委任状を持参させること。

2、調査に伴う損失の補償等については土地等の調書に基き貴下と協議の上決定します。

3、立入実施日時はその都度連絡します。

＊　＊

東調第二四六〇号

昭和三十年六月十四日

東京都千代田区神田岩本町三番地
東京調達局長　河崎　正　印

東京都北多摩郡砂川町長　宮崎傳左ヱ門殿

土地立入通知書

「日本国トアメリカ合衆国トノ間ノ安全保障条約第三条ニ基ク行政協定ノ実施ニ伴ウ土地等ノ使用等ニ関スル特別措置法」第三条ノ規定ニ基ク使用及ビ収用ノ準備ノタメノ調査ノタメ下記ノ通リ土地ニ立入マスノデ同法第十四条第一項ノ規定ニヨリ適用スル土地収用法第十二条第一項ノ規定ニ基キ通知シマス。

記

一、立入リノ日時
自　昭和三十年六月二十一日
至　昭和三十年八月三十一日
毎日午前八時ヨリ午后六時マデトスル。

二、立入リスル場所
東京都北多摩郡砂川町字所沢道東及ビ字大山道東地内

以上

＊　＊

東調第二六三九号

昭和三十年六月三十日

東京都千代田区神田岩本町三番地
東京調達局長　河崎　正　印

東京都北多摩郡砂川町
町長　宮崎傳左ヱ門殿

土地立入通知書

「日本国トアメリカ合衆国トノ間ノ安全保障条約第三条ニ基ク行政協定ノ実施ニ伴ウ土地等ノ使用等ニ関スル特別措置法」第三条ノ規定ニ基ク使用及ビ収用ノ準備ノタ

メノ調査及ビ測量ノタメ左記ノトオリ土地ニ立入マスノデ、同法第十四条第一項ノ規定ニヨリ適用スル土地収用法第十二条第一項ノ規定ニ基キ通知シマス。

記

一、立入リノ日時

自　昭和三十年七月六日

至　昭和三十年八月三十一日

毎日午前八時ヨリ午后六時マデトスル。

二、立入リスル場所

東京都北多摩郡砂川町字大山道西、字中神道及ビ字福島道地内

＊　＊

東調第二七一三号

昭和三十年九月一日

東京都千代田区神田岩本町三番地

東京調達局長　河崎　正　印

東京都北多摩郡砂川町　　番地

殿

拝啓　残暑の候益々御清祥のこととお慶び申上げます。

立川飛行場拡張に必要な土地の提供については、町長始め反対期成同盟の方々と当方長官との数次に亘る話合いの際、地元代表者からは、一坪の土地たりとも提供に応じられない旨の意向が表明されましたことは御存知のとおりであります。しかしながら、拡張予定区域内の土地等の所有（又は使用）者たる皆様方一人一人の御意見は今日まで直接伺う機会がありませんでしたので、もし拡張が決定したときは、貴殿御所有（又は使用）の土地等を御提供願えますかどうか、勿論国としては御提供に対し充分なる補償をするつもりでありますからこの点も充分御考え併せの上来る九月八日までに別添葉書により御回答下さるようお願い致します。なお、勝手ながら期日までに御返事のない場合は貴殿御所有（又は使用）の土地等を国に提供することには反対の御意見を持っておられるものと判断させて頂きますから悪しからず御了承願います。

敬具

伊達判決

日本国とアメリカ合衆国との間の安全保障条約第三条に基く行政協定に伴う刑事特別法違反
（三二（特わ）第三六七　三六八号　三四・三・三〇　東京地裁判決）
被告人　坂　田　茂　外六名
参　照　日米安全保障条約第三条に基く行政協定に伴う刑事特別法第二条・日米安全保障条約第一条・第二条・憲法第三一条・第九条

主　文

本件各公訴事実につき、被告人坂田茂、同菅野勝之、同高野保太郎、同江田文雄、同土屋源太郎、同武藤軍一郎、同椎野徳蔵はいずれも無罪。

理　由

本件公訴事実の要旨は、東京調達局においては日本国とアメリカ合衆国との間の安全保障条約第三条に基く行政協定の実施に伴う土地等の使用等に関する特別措置法及び土地収用法により内閣総理大臣の使用認定を得て、昭和三十二年七月八日午前五時十五分頃からアメリカ合衆国空軍の使用する東京都北多摩郡砂川町所在の立川飛行場内民有地の測量を開始したが、この測量に反対する砂川町基地拡張反対同盟員及びこれを支援する各種労働組合員、学生団体員等千余名の集団は同日早朝から右飛行場北側境界柵外に集合して反対の気勢をあげ、その中の一部の者により滑走路北端付近の境界柵は数十米に亘つて破壊された。被告人坂田茂、同菅野勝之、同高野保太郎、同江田文雄、同土屋源太郎、同武藤軍一郎は右集団に参加していたものであるが、他の参加者三百名位と意思相通じて同日午前十時四十分頃から同十一時三十分頃までの間に、正当な理由がないのに、右境界柵の破壊された箇所からアメリカ合衆国軍隊が使用する区域であつて入ることを禁じた場所である前記立川飛行場内に深さ四・五米に亘つて立入り、被告人椎野徳蔵は国鉄労働組合の一員として右集団に参加していたものであるが、同日午前十時三十分頃から同十一時五十分頃までの間に、正当な理由がないのに、右境界柵の破壊された箇所から合衆国軍隊が使用する区域であつて入ることを禁じた場所である前記立川飛行場内に深さ二・三米に亘つて立ち入ったものである。

（中　略）

（一）　右事実は日本国とアメリカ合衆国との間の安全保障条約第三条に基く行政協定に伴う刑事特別法（以下刑事特別法と略称する。）第二条に該当するが、同法条は、日米安全保障条約に基いてわが国に駐留する合衆国軍隊が使用する一定の施設又は区域内における合衆国軍隊及びその構成員等の行動、生活等の平穏を保護するため右施設又は区域にして入ることを禁止した場所に対する、正当な理由なき立入又は不退去を処罰するものであるところ、これに対応する一般刑罰法規としては、軽犯罪法第一条第三十二号の正当な理由なく立入禁止の場所等に入つた者に対する処罰規定を見出すことができ、従つて刑事特別法第二条は右の軽犯罪法の規定と特別法、一般法の関係にあるものと解することができる。しかして、両者間の刑の軽重をみるに、軽犯罪法は拘留又は科料（情状により刑を免除又は併科し得る。）を科し得るに止まるのに対し、刑事特別法第二条は一年以下の懲役又は二千円以下の罰金若しくは科料を科し得るのであつて、後者においては前者に比してより重刑をもつて臨んでいるのであるが、この差異は法が合衆国軍隊の施設又は区域内の平穏に関する法益を特に重要に考え、一般国民の同種法益よりも一層厚く保護しようとする趣旨に出たものとみるべきである。そこでもしこの合衆国軍隊の駐留がわが国の憲法に何等牴触するものでないならば、右の差別的取扱は敢えて問題とするに足りないけれども、もし合衆国軍隊の駐留がわが憲法の規定上許すべからざるものであるならば、刑事特別法第二条は国民に対して何等正当な理由なく軽犯罪法に規定された一般の場合よりも特に重い刑罰を以て臨む不当な規定となり、何人も適正な手続によらなければ刑罰を科せられないとする憲法第三十一条及び右憲法の規定に違反する結果となるものといわざるを得ないのである。そこで以下この点について検討を進めることとする。

日本国憲法はその第九条において、国家の政策の手段としての戦争、武力による威嚇又は武力の行使を永久に放棄したのみならず、国家が戦争を行う権利を一切認めず、且つその実質的裏付けとして陸海空軍その他の戦力を一切保持しないと規定している。即ち同条は、自衛権を否定するものではないが、侵略的戦争は勿論のこと、自衛のための戦力を用いる戦争及び自衛のための戦力の保持をも許さないとするものであつて、この規定は「政府の行為によつて再び戦争の惨禍が起ることのないやうに」（憲法前文第一段）しようとするわが国民が、「恒久の平和を念願し、人間相互の関係を支配する崇高な理想（国際連合憲章もその目標としている世界平和のための国際協力の理想）を深く自覚」（憲法前文第二段）した結果、「平和を愛する諸国民の公正と信義に信頼して、われらの安全と生存を保持しよう」（憲法前文第二段）とする、即ち戦争を国際平和団体に対する犯罪とし、その団体の国際警察軍による軍事的措置等、現実的にはいかに譲歩しても右のような国際平和団体を目ざしている国際連合の機関である安全保障理事会等の執る軍事的安全措置等を最低線としてこれによつてわが国の安全と生存を維持しようとする決意に基くものであり、単に消極的に諸外国に対して、従来のわが国の軍国主義的、侵略主義的政策についての反省の実を示さんとするに止まらず、正義と秩序を基調とする世界永遠の平和を実現するための先駆たらんとする高遠な理想と悲壮な決意を示すものといわなければならない。従つて憲法第九条の解釈は、かような憲法の理念を十分考慮した上で為さるべきであつて、単に文言の形式的、概念的把握に止まつてはならないばかりでなく、合衆国軍隊のわが国への駐留は、平和条約が発効し連合国の占領軍が撤収した後の軍備なき真空状態からわが国の安全と生存を維持するため必要であり、自衛上やむを得ないとする政策論によつて左右されてはならないことは当然である。

（二）　「そこで合衆国軍隊の駐留と憲法第九条の関係を考慮するに、前記のようにわが国が現実的にはその安全と生存の維持を信託している国際連合の機関による勧告又は命令に基いて、わが国に対する武力攻撃を防禦するためにその軍隊を駐留せしめるということであればあるいは憲法第九条第二項前段によつて禁止されている戦力の保持に該当しないかもしれない。しかしながら合衆国軍隊の場合には、わが国に対する武力攻撃を防禦するためわが国がアメリカ合衆国に対して軍隊の配備を要請し、合衆国がこれを承諾した結果、極東における国際の平和と安全の維持及び外部からの武力攻撃に対するわが国の安全に寄与し、且つ一又は二以上の外部の国による教唆又は干渉によつて引き起されたわが国内における大規模な内乱、騒じようの鎮圧を援助する目的でわが国内に駐留するものであり（日米安全保障条約第一条）、わが国はアメリカ合衆国に対してこの目的に必要な国内の施設及び区域を提供しているのである（行政協定第二条第一項）。従つてわが国に駐留する合衆国軍隊はただ単にわが国に加えられる武力攻撃に対する防禦若しくは内乱等の鎮圧の援助にのみ使用されるものではなく、合衆国が極東における国際の平和と安全の維持のために事態が武力攻撃に発展する場合であるとして、戦略上必要と判断した際にも当然日本区域外にその軍隊を出動し得るのであつて、その際にはわが国が提供した国内の施設、区域は勿論この合衆国軍隊の軍事行動のために使用されるわけであり、わが国が自国と直接関係のない武力紛争の渦中に巻き込まれ、戦争の惨禍がわが国に及ぶ虞は必ずしも絶無ではなく、従つて日米安全保障条約によつてかかる危険をもたらす可能性を包蔵する合衆国軍隊の駐留を許容したわが国政府の行為は、「政府の行為によつて再び戦争の惨禍が起ることのないようにすることを決意」した日本国憲法の精神に悖るのではないかとする疑念も生ずるのである。

しかしながらこの点はさて措き、わが国が安全保障条約において希望したところの、合衆国軍隊が外部からの武力攻撃に対してわが国の安全に寄与するため使用される場合を考えて見るに、わが国は合衆国軍隊に対して指揮権、管理権を有しないことは勿論、日米安全保障条約上合衆国軍隊は外部からのわが国に対する武力攻撃を防禦すべき法的義務を負担するものではないから、たとえ外部からの武力攻撃が為された場合にわが国がその出動を要請しても、必ずしもそれが容れられることの法的保障は存在しないのであるが、日米安全保障条約締結の動機、交渉の過程、更にはわが国とアメリカ合衆国との政治上、経済上、軍事上の密接なる協力関係、共通の利害関係等を考慮すれば、そのような場合に合衆国がわが国の要請に応じ、既にわが国防衛のため国内に駐留する軍隊を直ちに使用する現実的可能性は頗る大きいものと思料されるのである。而してこのことは行政協定第二十四条に「日本区域において敵対行為又は敵対行為の急迫した脅威が生じた場合には、日本国政府及び合衆国政府は、日本区域防衛のため必要な共同措置を執り、且つ安全保障条約第一条の目的を遂行するため、直ちに協議しなければならない。」と規定されていることに徴しても十分窺われるところである。

ところでこのような実質を有する合衆国軍隊がわが国内に駐留するのは、勿論アメリカ合衆国の一方的な意思決定に基くものではなく、前述のようにわが国政府の要請と、合衆国政府の承諾という意思の合致があつたからであつて、従つて合衆国軍隊の駐留は一面わが国政府の行為によるものということを妨げない。蓋し合衆国軍隊の駐留は、わが国の要請とそれに対する施設、区域の提供、費用の分担その他の協力があつて始めて可能となるものであるからである。かようなことを実質的に考察するとき、わが国が外部からの武力攻撃に対する自衛に使用する目的で合衆国軍隊の駐留を許容していることは、指揮権の有無、合衆国軍隊の出動義務の有無に拘らず、日本国憲法第九条第二項前段によつて禁止されている陸海空軍その他の戦力の保持に該当するものといわざるを得ず、結局わが国内に駐留する合衆国軍隊は憲法上その存在を許すべからざるものといわざるを得ないのである。

もとより、安全保障条約及び行政協定の存続する限り、わが国が合衆国に対しその軍隊を駐留させ、これに必要なる基地を提供しまたその施設等の平穏を保護しなければならない国際法上の義務を負担することは当然であるとしても、前記のように合衆国軍隊の駐留が憲法第九条第二項前段に違反し許すべからざるものである以上、合衆国軍隊の施設又は区域内の平穏に関する法益が一般国民の同種法益と同様の刑事上、民事上の保護を受けることは格別、特に後者以上の厚い保護を受ける合理的な理由は何等存在しないところであるから、国民に対して軽犯罪法の規定よりも特に重い刑罰をもつて臨む刑事特別法第二条の規定は、前に指摘したように何人も適正な手続きによらなければ刑罰を科せられないとする憲法第三十一条に違反し無効なものといわなければならない。

よつて、被告人等に対する各公訴事実は起訴状に明示せられた訴因としては罪とならないものであるから、刑事訴訟法第三百三十六条により被告人等に対しいずれも無罪の言渡をすることとし、主文のとおり判決する。（裁判官伊達秋雄　清水春三　松本一郎）

◆編集にあたり参考にさせていただいた文献

「砂川の歴史」　一九六三年発行　砂川町
「郷土たちかわ」　一九七〇年　立川市
「立川市教育百年史」　一九七一年　立川市教育委員会
「立川基地」　一九七二年　立川市
「続立川基地」　一九七四年　立川市
「立川市のあゆみ」　一九八二年　立川市教育委員会
「立川基地跡地利用計画資料集」（第三号）　一九八三年　立川市
「立川市議会史」　一九九一年　立川市議会
「東京の米軍基地二〇〇四」　二〇〇四年　東京都
「砂川・ひろがりゆく日本の抵抗」　一九五七年　砂川町基地拡張反対支援労組協議会
「砂川―文集―」　一九五六年　法政大学砂川問題対策委員会
「心に杭は打たれない」　一九五七年　基地問題文化人懇談会（河出書房）
「砂川町合戦録」　一九五七年　伊東牧夫、内田恵造、中島昭（現代社）
「麦はふまれても」　一九五七年　全日本婦人団体連合会
「文集スナガワ」　一九五七年　教職員組合砂川中分会〝基地と教育〟研究サークル
「三多摩社会運動史」　一九六六年　中村高一
「砂川基地拡張阻止のために」　一九六七年　三多摩反戦青年委員会

「基地闘争史」　一九六八年　青島章介・信太忠二（財団法人社会新報）
「三多摩労働運動史」　一九七六年　三多摩地区労働組合協議会
「立川飛行場史」　一九七六年　三田鶴吉
「山花秀雄回顧録」　一九七九年　山花秀雄
「砂川・私の戦後史―ごまめのはぎしり」　一九八七年　砂川ちよ（けやき出版）
「基地の街と労働運動」　一九九〇年　立川地区労働組合協議会
「日本の基地」　一九九〇年　潮見俊隆（東京大学出版会）
「軍隊と住民」　一九九三年　榎本信行（日本評論社）
「法学志林」第六九七号　一九九五年　法政大学法学志林協会
「砂川闘争の記録」　二〇〇五年　宮岡政雄（御茶の水書房）

◇協力者（敬称略・五十音順）
榎本信行
近藤彰利
佐伯義勝
三多摩平和運動センター
（元三多摩労協）
新海 堯
砂川一史
関口 和
向井美子
吉川勇一

◇インタビュー
星 紀市《きいち》
◇装丁・口絵デザイン
岡田恵子
◇編集
星 紀市
水谷明子
交易場 修

◇口絵写真撮影者一覧（敬称略）

〔1〕石原 暁
〔2〕馬場幸三郎
〔3〕向井 潔
〔4〕向井 潔
〔5〕向井 潔
〔6〕新海覚雄
〔7〕清水秀雄
〔8〕新海 堯（提供）
〔9〕近藤彰利
〔10〕向井 潔
〔11〕向井 潔
〔12〕向井 潔
〔13〕新海 堯（提供）
〔14〕新海 堯（提供）
〔15〕向井 潔
〔16〕向井 潔
〔17〕向井 潔
〔18〕向井 潔
〔19〕向井 潔
〔20〕向井 潔
〔21〕新海 堯（提供）
〔22〕向井 潔
〔23〕小池賢三
〔24〕佐伯義勝
〔25〕小池賢三
〔26〕近藤彰利
〔27〕近藤彰利
〔28〕今井太郎
〔29〕細田浅一
〔30〕細田浅一
〔31〕真下照子（提供）

＊

カバー写真／宮崎 章（提供）
扉・ポスター／箕田源二郎

砂川闘争50年 それぞれの思い

2005年10月25日　第1刷発行

編者　星 紀市
発行者　清水 定
発行所　株式会社けやき出版
〒190 - 0023
東京都立川市柴崎町3 - 9 - 6
電話042 - 525 - 9909
FAX042 - 524 - 7736
http://www.keyaki-s.co.jp
製版・印刷　株式会社メイテック

ISBN4 - 87751 - 292 - 6 C0031